고통과 상처 받는 몸과 마음

서 광 조 지음

고통과 상처 받는 몸과 마음

서 광 조 지음

철학과현실사

책을 내면서

아주 어릴 적부터 지금까지 오랜 세월을 통해 줄곧 나의 머리를 가득 메우면서 매우 궁금하게 만든 것은 '나는 무엇이며, 왜 이 세상에 나와 살아가야만 하는지'에 대한 의문이다. 그리고 그 다음으로 많이 생각한 것은 '왜 인간은 아무런 이유 없이 많은 고통과 상처를 받으면서 어려운 삶을 꼭 살아야만 하는지'에 대한 의문이다.

이러한 의문을 가슴속에 깊이 간직하고 살아가면서 자연히 생활 주변에서 불행한 혹은 행복한 일들이 왜 일어나는지 그 이유에 대해 많이 생각하게 되었다. 따라서 모든 것을 상대방의 입장에서 생각하거나 보려 하였고, 그런 다음 그 사람의 마음을 이해하거나 읽으려고 하였다. 이런 자세는 항상 나를 그 현장으로부터 한발 뒤로 물러나 사태의 진행을 자세히 지켜보게 만들었다. 이같이 지켜본다는 것은 진행의 내용과 쌍방의 입장을 동시에 볼 수 있게 했다. 또한 나아가 나 자신을 바라볼 수 있는 여유를 가지게 하면서 '만약 나라면 어떻게 했을까', '그렇게 하는 것이 좋은가 혹은 나쁜가'라는 규범적 판단도 함께 할 수 있게 만들었다.

이러한 생각과 자세가 성장과 더불어 깊어지고 넓어지자 넓은 세상을 똑바로 쳐다보면서 옳고 그름을 헤아릴 수 있는 조그마한 능력도 가지게 되었다. 하지만 다른 사람 앞에 나아가서 나의 의견을 밝히기보다는 뒤로 물러서 듣기를 고집하고, 그러다가 결정적 순간이 다가와 부득이 해야 할 때가 오면 과감히 나의 확고한 입장을 나타내 보이곤 하였다. 그리고 누가 뭐라고 하더라도 나 자신은 나의 결정에 따라 행동하고, 또한 그것에 대해 책임을 지려 했다.

초·중·고등학교를 거치는 동안 가난 때문에 많은 고통과 상처 그리고 우여곡절을 겪었고, 사회적 분위기와 삶의 조건 때문에 나 자신을 스스로 냉정히 바라보기보다는 다른 사람들과 어울려 한판 벌리고 싶은 충동을 많이 느꼈다. 그래서 거리로 뛰쳐나가 군중들과 더불어 독재정치의 억압과 탄압에 저항하는 시위에도 가담해 보았다. 그러나 이때, 사회가 온통 오만, 야욕, 권위 및 탄압 등으로 가득 채워져 서로 조금씩 양보하기보다는 자신의 이익만을 챙기기 위해 죽을 때까지 해보자는 고약한 심리가 팽배한다는 사실을 깨달았다. 또한 이러한 왜곡된 사회분위기와 정서 때문에 부정부패, 뇌물, 아부, 사기, 기만 및 거짓 등이 난무하면서 권력과 돈에 아첨하거나 결탁하여 약삭빠르게 처신하는 사람만이 큰 이득을 챙기는 세상이 되어 가는 것도 알게 되었다.

이 같은 현실에 막상 맞부딪치게 되자 어릴 적부터 간직해 온 삶의 목적으로부터 벗어나 사회의 흐름에 편승하려는 유혹을 받은 것도 사실이다. 그러나 이때도 나는 스스로를 똑바로 바라보면서 냉정을 찾으려 하였고, 그런 다음 나 자신에게 '네가 이 세상에 나와 꼭 해야 할 일은 너 자신이 과연 무엇인가를 꼭 알아내는 것'이라는 말을 큰 소리를 내어 외쳤다. 이런 말을 머릿속에서 다시 새기면 새길수록 몸의 깊숙한 곳으로부터 치솟아 오르는 뜨거운 기운을 느꼈다. 이것이 나의 가슴뿐만 아니라 팔다리까지도 뻗쳐 나갈 때 나는 '나를 찾기 위해 무엇이든 하고, 그렇게 하면 목적을 반드시 달성한다'라는 말을 나 자신에게 다시 해주었다. 이것이 되풀이되자 용기가 생기면서 어떤 험난한 일에도 두려움 없이 도전하면 목적을 꼭 달성할 수 있다는 강한 자신감마저도 가지기 시작하였다.

미국유학을 위한 복잡한 신원조회와 여권수속, 그리고 매우 까다로운 비자심사는 처음 부딪치는 도전이었다. 그 후 품팔이로 학비와 생활비를 조달한 일은 두 번째의 도전이고, 그리고 서툰 영어로 경영학 석사과정을 수료한 일은 세 번째 도전이었다. 그런 다음 세계 금융의 중심인 뉴욕으로 가 품팔이로 얻어낸 경제학 박사학위와 까다로운 면접을 통해 당당히 들어간 씨티은행의 PB의 기획담당 책임자 업무는 공부와 돈벌이의 출세보다는 한국의 작은 젊은이가 거대하고도 오만한 미국의 엘리트를 상대로 하여 싸우는 힘겨운 도전이면서도 자기 시련이었다.

그러나, 바보와 천치라는 소리를 들어가면서까지 금전적 유혹을 뿌리치고 무일푼으로 귀국하여 국책은행과 국책연구소를 거치면서, 타락한 독재정치, 무분별한 학생데모, 만연한 공무원의 부정부패, 악랄한 기업의 이기주의, 그리고 나태한 일반시민의 적당주의 등을 똑바로 쳐다보게 되자 크게 실망하지 않을 수 없었다. 얼마 후 학교로 옮긴 다음에도 재단의 대학운영, 교수의 강의와 연구, 그리고 학생의 수

업자세를 자세히 지켜보면서 한국 교육이 진리탐구와 참된 삶을 위한 지식보다는 거짓, 이기주의 및 자기 기만으로 가득 차 있다는 사실을 알게 되자 또 한번 크게 실망하였다.

이때, 한국이 이런 궤도로 계속 달려간다면 과거의 뼈아픈 역사가 되풀이되면서 암담한 미래를 맞이하겠구나 하는 참담한 생각을 하였다. 하지만 앞으로 나아가 무모하고도 분별 없는 사람들과 싸우기보다는 일찍이 작심한 바대로 뒤로 물러서 나 자신을 찾는 데 더 많이 열중하기로 결심했다. 따라서 여러 분야의 많은 책들을 읽으면서 다양한 지식을 습득하고, 이를 통해 우주와 인간의 과거, 현재 및 미래에 대해 많은 것을 배우고자 하였다. 그리고 얼마 전 그 결과를 세 권의 책을 통해 밝혔다. 그러나 어릴 적부터 계속 가져 왔던 의문과 궁금증이 해소되기보다는 더 많이 쌓이고, 이에 종교가 예언하는 다음의 세계로 빨리 가서 '내가 무엇인가'를 꼭 알아내어야 하겠다는 강한 충동을 받았다.

오늘의 한국은 대통령부터 시작해서 정치인, 법조인, 언론방송인, 공무원, 학자, 학생, 기업인, 종교인, 주부 그리고 시민 모두가 고귀한 인간의 삶과 생활을 송두리째 망가뜨려 버리겠다고 작심한 사람들처럼 구차한 궤변과 자기 변명을 늘어놓으면서 깊은 낭떠러지로 미친 듯이 달려가고 있다. 이러한 미친 질주가 한국의 미래를 위해 얼마나 슬픈 일인가를 어느 누가 좀 알아주었으면 하는 소박한 뜻에서 이제까지 배운 지식과 경험을 통해 삶과 생활의 고통과 상처에 대해 이 책에서 설명하고자 한다.

많은 사람들이 쉽게 읽을 수 있도록 하기 위해 간략하게 집필한다고 했지만 여러 분야의 많은 것을 언급했기 때문에, 자연히 전문적인 내용이 많이 담길 수 없게 되었다. 이 점 독자 여러분으로부터 많은 양해를 구하고 싶다. 그리고 집필이 학술적 내용보다는 일반적 사실을 거론코자 하였기 때문에 참고문헌과 인용문헌은 생략하였다.

마지막으로 그 동안 자료수집에 많은 도움을 준 황경식 교수, 김정식 교수, 정원규 교수, 그리고 이인영 사서에게 고맙다는 말을 전하고 싶다. 한편 고통과 상처를 강한 인내심으로 극복해 나가는 아들 인교와 조카 성자에게도 고마운 마음을 알리고 싶다. 또한 어려운 여건에도 출판을 쾌히 승낙해 준 철학과현실사에도 감사의 말을 전한다.

2005년 7월
푸른 구룡산과 대모산을 바라보는 서재에서
서 광 조

차 례

제 1 장

몸과 마음의 고통과 상처는 왜 생기는가

1

몸과 마음

인간은 태양계에 있는 많은 행성 중의 하나인 지구에 살고 있다. 태양계가 생성된 것은 약 1백억 년 전이며, 이로부터 지구가 만들어져 나온 것은 45억 년 전이라고 한다. 그 후 5억~10억 년이 지난 약 35억 년 전 생명체가 처음으로 나타나고, 이후 많은 진화과정을 거치면서 약 3백만 년 전에 이르러 인간의 조상인 원시인이 나타났다. 이들의 모습이 지금의 인간과 비교해 꼭 닮았다고 할 수는 없더라도 그 형태와 골격은 매우 비슷했다.

현재 생물학은, 우리 조상이 원숭이고 이들이 진화하여 오늘의 인간으로 태어나게 되었다고 가르친다. 이와는 다르게 종교는 하느님 혹은 신이 인간을 만들어냈다고 설교하면서 생물학 이론이 잘못되었다고 주장한다. 그러므로 생물학 교육을 받고 동시에 종교의 설교를 듣게 되면, 인간과 생명체의 원초가 무엇인가에 대해 혼란스러운 생각을 하지 않을 수 없게 된다. 이 같은 혼란은 전문가들 사이에서도 똑같이 일어나고 있으며, 이들은 자신의 주장이 옳다는 것을 증명하기 위해 화석과 역사적 유물을 열심히 발굴해 내는가 하면, 진화가 구조와 기능적으로 매우 복잡한 인간을 어떻게 만들어낼 수 있느냐고 많은 의문을 나타낸다. 이것이 바로 진화론과 창조론 사이에서 벌어지는 격렬한 논쟁이며, 이는 현대의 과학지식으로 어느 쪽이 옳고 그르다고 판단하기 어렵다. 왜냐하면, 이들이 제시하는 이론과 증거물들이 자신들의 주장을 뒷받침하기에는 아직 충분하지 않기 때문이다.

이러한 혼란과 논쟁 속에서, 우리들 자신을 자세히 들여다보면 누구나 모두 곧장 알 수 있는 것은 인간이 몸과 마음을 가졌다는 사실이다. 이것이 바로 우리가 인간으로 태어나 살아가는 데 가장 중요한 필수조건이고, 이것이 충족될 때 인간으로서 행동할 뿐 아니라 자부심과 긍지도 가지게 된다. 사람을 동물에 비교하면 신체적으로 두 다리로 서서 걷는다는 것이 크게 다르고, 그 나머지는 거의 비슷하다. 하지만 이들 사이를 크게 다르게 만드는 것은 마음에서 나오는 지능과 감정이다. 물론 동물도 어느 정도의 지능과 감정을 가지는 것은 사실이지만 인간과 비교할 수는 없다. 자세히 말하면, 동물은 인간만큼 높은 지능을 갖지 못할 뿐 아니라 가정과 사회 생활에서 꼭 필요로 하는 윤리도덕과 사랑의 감정도 가지고 있지 않다는 것이다. 이러한 윤리도덕과 감정이 왜 인간에게만 생겨나게 되었는지 이에 대해 진화론은 아직까지 명쾌하게 설명하지 못하고, 이로 인해 창조론으로부터 많은 공격을 받고 있다.

35억 년이라는 생명체의 역사 속에서 인간의 역사는 수만 년에 불과하다. 이에 비해 다른 생물들은 상당히 오래된 생존의 역사를 가지고 있다. 얼마 전 '쥐라기공원'이라는 미국 영화를 통해, 공룡이 엄청나게 큰 몸을 가지고 생존을 위해 인간과 싸우는 모습을 보여주자 어린이는 물론 어른들까지도 많은 호기심을 갖고 비상한 관심을 나타냈다. 이 공룡들은 수억 년 전 지구상에 나타나 무려 1억 7천만 년이라는 오랜 세월을 통해 살았다고 한다. 이들은 초기에는 왕성한 번식으로 그 수가 크게 늘어났고, 나중에는 다른 모든 동물들을 완전히 제압한 다음 군림하기 시작했다. 이 당시 인간의 매우 먼 조상인 포유동물은 지금의 큰 들쥐밖에 되지 않아, 공룡들이 많이 서식하는 나무가 많은 초목지대를 피해 산기슭의 좁은 굴을 은신처로 삼아 살아가고 있었다. 영화나 박물관의 화석을 통해 보았겠지만 공룡의 몸의 구조와 기능은 지금의 동물과 비교해 크게 다르지 않고, 또한 막강한 힘을 통해 지구를 완전히 정복하였음에도 인간과 같이 크게 진화하지 못했다는 것은 매우 놀라운 사실이다. 자세히 말하면, 많은 무리가 서로 협조하여 잘 살아갈 수 있게끔 몸이 축소되는 한편 주변의 환경을 잘 이용할 수 있을 만큼 지능이 충분히 발달하지 못했다는 것이 현재의 과학지식으로 풀기 어려운 수수께끼라는 것이다.

이같이 오랜 세월을 통해 지구를 지배한 공룡이 갑작스럽게 멸종하면서 그 모습을 감추고, 그 후 그같이 큰 몸은 갖지 않았지만 많은 종류의 동물이 나왔다가 사라져 갔다. 그런 다음 수십만 년 전 원시인간이 나타나 두 발로 서고, 또한 두 손과 다섯 손가락을 가지면서 물건을 줍거나 만지는 것은 물론 생활에 필요한 도구도 만들기 시작했다. 그런 가운데 머리의 앞쪽 부분이 크게 발달하면서 높은 지능과 지혜를 갖게 되었고, 이를 토대로 깊은 생각을 하면서 의사전달을 할 수 있는 언어까지도 만들어냈다. 그리고 언어를 사용하기 시작하면서부터 마음속에 간직한 풍부한 감정을 드러내어 다른 사람들에게 정확하게 전달하였다. 여기서 주목해야 할 것은 언어사용, 지능발달, 그리고 풍부한 감정이 서로 상승작용을 했다는 점이고, 이것이 몸과 마음의 발달에 큰 영향을 미쳤다. 현재 이 같은 인간의 신체적, 지능적 및 감정적 발달이 앞으로 다가올 인간의 미래를 위해 다행한 일인지 혹은 불행한 일인지는 어느 누구도 예측하기 어렵지만, 한 가지 분명한 것은 이러한 일이 동물이 아니라 인간에게 발생했다는 것이 매우 신기한 일이라는 사실이다.

이처럼 인간이 지금과 같은 몸과 마음을 가지게 된 것은 매우 놀라운 사실이 아닐 수 없다. 그런데 진화론자와 창조론자들은 그렇게 신기해하거나 이상하게 보지 않고 있다. 이들의 주장에 따르면, 우선 진화론에 따르면, 모든 생명체는 지구환경의 변화에 맞추어야만 생존할 수 있기 때문에 생명체는 스스로 자연선택을 통해 자신을 변화시키고 적응시켜 나간다고 한다. 이에 몸의 구조 및 기능의 변화가 점진적으로 이루어지고, 그렇기 때문에 진화에 큰 무리가 따르지 않을 뿐 아니라 변화하는 환경에 알맞게 적응하며 원만한 삶을 영위하게 된다고 한다.

좀더 구체적으로 살펴보면, 두 눈, 코, 입과 유연한 팔, 다리 및 손가락 등이 자연환경의 변화에 맞추어 살아가기 알맞게끔 오랜 세월을 통해 진화했다는 것이다. 만약 이들 중 두 눈이 없었다면 초점을 맞추어 사물을 정확하게 볼 수 없고, 또한 유연한 팔과 손이 없었다면 물건을 잡거나 주워 올려 먹을 수 없다. 그리고 몸의 모든 부분이 앞으로 놓여 있어 사람들 사이의 접촉에서 정확하고도 확실한 관계를 가질 수 있고, 이를 토대로 친밀한 관계와 사랑은 물론 사회의 협력적 관계도 형성될 수 있다.

만약 이 같은 진화론의 주장이 옳다면 인간이 지금과 같은 몸의 구조와 기능을 가지게 된 것이 놀랍다기보다는 오히려 너무나 당연한 사실이 아닌가 하는 생각마저도 든다. 그러나 이에 대해 반박하고 나오는 사람들이 있는데 이들이 바로 창조론자이다. 이들의 주장을 보면, 인간은 생각할 수 없을 정도로 몸의 구조와 기능이 매우 정교하게 만들어졌는데 이것이 어떻게 자연선택만으로 만들어질 수 있느냐는 것이다. 신이 영원하면서도 전능하고, 그리고 자기를 섬길 수 있는 가장 알맞은 생명체를 만들어내고자 했기 때문에 그 같은 인간을 처음부터 의도적으로 만들어낸 것이다. 다시 말하면, 신은 전능하기 때문에 인간과 같이 복잡한 몸의 구조와 기능을 가진 생명체를 얼마든지 쉽게 만들어낼 수 있다는 것이다.

이상과 같은 창조론의 주장을 들어보면 인간의 창조가 매우 타당한 것으로 보인다. 그러나 진화론은 물론 창조론의 주장을 종교적 신앙보다는 과학이론에 따라 검토해 보면 보통의 상식뿐만 아니라 전문지식으로도 이해하기 어려운 부분이 하나 둘이 아니라는 것을 쉽게 알 수 있게 된다. 이렇기 때문에 앞에서 이미 언급한 바와 같이 이들 사이의 논쟁은 끝없이 계속되고, 그 쟁점도 시대에 따라 변하면서 현재는 디자인(design)을 둘러싸고 격론을 벌이고 있다.

현재 몸의 구조와 기능에 관한 의견대립 못지 않게 큰 논쟁을 불러일으키는 것이 마음(mind)이다. 창조론에 따르면 인간이 신을 섬기는 것은 몸으로만 하는 것이 아니고 마음과 더불어 해야 한다. 특히 이웃 혹은 가까운 사람을 사랑하기 위해서는 애정이 담긴 순수한 마음이 절대적으로 필요하고, 이는 신을 진심으로 섬기거나 따를 때 생겨나는 것이다. 이에 창조론은 이러한 마음과 사랑이 진화를 통해 어떻게 만들어져 나올 수 있느냐고 곤란한 질문을 하면서 진화론에 압박을 가하고 있다.

그러나, 이러한 공세에 뒤로 물러서지 않고 진화론도 대응에 나서면서 사랑과 윤리도덕이 어떻게 생성되어 나오는지 그 진화과정을 설명하고 있다. 그 내용을 조금 살펴보면, 개미, 벌 및 일부의 생명체가 집단생활을 통해 그러한 행동과 감정을 나타내고 있으며, 이것은 처음부터 생긴 것이 아니고 살아가면서 생존과 번식을 위해 필요했기 때문에 자연선택을 통해 나오게 되었다는 것이다.

몸의 구조와 기능의 경우와 마찬가지로 마음에 관한 이들의 이론을 보면 서로는 물론이거니와 보통의 사람도 납득하기 어려운 것이 하나 둘이 아니다. 따라서 이들의 논쟁이 앞으로 어떻게 진행되어 갈 것인지 많은 인내심을 가지고 지켜볼 수밖에 없다. 하지만 현재로서는 과학이 획기적으로 발전하여 깜짝 놀랄 만한 새로운 이론을 내놓는다든지, 종교의 예언자들이 말하듯 세상의 종말을 통해 새로운 세상이 나타나기 전까지는 논쟁이 쉽게 끝나지 않을 것으로 보인다.

이제까지 진화론과 창조론을 통해 인간의 몸과 마음이 어떻게 생성되어 나왔는지 그 원초와 과정을 간략하게 살펴보면서 그 구조와 내용에 대해서도 어느 정도 알 수 있게 되었다. 그러나 이러한 앎이 인간이 영위해 나가는 삶과 생활 속에서 발생하는 고통과 상처를 해소하거나 제거하는 데 얼마만큼 도움이 되는지에 대해 깊이 생각하지 않을 수 없다. 다시 말하면, 진화론과 창조론이 주장하는 몸과 마음이 삶과 생활 속에서 일어나는 고통과 상처를 어떻게 설명하면서 해소시켜 나갈 것인지 매우 궁금하다는 것이다.

인간이 자신의 몸과 마음이 어디에서 생겨 나왔는지를 안다는 것은 언뜻 보면 매우 중요하면서도 필요한 것으로 생각된다. 그러나 복잡 다양한 사회 속에서 심한 경쟁을 하며 하루하루 어렵게 살아가는 사람은 물론, 크고 작은 병에 걸려 생활에 큰 불편을 겪는 사람에게는 와 닿지 않는 알맹이 없는 말로 받아들여지게 된다. 일반적으로 사람들은 진화론과 창조론에 관한 내용이나 혹은 몸과 마음이 무엇이며 어떻게 생성되어 나왔느냐에 대한 철학적, 과학적 대화를 시도하면 거의 대부분은 머리를 돌려 다른 곳을 바라보거나 전혀 관심조차도 없다는 표정을 짓는다. 그리고 이들은 모두 현재 당면하고 있는 삶과 생활의 고통과 상처를 어떻게 해소할 수 있는지 그 방법을 찾는 데 대해 진지한 논의를 하자고 제의한다.

이러한 이들의 생각과 자세가 일상생활 속에서 일어날 수 있는 매우 당연한 일이라고 할 수 있다. 주변의 사람들을 보면, 자신의 삶과 생활에 크게 만족하면서 행복하게 살아가는 사람을 찾아보기가 쉽지 않다. 설령 있다고 하더라도 모든 조건이 순조롭게 충족되어 자연스럽게 행복하다기보다는 스스로가 마음을 굳게 가다듬으면서 그렇게 보이려고 노력하는 경우가 대부분이다. 이같이 고통과 상처로 뒤덮인 삶과 생활을 영위해 나가는 사람을 볼 때, 왜 인간은 몸과 마음을 가지고서 그 같은 어려운 삶과 생활을 하루하루 지겹게 해나가야만 하는지에 대해 많은 의문을 갖지 않을 수 없게 된다. 만약 이러한 의문을 해소하고자 한다면 사람들이 그러한 삶과 생활을 스스로 자초한 것인지 혹은 신이 처음부터 그렇게 설계한 것인지에 대해서 또 다른 의문이 생기게 된다. 만약 신이 그렇게 만들었다면, 신에 매달리면서 애절한 호소를 통해 구원을 청해야 할 것이다. 이에 반해 인간이 스스로 자초한 것이라면, 자신의 행동과 생활을 바꾸어 바람직한 삶을 영위해 나갈 수 있도록 노력해야 할 것이다.

또 한편으로 진화론의 주장과 같이, 만약 자연환경의 변화로 인해 결과적으로 발생했다고 한다면 그 원인을 밝히면서 처방을 찾아야 할 것이다. 그런데도 불행하게도 진화론과 창조론 사이의 논쟁에서 보았듯이 현재 인간이 가지고 있는 지능과 지식으로는 그 같은 의문을 풀 수 없고, 다만 몸과 마음을 비롯해 삶과 생활의 여러 조건들이 복잡다양하게 서로 작용함으로써 나타나는 결과가 아닌가 하는 생각밖에 하지 못하고 있다. 이렇기 때문에 앞으로 인간이 희망을 가지면서 살아가기가 여간 어렵지 않게 되어 있다.

이럼에도 불구하고, 만약 고통스러운 삶과 생활을 개선하거나 발전시켜 나가고자 한다면 형이상학적 혹은 철학적보다는 현재 일어나거나 발생하는 삶과 생활의 내용을 정확하게 파악한 다음 그 특성과 속성을 알아내야 할 것이다. 이렇게 하기 위해서는 현재의 삶과 생활이 과거로부터 지금에 이르기까지 어떻게 영위되고 발전해 왔는지를 시대별로 살펴볼 필요가 있다.

앞에서 이미 언급한 바와 같이, 인간이 지구에 나타난 것은 수십만 년 전이고, 그로부터 구석기와 신석기, 철기 시대를 지나면서 고대사회로 들어왔다. 그 동안의 삶과 생활을 간단히 살펴보면, 3백만 년 전후로 구석기시대가 시작하여 70만~80만 년 전후로 끝나고, 그 뒤를 신석기시대가 잇게 되는데 그 동안에는 인간의 조상인 유인원들이 살았고, 신석기시대에 들어올 무렵에는 지금의 인간이 나타나 새로운 생활문화를 열어가기 시작했다. 구석기시대부터 신석기시대가 끝나는 220만~230만 년 동안의 생활은 원숭이와 마찬가지로 열매와 과일 등을 따거나 주워 먹는 한편 작은 짐승을 사냥하여 날것으로 먹었다.

이 같은 원시생활을 하게 되자 이에 알맞은 생활의 형태로 관습이 생겨나기 시작하였다. 가족단위로 살아가는 가운데서 남녀 사이에 차별화가 완전히 나타나고, 이에 맞추어 생전과 번식을 위해 해야 할 일이 구분되었다. 우선, 남자가 먼 곳으로 나가 짐승을 사냥하여 먹이를 마련하는 데 반해 여자는 아이를 키워야 하기 때문에 가까운 주변에서 열매와 과일 등을 따거나 주워와 먹이를 준비하는 협력적 생활을 했다. 음식물의 보관이 여의치 않아 4~5일마다 밖으로 나가 먹이를 구했다.

이런 생활 속에서 강인한 신체가 절대적으로 필요하고, 이런 조건을 갖춘 사람이 그렇지 못한 사람보다 경쟁력을 가지면서 먹이를 많이 구하는 것은 물론 생활도 편안하게 할 수 있었다. 이 당시는 지능이 매우 낮을 뿐 아니라 말과 문자언어도 없었기 때문에 감정을 가지면서 자신의 마음을 외부로 충분히 나타내기 어려웠다. 이에 몸짓이나 손짓을 통해 꼭 필요한 생각만 전달하면서 살아야 했다. 따라서 인간은 처음부터 매우 불편하고도 고통스러운 삶과 생활을 하지 않으면 아니 되었다.

시간이 지나면서 이런 원시생활에 변화가 일어나기 시작했다. 가족이 서로 협력하여 편안한 생활을 하려고 하면 원활한 의사전달이 꼭 필요하고, 이러한 필요성을 많이 느끼면 느낄수록 그 방법을 찾아내야만 했다. 이에 몸짓과 손짓이 더욱 정교해지면서 목으로부터 나오는 음성도 조율하고, 그것에 의미를 넣으려고 했다. 이러한 노력이 계속되자 뚜렷한 말의 언어가 생겨 나오면서 의사전달이 가능해졌고, 그러나 말이 오래가지 않기 때문에 오래도록 남기는 방법을 생각해 낸 것이 문자언어였다. 다시 말하면, 기호를 사용하거나 사물의 형태를 그려 자신의 뜻과 생각을 나타내 보이거나 오래 보존하고자 했다는 것이다.

이 같은 말과 문자언어의 사용은 생활뿐만 아니라 몸과 마음에도 엄청난 변화를 불러일으켰다. 우선 생활에서, 의사전달은 가족사회에서 많은 사람들이 한 곳에 모여 협조하며 살아가는 부족 혹은 씨족사회가 나타나게 되었다. 이런 사회에서는 서로 협력하기 때문에 혼자서 하는 것보다 사냥을 효과적으로 할 수 있을 뿐 아니라 더 큰 짐승도 잡을 수 있어 먹이확보가 한층 더 쉽고 풍족해졌다. 사냥이 계속되면서 가까운 거리에 있는 짐승이 없어지기 시작하자 더 먼 곳으로 나가거나 혹은 더 큰 사나운 짐승도 사냥을 해야만 했다. 이때부터 협력과 협조 없이는 사냥이 불가능해지고, 이렇게 되면 될수록 계획을 세우거나 협력 체제를 더욱 굳건히 만들어야 했다. 그러나 먼거리 사냥이나 맹수 사냥이 순조롭지만은 않았고, 맹수로부터 공격을 받거나 사냥 중 일어나는 사고 등으로 부상을 당하거나 생명을 잃는 경우도 허다하게 발생하였다. 이런 이유로 사냥을 나가기 전과 후에 모두가 모여 전의를 다지거나 축제를 벌여 더욱 견고한 단결을 도모하고자 했다.

이렇듯 사냥에서 발생하는 상처와 죽음은 생존과 번식을 이끌어 나가야 하는 몸에 엄청난 차질이 생기게 하고, 이러한 차질은 마음에도 큰 고통과 아픔을 가져다주었다. 이런 경우 상처를 치료하기 위해 많은 노력을 기울이는 것은 당연하고, 죽음을 당했을 때에는 동굴 속에 돌과 흙으로 덮어 그 사람에 대한 기억을 오래도록 간직하려 했다. 이러한 행동은 동물과는 다르게 오랫동안 함께 살면서 생겨 나오는 따뜻한 정과 사랑으로부터 나왔다. 시간이 지나면서 이 같은 감정이 더욱 깊어지고, 그러면 그럴수록 풍부한 인간적 감정이 더 많이 생겨 나올 수 있게 되었다.

이 당시 자연환경이 매우 험악하여 원시인간은 추위와 더위, 폭풍우와 홍수, 그리고 질병으로부터 항상 자신을 보호해야만 했다. 이 같은 환경이 생존과 번식에 큰 위협을 가하게 되자 많은 두려움을 갖지 않을 수 없었고, 이에 맞서 싸우고자 했지만 불가항력이었다. 이때 원시인간은 저 먼 곳에 막강한 힘을 가진 사람이 있어 그 같은 자연변화를 불러일으키는 것이 아닌가라는 생각을 하고, 그렇다면 그에게

노여움을 풀도록 간곡히 간청하거나 존경해야 한다고 믿었다. 그리고 그에게 빌면 모든 소원도 성취할 수 있는 것으로 보고 그에 대한 깊은 신앙심을 가지기 시작했다.

구석기시대의 중반을 넘어서면서, 원시인간들은 생존과 번식에 알맞은 새로운 장소를 찾기 위해 먼 거리로 대이동을 했고, 이런 과정 속에서 인간의 발생지인 아프리카 대륙으로부터 유럽 대륙으로, 이로부터 아시아 대륙을 거쳐 미국 대륙으로 옮겨가 강을 접한 넓은 평야에 집단으로 정착하여 살기 시작하였다. 이때 비옥한 땅에 머문 종족이 농사를 하기 시작하면서 생활문화를 일구어 나갔고, 이에 반해 고원지대나 산악지대에 정착한 종족은 가축을 키우면서 유목민 생활을 했다. 이 같은 집단이동과 생활이 성공적으로 이루어지기 위해서는 리더십, 조직 및 관리 등이 필요하고, 이에 몸이 건장하고 힘이 센 사람이 나와 부족사회를 지휘, 통솔하였다. 그리고 필요한 경우에는 막강한 힘을 행사하여 목적을 달성하고자 했다. 이들 지도자는 집단의 생존과 번성을 위해 그때까지 사용하던 것보다 더 많이 생산할 수 있는 새로운 도구를 만들고자 했다. 이 결과 돌로 만든 칼과 망치 등이 더욱 날카로워지면서 예리해지고, 농사에 필요한 도구도 만들어내어 증산을 도모하였다.

한편으로, 도구의 개발 못지 않게 증산을 위해 필요한 것이 부족의 단결과 협력인데, 이를 위해 강력한 통치를 하고자 하는 한편 재정을 위해 세금을 거두어 사용하기도 했다. 그리고 더 좋은 주거지를 찾으려는 노력을 포기하지 않았기 때문에 이를 쟁취하기 위해 이웃부족과 끊임없는 싸움을 벌이고, 이런 가운데서 많은 사람이 부상은 물론 생명도 잃었다. 싸움에서 이기기 위해서는 강한 체력과 몸이 필요했기 때문에, 강한 전사를 만들기 위해 지옥 같은 훈련을 시켰다. 이같이 몸을 싸움의 도구로 만들자 몸이 더 많이 귀중해지면서 생활에 큰 비중을 차지하기 시작했다. 그리고 몸으로도 부족할 경우에는 충성심을 강요하거나 얻어내기 위해 수단과 방법을 가리지 않고 모두 동원했다. 이때 돈과 여자로 매수하거나 혹은 자신을 신성화시켜 신과 같은 존재로 받아들이도록 강요했다.

이 같은 행동이 도를 넘어서게 되자 신과 통치자가 동일시되는 관습이 생기고, 이에 맞추어 그에게 몸과 마음을 모두 갖다 바쳐야 하는 강력한 사회규범이 만들어졌다. 통치자의 이익이 개인의 이익보다 절대적으로 우선하고, 이를 무시하거나 거부하면 자신의 목숨을 내놓아야만 했다. 따라서 이런 관행과 관습이 개인의 삶과 생활을 영위해 나가는 데 절대적 기준과 근거가 되지 않을 수 없었다. 그래서 부족 간의 싸움이나 전쟁이 개인보다는 부족과 종족의 존재와 번영을 위한 것이 되고, 이런 이유로 적을 죽이는 데 윤리도덕적 책임이 뒤따르지 않았을 뿐 아니라 더 많은 적을 죽이는 것이 너무나 당연하면서도 명예스러운 것으로 받아들여졌다. 싸움에서 이기거나 지면 포로로 잡아 모두 죽이거나 죽음을 당한다는 것을 충분히 인식해야 했고, 그렇게 하는 것이 부족의 생존과 번영을 보장하는 유일한 방법으로 보았다. 하지만 인간 개체들은 그 같은 비참한 죽음을 보고 엄청난 마음의 상처를 받지 않을 수 없었다.

철기시대에 들어서면서 전쟁과 농업에 더 효과적으로 사용할 수 있는 무기와 도구를 만들어내기 위해 돌과 나무보다는 재질이 더욱 단단한 동과 철을 재료로 삼으면서 매우 발달된 무기와 도구를 만들었다. 그리고 소와 말을 이용하거나 수레를 만들어 더 많은 무거운 것을 운반하고, 이러한 무기와 도구를 사용하는 부족은 농업생산의 증대는 물론 전쟁에서 적을 무찌르는 데 큰 위력을 발휘하였다. 또한 이 같은 군사적 우위를 이용하여 이웃나라를 자신의 통치하에 두기 위해 침략을 일삼는가 하면 강탈과 살인마저도 주저하지 않고 강행했다. 이 당시 권력을 잡은 지배자는 집단의 이익을 우선적으로 챙기던 종전과는 달리 자신의 이익에만 집착하면서 호화롭고도 사치스러운 생활을 하려고 야단이었다. 이 같은 통치자의 만행과 폭력은 많은 사람들의 몸과 마음에 큰 고통과 상처를 안겨주었다.

고대사회에 들어와 통치권이 자손에게로 이어지자 권력이 한 곳으로 집중하면서 막강해지고, 이에 비례하여 부가 엄청나게 축적되면서 그들의 몸과 마음은 음탕하고도 사치스러운 생활 속으로 더욱 깊숙이 빠져 들어갔다. 그리고 국가의 모든 제도와 그 운영을 자신의 권력 지탱에 맞추고자 했기 때문에 고대 이집트, 중국 및 바빌론 등의 거대한 문명과 문화가 왕의 권력을 과시하거나 그 통치를 찬양하기 위해 만들어졌다.

이에 반해 하층계급에 속하는 피지배자들은 더 많은 억압과 천대를 받으면서 삶의 자유마저도 빼앗겼다. 천민의 자식은 대를 이어가면서 천민이 되고, 죽을 때까지 왕을 위해 몸과 마음을 모두 바쳐야만 했다. 이들은 이러한 고통 외에도 질병으로 인해 몸과 마음이 망가지면서 어느 누구로부터도 도움을 전혀 받을 수 없는 비참한 생활을 감당하지 않으면 안 되었다. 이 같은 서민들의 고통스러운 삶과는 대조적으로 왕과 권력층은 사치스러운 생활이 얼마나 즐거운지를 알게 되자 권력과 부에 대한 욕망을 더 많이 키워나가고, 이를 달성하기 위해 서민들을 더욱 탄압하였다. 이것으로도 부족할 경우에는 이웃 나라나 부족과 전쟁을 벌이면서 재물을 약탈하거나 여자들을 잡아다가 노예로 삼았다.

이같이 자신의 이익만을 추구하는 것이 매우 당연하면서도 자연스러운 것으로 받아들여지자 탄압을 받는 사람이나 침략을 당하는 나라와 부족은 보복을 다짐하게 되고, 기회가 되어 보복을 하게 되면 자신이 당한 것보다 더 많은 피해와 손실을 입혔다. 이러한 탄압과 이에 대한 보복이 끊임없이 반복되자 하나의 국가 혹은 부족사회가 망하면 그 뒤를 이어 다른 새로운 강한 국가 혹은 부족사회가 나타나고, 그것이 망하면 또 다른 강한 국가 혹은 부족사회가 등장하는 순환이 계속되기 시작하였다. 이 무렵, 동서양의 역사를 통해 국가는 물론 위대한 문명과 문화가 형성되었다가 사라졌고, 또 다른 새로운 국가, 문명 및 문화가 형성되어 나왔던 것을 알 수 있다.

이상과 같이 몸을 바탕으로 한 생활이 막강한 힘과 권력에 의해 영위되어 나가는 가운데서 고대 그리스의 아테네에서는 마음에 큰 변화가 일어나기 시작하였다. 사람들은 억압과 질병에 의해 마음에 많은 고통과 상처를 받고, 이런 삶으로부터 벗어나기 위해 여러 신들에게 구원을 간청했다. 이들 중 일부는 자연이 무엇이며, 왜 인간에게 재앙과 질병이 닥쳐오는지 그 이유를 밝히고자 했다. 그렇게 하기 위해서는 자연의 변화를 자세히 관찰하면서 그로부터 우주의 진리와 자연의 법칙을 찾아내야만 했다. 또 한편으로, 일부 사람들은 평화로우면서도 질서 있게 살아가는 방법이 있지 않을까 하는 생각을 하면서 그것을 찾아내고자 하였다. 이러한 관찰과 탐색을 바탕으로 지금의 철학, 과학, 수학 및 논리학 등의 기초가 되는 자연철학과 형이상학이 성립하였다. 이 결과 즐거움, 아픔, 고통 등을 나타내는 마음의 감정과 형이상학 및 논리를 사유하는 이성을 가지게 되었고, 이들이 그 후 학문의 발달에 크게 기여하였다.

이 같은 이성과 자연법칙을 활용하여 고통과 상처를 받은 몸과 마음을 치료하고자 했던 인간의 노력은 특정지역에 국한되었다. 다시 말하면, 고대 그리스의 도시국가 아테네에 살던 일부 자연철학자들은 신에게 구원을 간청하기보다는 인간의 이성과 자연법칙을 통해 인간이 당면한 문제를 풀고자 했다. 그런데도 이러한 시도는 오래 지속되지 못했다. 곧이어 나타난 로마제국은 막강한 군대를 앞세워 유럽 대륙, 중동 지역 및 북아프리카를 정복하고, 전쟁에서 잡은 포로를 죽이기보다는 노예로 삼아 중노동을 시켰다. 이같이 노예를 노동력의 창출로 활용했다는 것은 몸을 매우 효과적으로 사용할 수 있는 방법뿐만 아니라 엄청난 부를 창출해 내는 도구로 사용하는 방법마저도 찾아냈다는 것을 의미하게 된다. 하지만, 로마제국 역시 과다한 사치와 부패로 망하고, 그 뒤를 이어 기독교가 나타나 신의 이름으로 고통받는 모든 사람들을 구제하겠다고 약속하였다. 물론, 이 당시 지역에 따라 유교와 불교, 그리고 얼마 후 이슬람교 등과 같은 고급 종교가 나타나 구원의 손을 내민 것은 사실이다. 하지만, 이들이 제시한 것보다 기독교가 내놓은 사랑과 천국은 사람들에게 더 많은 기대와 희망을 가져다주었다. 이때, 인간의 역사 속에서 처음으로 마음이 위로 올라가 몸을 지배하는 시대가 열리기 시작하였다.

중세로 접어들면서 종교가 인간의 삶에 정신적으로 막강한 영향력을 미치고, 왕의 권력도 기독교로부터 통제를 받으면서 통치의 기반을 유지시켜 나가려고 온갖 노력을 다했다. 그러나 시간이 지나면서 기독교가 당초의 기대를 충족시켜 주지 못하게 되자 대량이탈이 발생하면서 교황청을 당황하게 만들었다. 이에 교황이 이탈을 막을 제도적 장치를 강화시키고, 이와 비슷하게 왕들도 더 많이 탄압하면서 백성들을 노예로 삼아 열심히 일하도록 억압했다. 이 결과, 잠시 자유와 행복을 얻었던 몸과 마음이 또다시 고통과 아픔 속으로 빠지면서 어려운 삶을 살지 않으면 안 되었다. 이러한 현상을 두고 현대인들은 인간의 자유와 이성이 갑작스럽게 멈추어선 암흑기라고 한다.

15세기에 들어와 그때까지 오랫동안 받아오던 탄압과 억압으로부터 벗어나기 위해 저항한 결과, 종교개혁과 르네상스가 이루어졌다. 이를 계기로 사람들은 신과 더불어 새로운 관계를 맺고자 하고, 이를 통해 자신들에게 절실하게 필요한 구원을 얻고자 하였다. 또 한편으로 고대 그리스 시대로 돌아가 그 당시 누렸던 자유, 평등 및 진리탐구 등을 다시 회복하기를 원했다. 이를 계기로 삼아 종전보다 더 안락하고 편안한 삶을 영위할 수 있는 새로운 방법을 모색하고자 하고, 이를 종교의 신앙과 믿음보다는 군주와 더불어 싸워 쟁취해 내는 정치적 투쟁에서 찾으려 하였다. 이러한 투쟁에는 마음의 열정과 용기뿐만 아니라 맞서 싸울 수 있는 강한 신체적 힘도 필요했는데, 학문적 이론과 과학지식을 통해 그 토대를 마련하고자 했다.

이 결과 16세기부터 19세기에 이르러 유럽 대륙에서 새로운 자연의 진리와 법칙을 알아내는 과학혁명, 절대군주로부터 권리와 자유를 찾아내는 시민혁명, 생활의 합리화와 성숙한 의식을 갖게 하는 계몽운동, 그리고 풍요로운 삶과 안락한 생활을 할 수 있게 만들어주는 산업혁명 등이 연이어 일어났다. 이 같은 혁명과 운동에 힘입어 과학기술이 크게 발달하면서 생산 증대는 물론 질병마저도 거의 완벽하게 치료할 수 있게 되자, 그 동안 많은 고통과 상처에 시달려온 몸과 마음을 어느 정도 편안하게 만들 수가 있었다.

20세기에 접어들면서 과학기술의 발달이 전기의 이용을 가능케 하면서 인간에게 매우 밝은 광명의 새로운 시대를 열어주고, 전신전화가 가능하게 되자 먼 곳에 있는 사람과도 직접 통화할 수 있게 되었다. 따라서, 몸과 마음이 이 같은 기술문명으로부터 받은 생활혜택은 말로서 표현하기 어려울 정도로 엄청났다. 그러나 불행하게도 이 같은 생활혜택은 유럽 대륙과 북미 대륙에 국한되었고, 그 외 국가들은 여전히 어려운 자연환경과 정치경제적 조건 속에서 속수무책으로 많은 고통과 상처를 받으면서 살아가야만 했다.

이들 국가들은 서로 협력하여 그 간격을 좁혀 나가기보다는 식민지 정책을 통해 더 넓혀 나갔다. 잘 사는 선진국이 더욱 더 잘 살기 위해 식민지를 통해 해외시장을 확보하려고 서로 싸우고, 이에 반해 못 사는 후진국은 이들의 침략에 대항하기 위해 목숨을 걸고 싸웠다. 시간이 지나면서 식민지의 확보와 시장 쟁탈을 위해 큰 싸움도 마다하지 않고, 드디어 수백만 명의 생명을 빼앗아 가는 세계전쟁을 두 번씩이나 벌였다. 당시 이들 국가는 세계대전을 벌이는 이유로 세계의 평화와 발전이라는 명분을 내세웠지만 이는 지배자의 욕망과 야욕에 수많은 사람들이 아무런 이유 없이 귀중한 생명을 빼앗기는 엄청난 고통과 상처밖에 되지 않았다.

제2차 세계대전의 종식과 더불어 연합국들은 비참한 전쟁이 되풀이되지 않게 하기 위해 국제적 협력을 모색하였다. 하지만 곧 이러한 협력은 그 자취를 감추면서 동서가 서로 대립하는 냉전시대가 열렸다. 이로 인해 서로 간에 치열한 암투가 벌어지면서 많은 사람들이 반동자 혹은 배반자로 몰려 고문을 받거나 처형되어 죽어갔다. 이런 가운데서도 많은 후진국에서는 권력다툼으로 인해 무고한 시민들이 억울한 누명을 뒤집어쓰고 투옥되거나 처형되었다.

20세기 후반에 와서는 모든 국가들이 더 잘 살겠다고 경제개발과 성장을 국가의 최대목표로 삼게 되었고, 수출과 성장을 위해 격렬한 경제전쟁을 벌이는 것은 물론 모든 사람도 자신들의 몸과 마음을 목적달성을 위해 바치도록 강요당했다. 특히 수출증대와 성장은 생산증대와 경쟁력을 통해 달성될 수 있기 때문에 많은 상품을 생산하는 즉시 소비해야 하고, 이 같은 소비 위주의 생활이 적극 권장되었다. 20세기 전반까지만 해도 인간은 공급의 절대부족으로 궁핍한 생활에 쪼들리면서 여러 가지 질병에 걸려 엄청난 고통과 상처를 받지 않을 수 없다. 또한 이윤증대와 통치권의 확보를 위해 공급과잉이 지속되자 이번에는 환경파괴, 대기오염 및 자연고갈과 더불어 정경유착, 관리의 부패와 부정, 그리고 호화사치생활의 만연 등이 난무하면서 몸과 마음을 송두리째 망가트리기 시작하였다. 이외에도 많은 사람들이 심한 경쟁으로부터 받는 스트레스 때문에 심각한 우울증에 걸리거나 삶의 의욕마저도 포기하면서 자살을 시도하였다.

이제까지 인간의 역사를 몸과 마음이 고통과 상처를 받는 데 초점을 맞추어 간략하게 살펴보았다. 이러한 역사를 놓고 진화론과 창조론 중 어느 한 쪽이 더 설득력을 가지는지 그 이유를 설명하기가 쉽지 않게 되었다. 특히, 최근에 유전자 조작의 기술이 발달하면서 인간을 복제하겠다는 주장까지 나오게 되자 진화론 혹은 창조론이 인간의 원초와 그 삶을 얼마나 논리적으로 설명할 수 있을 것이며, 또한 인간의 몸과 마음이 왜 계속 고통과 상처를 받아야만 하는지 그 이유를 밝히는 것이 생각만큼 간단하지 않게 되어 가고 있다. 다시 말하면, 이제까지 인간의 몸과 마음이 그 많은 고통과 상처를 받으면서 살아온 것이 신의 뜻인지 혹은 진화의 일부분인지를 판단하기 어렵게 되어 가고 있다는 것이다.

역사를 통해 분명하게 나타난 것은 현재 인간이 그 옛날 석기시대의 원시인간과 마찬가지로, 정도의 차이가 조금 있을 뿐, 생존과 번식을 위해 많은 고통과 상처를 받으면서 살아간다는 사실이다. 그 당시는 공급부족으로 인해 몸의 고통이 많았다면 현재는 공급과잉과 지능 및 감정의 발달로 몸과 마음이 엄청난 고통과 상처를 받고 있다.

최근에는 몸과 마음의 고통과 상처를 해소하거나 치료하기 위해 옛날과 같이 신에게 다가가 구원을 청하기보다는 스스로 문제를 해결하겠다고 야단이다. 이것이 지금 지구촌에서 유행하는 웰빙과 요가이다. 이것 역시 마음의 고통과 상처를 해소시키거나 치료하겠다는 측면에서는 인간복제와 크게 다르지 않다. 비록 그들의 목적에 동의를 한다고 하더라도 그들이 사용하는 방법을 보면 인간의 지능과 지식을 너무 많이 믿는 나머지 몸과 마음의 모든 문제를 인간의 힘으로 스스로 풀어나가겠다고 장담할 뿐 아니라 절대적으로 가능하다고 큰소리를 치고 있다. 더욱 불행한 것은 많은 사람이 이들의 주장에 현혹되어 자신의 몸과 마음을 대량생산으로 만들어져 나오는 기계의 부품으로 만들고 있다는 점이다. 아무튼 웰빙과 요가에 대한 인기는 세계 어느 곳에서나 폭발적이다.

고대 원시사회로부터 최근의 첨단사회에 이르기까지 인간은 생존과 번식을 위해 필요한 안락한 삶을 영위하고자 열심히 과학기술의 발달, 예술의 발전, 그리고 진리탐구 등을 추구해 왔다. 그러나 이로부터 받은 혜택보다도 그로 인해 발생한 몸과 마음의 고통과 상처가 엄청나게 더 많았다.

2
정보통신학과 기술철학

　최근에는 거의 대부분의 가정에서 컴퓨터를 이용하여 필요한 정보를 찾는다. 학생들은 인터넷에 접속하여 친구들끼리 채팅을 하거나 선생님의 홈페이지에 들어가 수업이나 학습에 관한 대화를 하거나 문의를 한다. 그리고 여가시간에는 게임 사이트에 들어가 다양한 게임을 즐기고, 운동에 관심을 가진 학생들은 좋아하는 운동선수의 홈페이지에 들어가 개인의 신상은 물론 활동에 대한 정보를 얻는다. 그리고는 나름대로 그 선수에 대해 평가하면서 성원을 보낸다. 경기가 있을 때에는 경기장에 나가 큰 소리로 파이팅을 외치고, 열성인 경우에는 'OOO 선수 파이팅', '사랑해요 OOO'라고 씌어진 현수막 등을 만들어 흔들거나 많은 사람들이 볼 수 있도록 높이 세운다.

　영화배우, 가수, 탤런트 등 연예인을 좋아하는 경우에도 그들의 홈페이지에 들어가 그 동안의 활동과 신상의 변화를 하나도 빠짐없이 검색하면서 흥분하거나 실망한다. 그리고 매우 좋아하게 되면 열렬한 팬이 되고 팬클럽 모임에 나가 직접 보면서 사인을 받거나 사진을 함께 찍고, 그것을 자신의 벽에 붙여 놓고 밤낮으로 보면서 즐긴다.

이 같은 운동선수와 연예인에 대한 열기는 지난 2002년 서울에서 개최된 월드컵 때 그 절정에 달했고, 최근에는 한류열풍으로 '욘사마'가 선풍적인 인기를 끌고 있다. 이 같은 현상은 한국에만 국한되지 않았고, IT 시설이 잘 갖추어진 선진국에서도 비슷하게 일어났다. 1990년대 프랑스에서 개최된 월드컵 때는 세계의 모든 사람들이 경기진행, 선수의 개별신상, 숙박과 교통, 관광과 쇼핑, 그리고 기후 등에 관한 정보를 얻기 위해 인터넷에 들어가 검색하기 바빴다. 이때 만약 인터넷이라는 정보전달의 매체가 없었다면 세계가 흥분하면서 열광하는 분위기가 조성되지는 않았을 것이다. 이제는 올림픽을 비롯하여 월드컵, 미국의 야구 결승전, 미식축구 결승전, 그리고 세계육상선수권 대회 등 여러 국제 경기들이 위성을 통해 생중계되기 때문에 세계의 모든 사람들이 시공간을 넘어서 동시에 흥분하면서 열광한다.

이 같은 TV 위성중계와 인터넷의 정보검색은 스포츠 선수와 연예인의 활동뿐만 아니라 기업경영, 학문연구, 과학실험 등 여러 다른 분야에서도 크게 활용되고 있다. 우선 기업경영에 있어 엄청난 양의 정보가 저장되어 이를 통해 다양하고 전문적인 분석을 가능케 하고 있다. 얼마 전까지만 해도 먼 거리에 있는 부서간 혹은 기업간 거래에서는 전화나 팩스 등을 통해 필요한 자료와 정보를 주고받았다. 그러나 PC와 인터넷이 발달되어 노트북만 있으면 언제 어디서나 필요한 정보를 보내거나 받을 수 있어 신속하고도 정확한 경영을 할 수 있게 되었다. 최근에는 화상통화도 가능하게 되어 얼굴을 마주보면서 생동감 넘치는 경영도 할 수 있게 되었다. 둘째로 과학연구에 있어, 컴퓨터는 우주선을 쏘아 올리는 데 필요한 수십만 개의 부품, 시스템의 작동, 그리고 기후조건 등을 정확하게 점검할 수 있게 만든다. 그리고 이들이 오작동되거나 오류가 발생하면 그것을 즉시 발견하여 교체 혹은 수정할 수 있게도 해준다.

그런데 기상조건의 경우에는 조금 다르다. 평소 우리들은 비가 많이 오거나 바람이 거세게 불면 이를 하늘에서 일어나는 단순한 자연현상으로 본다. 그리고 태풍이 오거나 갑작스럽게 폭우가 내려 엄청난 피해를 입히면 기상청은 무엇을 했기에 그런 것도 예측 못하느냐고 불평을 한다. 하지만 전문가의 말을 들어보면 그런 불평은 기상조건의 변화를 잘못 이해하는 데서 비롯되는 것이라 한다. 좀더 자세히 설명하면 기상변화가 나비효과를 가지기 때문에 그것을 예측한다는 것은 매우 어렵고, 이를 정확하게 예측하고 전하려면 30분 내에 수십만 개에 달하는 미분방정식을 풀어야 그 회답을 얻을 수 있다는 것이다. 이에, 만약 컴퓨터가 없었다면 그 같은 계산은 거의 불가능하다.

셋째로 통계자료의 수집과 분석에서 컴퓨터 소프트웨어 프로그램은 절대적으로 필요하며, 복잡한 실험을 요구하는 생화학의 경우도 예외는 아니다. 특히, 최근에 게놈프로젝트(genome project)의 일환으로 수만 개에 달하는 유전자를 분류하면서 그 특성을 구별해 낸 것은 컴퓨터가 없었다면 절대적으로 불가능한 일이었다.

마지막으로 학문연구에 있어, 학문의 발달과 이에 맞추어 수많은 학술지가 발간되면서 1년에 수만 개에 달하는 다양한 논문들이 발표되고 있다. 이같이 많은 학술지와 논문집 모두를 대학도서관이나 연구기관에 보관하기는 어렵다. 비록 보관을 한다고 하더라도 교수와 전문가들은 자신의 전문분야가 아니면 어느 학술지에 어떤 논문이 실리는지 전혀 알 수가 없다. 그런데 인터넷에 그 목록과 간단한 내용을 수록하면 학술지나 논문을 간단히 찾을 수 있고, 필요하다면 논문 전체를 다운받아 읽어볼 수도 있다.

최근에는 컴퓨터를 이용한 인터넷보다 더 간편하면서도 빠르게 정보수집과 전달을 하는 새로운 방법이 소개되고 있다. 그것은 바로 휴대폰을 통한 정보전달이다. 휴대폰이 생활필수품 중의 하나가 되어 어디를 가나 통화하는 모습을 쉽게 볼 수 있다. 또 직접 통화하지 않더라도 문자 메시지로 의사를 전달한다. 그리고 이후 휴대폰에는 카메라가 달리고, 조금 지나면서 컴퓨터와 같이 정보를 검색하거나 음악을 다운받아 들을 수 있게 되고, TV 프로그램도 볼 수 있게 되어 정보전달의 기능이 무한대에 달하게 되었다.

최근 컴퓨터와 휴대폰의 공급량, 인터넷에 가입한 사람의 수, 그리고 이에 투입된 사회간접자본 등을 삶의 수준을 결정하는 잣대로 보려고 하자 모든 국가들이 이에 비상한 관심을 나타내고 있다. 컴퓨터, 인터넷 및 휴대폰을 통한 정보전달은 19세기 말 맥스웰(Maxwell)의 전자기장 이론과 20세기 초 슈뢰딩거(Schrödinger)와 하이젠베르크 (Heisenberg)의 양자역학(quantum mechanics)이 성립하게 되자 그 이론적 기초를 마련하였다. 1950년대 중반을 지나면서 자료공학의 발달과 더불어 전기와 전자를 초고속으로 전소시킬 수 있는 새로운 물체를 찾아내게 되자 그 토대가 완성되었다. 그러나 이들은 정보를 저장혹은 전달하는 데 필요한 도구와 기구(hardware)에 불과하고, 이에 반해 정보의 내용과 형태를 만들어내는 것은 프로그램에 의해 가능해지는데 이를 소프트웨어(software) 기술이라고 한다. 따라서 하드웨어와 소프트웨어가 서로 결합해야 비로소 정보저장과 전달이 가능해진다. 또한 하드웨어보다는 소프트웨어를 개발하는 데 더 많은 투자가 필요할 뿐 아니라 시스템에 관한 전문 지식과 기술도 뒷받침되어야 한다.

여기서 잠깐 소프트웨어를 그 기본바탕으로 하는 인터넷이 어떻게 개발되어 지금에 이르게 되었는지 그 시작과 과정을 조금 살펴보도록 하겠다. 앞에서 이미 언급한 바와 같이 제2차 세계대전 직후 세계가 동서로 나누어져 냉전시대로 접어들면서 군비경쟁이 치열해지고, 이 때 군사력에서 우위를 차지하기 위해 대륙간 탄도 미사일을 개발하거나 우주로 위성을 쏘아 올려 우주공간을 탐색하는 한편 공중에서 정밀카메라로 적의 동태를 탐색하고자 했다. 이 같은 엄청난 프로젝트를 진행시키기 위해서는 대학교, 연구소, 개발센터 및 군사기지 사이의 정보교환과 전달이 필요했고, 이에 미 국방성은 ARPA(Advanced Research Project Agency)란 연구기구를 설립한 다음 프로젝트에 참여한 전문가들이 중앙에 저장된 정보에 접근하거나 서로 정보를 교환할 수 있게끔 연결망을 구축했는데 그것이 인터넷의 시작이라고 한다.

1972년 미국 워싱턴에서 열린 컴퓨터 통신에 관한 국제회의를 계기로 영국, 프랑스, 스웨덴 및 노르웨이 등의 국가들이 많은 관심을 가지면서 인터넷을 더 발전시키기 위해 연구조직을 만드는 한편 세계적 연결망을 구축하고자 했다. 1973년에 처음으로 위성을 통한 유럽 대륙과 미국 사이의 정보전달이 이루어지고, 그 후 정보의 정리, 분류 및 오류점검, 그리고 효율적 전송방법 및 통제에 대한 시스템이 계속 개발되어 나오자 이 시스템을 인터넷이라 불렀으며, 1983년에 모든 사람들이 사용할 수 있는 상업화가 이루어졌다.

이 같은 상업화에 맞추어 기업들이 서로 앞을 다투어 이를 이용하려 하였고, 이때 다자 사용공간(MUDs: Multi-Users Dungeons), 연결 채팅(IRC: Internet Relay Chat), 범세계 연결망(WWW: World Wide Web) 및 전자우편(E-mail) 등의 소프트웨어 프로그램이 연속적으로 개발되어 나왔다.

1990년대에 들어와 인터넷과 범세계 연결망을 통한 정보검색과 전달이 도서관과 전화전신보다 빠르면서도 편리하고 그 비용도 저렴해지자 이에 대해 수요가 폭발적으로 늘어나기 시작했다. 이에 모든 사람들이 앞다투어 사용하고자 하였고, 이러한 소비자의 반응과 이용자의 증가는 기업으로 하여금 이 사업에 뛰어들어 더 나은 제품과 서비스를 제공하면서 막대한 이윤을 챙기게끔 만들었다. 이 당시 하드웨어 쪽에서 선두주자로 뛰고 있던 미국의 IBM 사가 재빨리 컴퓨터를 만들어내는가 하면 미래에 더 나은 컴퓨터를 생산하려는 엄청난 투자와 연구도 마다하지 않았다. 이처럼 IBM의 독주 속에서 휴렛팩커드(Hewlett-Packard)와 텍사스 인스트루먼츠(Texas Instruments) 같은 기업들이 뛰어들어 경쟁을 벌였다.

이같이 대기업들이 하드웨어와 소프트웨어의 개발에 엄청난 투자와 연구를 하는 것과 때를 같이 하여, 수학과 시스템공학에 전문 지식과 기술을 가진 대학교수와 전문가들도 혼자 혹은 소수가 모여 다양한 프로그램을 개발해 내고자 많은 연구를 했다. 처음 이들은 소액의 자본으로 수익성이 불확실한 사업을 시작했기 때문에 많은 모험과 위험이 뒤따랐다. 이러한 벤처(venture) 사업이 곧바로 큰 수익을 내고, 이에 자극을 받은 많은 사람들이 사업에 뛰어들자 IT(information technology) 산업이 형성되기 시작하였다.

1970년대 석유파동 이후 미국 경제는 큰 타격을 받아 장기침체에 빠졌고, 이로 인해 저성장과 고실업, 높은 물가에 크게 시달리고 있었다. 그런데 컴퓨터 산업에 큰 투자를 하고 1980년대를 지나면서 벤처 사업의 활성화로 IT 산업이 형성되어 고용창출은 물론 소득증대에도 크게 기여하게 되자, 미국 경제는 경기침체로부터 완전히 벗어나면서 성장을 도모할 수 있었다. 곧이어 나타난 클린턴(Clinton) 대통령은 커뮤니케이션을 강조하면서 이를 IT 산업에 접목시켜 새로운 ICT 산업을 만들어내고, 이를 바탕으로 성장의 또 다른 새로운 발판을 마련했다. 이에 기업들은 위성 TV 방송, 유무선 케이블 방송, 화상통화 등 다양한 정보전달의 새로운 미디어(new media)를 개발해 내고자 했다.

이 같은 ICT 산업의 육성과 경제성장을 미국을 통해 목격한 세계여러 나라와 기업들은 가만히 앉아 지켜보고만 있으려 하지 않고, 그 뒤를 맹추격하기 시작했다. 유럽의 영국, 독일, 스웨덴과 아시아의 일본 등 경제선진국들이 IT 산업을 육성시키면서 미국에 강하게 도전하고, 그 뒤를 이어 한국, 인도, 중국 등의 중진국들도 IT 산업을 육성시키겠다고 야단을 쳤다. 이 당시 국가별로 나타난 특징을 보면, 스웨덴과 일본이 소프트웨어뿐만 아니라 하드웨어의 개발에도 많은 관심을 가진 데 반해 인도는 소프트웨어에 집중하였다. 이에 반해 한국은 소프트웨어보다는 엄청난 투자를 요구하는 하드웨어 쪽에 열중하면서 IT 산업을 육성시키고자 했다. 이 결과, 1990년대 중반을 넘어서면서 한국에서는 반도체 생산을 전문으로 하는 삼성전자와 하이닉스 같은 기업들이 나타나 선진국과 경쟁을 하기 시작하고, 현재는 엄청난 순이익을 내면서 초일류의 기업으로 등장하였다. 이에 세계가 깜짝 놀라면서 크게 주목하기 시작했다.

IT 산업의 육성과 소프트웨어의 개발로 다양하고도 엄청나게 많은 정보를 제공해 줄 수 있는 데이터베이스(database)가 구축되고, 컴퓨터를 통해 인터넷에 쉽게 접속하여 한 번의 클릭으로 원하는 정보를 빠르게 얻을 수 있게 되자, 상호간의 개별적 정보전달은 물론 다양한 정보를 저렴하면서도 빠르게 얻을 수가 있었다. 이 같은 신속하고도 저렴한 정보전달과 저장, 그리고 IT 산업의 출현은 삶과 생활을 디지털화시키면서 정보전달에 큰 혁명을 불러일으켰다. 이로 인해 세계 경제가 신기술에 힘입어 새로운 도약을 하게 되었는데 이를 신경제(New Economics)라고 한다. 이에 모든 사람들은 인간이 새로운 첨단 기술과 산업을 계속 개발하고 육성시켜 나간다면 세계 경제가 크게 성장하면서 인간의 삶과 생활을 풍요로우면서도 윤택하게 만들어줄 것이라고 믿기 시작하였다.

이상과 같이 거의 모두가 IT 기술과 산업이 인간의 삶과 생활에 엄청난 부와 편리함을 가져다주었다고 긍정적 평가를 내리고 있다. 하지만 다른 일부의 사람들은 이에 동의하지 않고 부정적 평가를 하고 있다. 이들의 상반된 평가를 비교 검토하기에 앞서, 정보통신과 그 전달이 인간의 삶과 생활에서 어떤 의미를 갖는지 먼저 살펴보도록 하겠다.

우선 전문가들이 말하는 정보통신의 개념을 보면, '정보'는 보내는 사람과 받는 사람 사이에 전달되는 신호(signal)이다. 이 신호는 내용을 가지는데, 이를 보내는 사람과 받는 사람이 임의적으로 변경시키거나 조작할 수 있다고 한다. 한편 '통신'의 개념은 학자에 따라 각각 다르게 정리되고 있다. 첫째로, 사회생물학자 윌슨(Wilson)에 의하면 하나의 유기체가 행하는 행동이 다른 유기체에 의해 감지되고, 그 유기체가 따라할 수 있게끔 행동을 조정하거나 통제할 때 이들 사이에서 발생하는 관계를 통신이라 하였다. 둘째로, 행동주의학자 헤일만(Hailman)에 의하면 받는 사람과 보내는 사람 사이에서 신호가 전달되는 것을 통신이라고 하지만, 이는 이들 사이에서 행해지는 행동의 차이를 감지할 때 발생하는 것이라 하였다. 셋째로, 행위생태학자 크렙스(Krebs)와 데이비스(Davies)에 따르면 행위자가 상대방의 행동을 바꾸고자 자신의 의도가 담긴 신호를 보내는 과정을 통신이라 하였고, 넷째로, 인지심리학자 존슨(Johnson)과 레이어드(Laird)는 세상의 사물을 내적으로 그려보거나 표상하고 그 표상의 내용을 전달하기 위해 상징적 행동을 한때 발생시키는 일련의 인과적 과정이라 했다. 마지막으로 언어학자 린드블롬(Lindblom)에 의하면, 인간이 서로 접촉할 때 얼굴, 눈, 몸 등을 움직이거나 목소리를 내어 말하는데 이때 이런 행동과 말에는 의미가 담긴다고 한다. 그런데 이런 행동 혹은 말과 상관없이 의미를 전달하는 것을 통신이라 했다.

이와 같은 개념적 이해를 바탕으로 정보통신이 인간의 역사와 더불어 어떻게 생겨 나오고 발달했는지를 조금 살펴보면, 앞에서 이미 언급한 바와 같이 인간은 원시생활을 하면서부터 생활의 필요성에 따라 정보통신을 해왔다. 학자들의 주장에 따르면 인간뿐만 아니라 거의 대부분의 동식물들도 생존과 번식을 위해 직관적으로 한다는 것이다. 하지만 인간의 정보통신은 이들과는 비교할 수 없을 정도로 크게 발달하여 매우 정교하면서도 정확하다. 특히 문자언어를 사용하면서 그속에 복잡 다양한 의미를 담기 시작하면서부터는 매우 발달된 정보통신을 하게 되었다.

18세기 진화론을 소개한 다윈(Darwin)은 생물체의 종들 사이에서 정보통신이 어떻게 이루어지는지 그 과정을 많은 관심을 가지고서 관찰했다. 그 뒤를 이어 많은 학자들이 계속 연구하고, 최근에 촘스키(Chomsky)가 나타나 언어의 내재성을 강조하면서부터 언어의 형성과 정보전달이 내재적 혹은 진화적으로 이루어진다는 것을 둘러싸고 많은 논쟁을 벌이고 있다. 여기서 언어의 내재성은 언어의 어휘적 구성과 문법이 유전자의 구조적 특성에 의해 결정되거나 만들어져 나오는 것을 말한다. 따라서 이는 특정의 생명체나 종에 국한될 수 있는데 이러한 현상이 그 많은 생명체 중에서 인간에게만 생긴다고 하였다.

이러한 촘스키의 주장에 대해 핀커(Pinker), 비커턴(Bickerton), 리버만(Lierberman), 하우저(Hauser) 등과 같은 학자들은 반대하면서 유전자의 구조적 특성에 많은 의문을 나타냈다. 다시 말하면, 유전자의 특성이 생명체가 진화하기 시작한 시점에 생겨 나왔는지, 혹은 자연선택(natural selection)에 의한 돌연변이(mutation)로부터 생겨 나왔는지가 분명하지 않다는 것이다. 더 나아가, 만약 자연선택과 돌연변이에 의한 것이라면 인간의 진화과정 속에서 구체적으로 어느 시점에 해당되며, 또한 지역의 인구증가와 어떤 상관관계를 가지는지에 대해서도 많은 의문이 생긴다고 하였다. 아무튼, 이들 모두가 언어의 발생과 발달이 자연환경과 인간의 신체구조와 밀접한 관계를 가지면서 그 변화에 따라 점차적으로 발달해 왔다는 데에는 동의하였다.

이 같은 언어는 그 기능과 성격에 따라 두 가지 측면에서 볼 수 있다. 첫째, 언어가 어휘(syntax) 중심으로 정형화된 상징을 나타내는 경우, 둘째, 언어가 통신수단으로 사용되는 경우이다. 만약 통신수단으로 보게 되면 이는 진화론에 많이 의존하게 되면서 통신 시스템과 이에 수반되는 신호를 반드시 살펴보아야 한다. 다시 말하면, 첫째로 어떤 신호를 왜 사용하는가, 혹은 그 근거는 무엇인가를 꼭 알아야 하며, 둘째는 그 신호를 전달하는 통로(channel)에 대해 검토하고, 그리고 마지막으로는 그 신호를 받는 사람과 그들의 지각에 대해 알아야 하는데, 이들 모두가 결합되어 시스템을 만들 때 비로소 통신이 이루어지거나 가능해진다는 것이다.

이상과 같은 이론적 지식과 이해를 바탕으로 정보통신의 역사를 간략하게 보면, 앞에서 이미 설명한 바와 같이 인간이 고대사회에 들어오기 전 구석기·신석기시대에서는 몸의 움직임이나 단순한 목소리를 내며 의사전달을 하였다. 그러다가 고대사회에 들어와 인구가 증가하면서 생활이 복잡 다양해지자 단순한 몸짓과 목소리로는 충분한 의사전달을 할 수 없었고, 또한 이러한 정보통신이 시공간적 제약을 받아 일시에 끝나게 됨에 따라 이를 극복하거나 불편을 해소하기 위해 자연현상과 사물을 모방하거나 묘사한 기호나 신호를 만들어내어 사용하면서 기록으로 남겼다. 고대 이집트의 신전과 왕의 무덤, 그리고 중국의 고대 유적에서 발견되는 상형문자가 그 대표적인 예이다. 이 당시 왕 같은 지배자가 자신의 위대함과 업적을 피지배자나 후손들에게 알리는 한편 이들로부터 더 많은 복종을 받아내기 위한 수단으로 그 같은 문자를 만들어내어 사용했다. 기원전 600년 전후로는 어휘와 의미(semantics)를 완전히 갖춘 언어가 형성되어 이성을 가지게도 만들었다. 이들 중 대표적인 언어가 그리스어, 라틴어, 중국 한문 등이다. 특히 그리스어와 라틴어로부터 현재 세계어로 받아들여지면서 널리 사용되는 영어, 프랑스어, 스페인어 등이 생겨 나왔다.

이와 같이 자연환경과 정치사회적 및 문화적 변화에 따라 언어가 발달하면서 삶과 생활에 큰 도움을 준 것은 사실이다. 그러나 진리를 탐구하거나 새로운 자연법칙을 찾고자 연구하는 과학과 이론학문에서는 아라비아 숫자와 같은 숫자언어가 만들어져 나와 언어발달에 크게 기여하였다. 이러한 현상은 현재 이론물리학과 수학에서 두드러지게 나타나면서 언어의 기능이 완벽히 발휘될 수 있게끔 만들고 있다. 만약 물리학과 수학이 발달하지 못했다면 이를 바탕으로 하는 컴퓨터, 인터넷 그리고 IT 산업의 출현이 처음부터 불가능했을 것이다.

아무튼 현재 컴퓨터, 인터넷 및 휴대폰 등을 통한 엄청난 정보의 저장과 이를 전달하는 통신을 통해 삶과 생활에 큰 혜택을 받는 것은 사실이다. 하지만 이들이 가져다주는 부정적 효과도 대단하다고 한다. 일부의 학자와 전문가들의 주장에 따르면 과학기술의 발달이 그 동안 인간의 몸과 마음에 많은 고통뿐만 아니라 엄청난 상처도 가져다주었다고 한다. 여기서 그 부정적 효과를 조금 자세히 살펴보도록 하겠다.

첫째로 우선 이론적 측면에어 하우저(Hauser) 교수의 주장에 따르면, 통신이 성립하기 위해서 신호나 의사를 전달하고자 하는 주체, 전달방법이나 통로, 그리고 신호나 의사를 전달받는 객체가 개별적 및 존재론적으로 서로 독립되어야 한다는 것이다. 그런데도 이들 사이에서 정보가 전달될 때 그 내용과 성격이 바뀌거나 변경되어 그대로 전달되지 않는 경우가 빈번히 발생한다는 것이다. 그 이유는, 첫째 보내는 사람과 받는 사람이 서로 다른 가치관과 생활을 가지며, 둘째 통로의 상태와 조건이 매번 동일하지 않고, 마지막으로는 전달과정 혹은 통로에 외부의 압력이 개입하기 때문이라고 하였다. 자세히 말하면, 받는 사람이 신호를 전혀 다르게, 다양한 의미로 받아들일 뿐 아니라 그 정도와 강도에서도 큰 차이를 나타낸다는 것이다. 그래서 이러한 요인들이 정보통신의 부작용으로 등장하면서 사회적 갈등과 충돌을 일으킨다고 한다.

최근에 워드(Ward) 교수는 시스템이 작동하는 동태적 상황 속에서 처음 시작과 그 마지막이 동일하지 않을 때 생기는 간격을 잡음(noise)이라고 하였다. 이러한 현상은 여러 분야에서 쉽게 볼 수 있는데 물리학에서는 엔트로피(entropy)에 해당되고, 생화학에서는 새로이 형성되는 합성물이거나 혹은 신호로 인해 발생하는 다양한 물리적 반응이라고 했다. 특히 신경과학에서는 신경전달과정에 어떤 분자가 얼마만큼 개입되느냐에 따라 그 성격, 내용 및 반응이 서로 상이하게 나타난다고 한다. 여기에 만약 인간의 인지와 지각이 개입된다면 매우 복잡 다양한 잡음이 생겨 나온다고 하였다. 따라서 안정된 사회질서와 안락하면서도 발전적인 삶과 생활을 영위하고자 한다면 잡음을 최대로 줄이거나 제거해야 할 것이다. 그런데도 현재 컴퓨터, 인터넷 및 휴대폰으로부터 발생하는 잡음이나 부작용은 엄청나며, 이는 몸과 마음에 큰 고통과 상처를 안겨주면서 괴롭히고 있다.

둘째로, IT와 정보통신이 경제에 미치는 부작용을 보면, 1970년대 초 티체노(Tichenor)와 카츠만(Katzman)은 지식격차이론(knowledge gap)을 들고 나와 지식뿐만 아니라 소득에도 상당한 격차가 생긴다고 주장하였다. 21세기 초 미국 대통령이 디지털 격차(digital gap)라는 용어를 사용하면서 IT와 ICT 산업이 낙후하면 성장의 둔화는 물론 국제경쟁력에서도 뒤떨어지게 되어 경제대국의 지위를 상실하게 된다고 경고하였다. 이러한 주장과 경고가 의미하는 것은 IT와 ICT가 첨단기술과 산업을 바탕으로 경제발전과 성장에 엄청난 효과를 미치고, 또한 이에 종사하거나 이를 소유하는 사람이 고소득을 올릴 수 있다는 사실을 지적하는 것이다.

앞에서 이미 언급한 바와 같이 미국은 IT와 ICT 산업을 육성시켜 세계시장을 장악하고, 이를 통해 경제회복과 성장을 달성했다. 그리고 이에 자극을 받은 국가들은 이들 산업과 기술을 개발하여 고성장을 달성하겠다고 안달하면서 치열한 경쟁을 벌이고 있다. 또한 기업은 물론 개인들까지도 IT 산업, 벤처 산업에 뛰어들어 엄청난 떼돈을 벌겠다고 야단이고, 일부는 하룻밤 사이 최고의 갑부로 둔갑하여 황제같이 군림하기 시작하고 있다. 이같이 IT와 벤처로 인해 국가, 기업 및 개인들이 엄청난 부를 챙기게 되자 분배왜곡이 생기면서 심각한 사회문제로까지 발전하고 있다. 이로 인해 일반 서민들이 받은 몸과 마음의 고통과 상처는 대단하였다.

셋째로, 과학기술의 발달이 가져다주는 부작용을 보면, 저렴한 비용으로 대량생산을 하기 위해서는 새로운 기술의 개발이 절대적으로 필요하다. 따라서 이를 끊임없이 개발하거나 혁신할 때 경제가 성장하면서 물질적으로 풍요로운 생활을 할 수 있게 된다. 인간의 역사를 보면, 새로운 기술이 삶을 한결 풍요로우면서도 윤택하게 만들어준 것을 쉽게 알 수 있다. 하지만 과학기술이 인간의 삶에 긍정적인 효과만 가져다준 것은 아니고, 경우에 따라서는 빈번히 큰 재앙과 파괴를 안겨주었다. 고대 철기시대에 철의 생산과 그 사용이 돌과 나무에 의존하던 생활에 생산증대를 가져다주는 것과 동시에 몸과 마음에도 엄청난 고통과 상처도 주었다. 사람들은 더욱 견고하면서도 예리한 칼과 창을 만들 수 있게 되자 침략과 약탈을 일삼는가 하면 처참한 대량학살도 두려움 없이 자행했다. 그 후 인간은 철을 이용하여 대포, 군함, 항공기 및 폭탄 등 살인무기를 잇따라 만들어내면서 더 많은 사람을 죽이거나 파괴하는 데 혈안이 되고, 일부의 독재자와 통치권자들은 사람 죽이는 것을 즐기면서 흥분까지 했다.

20세기에 들어와 양자역학의 발달로 새로운 기술을 갖게 된 인간은 원자, 수소 및 중성자 등을 이용하여 엄청난 파괴력을 가지는 핵폭탄을 만들고, 제2차 세계대전 때 이를 사용하여 수십만 명의 생명을 순식간에 빼앗아갔다. 이 같은 비극에도 불구하고 냉전시대에 접어들면서 대륙간 미사일을 개발해 내어 많은 생명을 죽이겠다고 위협하는가 하면, 최근에는 중국, 인도, 파키스탄, 이란, 북한 등이 자국의 방위라는 명분을 내세워 핵을 보유하고 있는 실정이다.

최근에 아이디(Ihde), 미참(Micham), 포스트맨(Postman), 스미스(Smith), 마르크스(Marx) 및 페레(Ferre) 등과 같은 기술철학자들이 나와 과학기술이 인간의 삶에 가져다준 긍정적 및 부정적 효과를 비교·분석하였다. 이를 통해 이들은 비록 과학기술의 발달이 많은 혜택을 가져다준 것은 사실이지만 인간이 기술문명의 세계 속에 들어와 기술을 통제하기보다는 시스템에 얽매여 억압받거나 종속되어 살아가는 도구로 전락했다는 결론을 내렸다.

마지막으로 인터넷이 가져다주는 부작용을 보면, 인터넷은 가상공간(virtual space)을 창조해 내어 인간에게 매우 자유로운 새로운 공간을 마련해 주고 있다. 이에 사람들은 현실공간의 억압과 통제로부터 벗어나기 위해 앞다투어 이 공간 속으로 들어간다. 일단 들어가게 되면 자신의 불만과 분노를 폭발시키면서 개인적 요구를 만족시키기 위해 파괴적 행동은 물론 상대방에게 엄청난 고통과 상처를 주는 행동도 마다하지 않고 서슴없이 하고 있다. 한 번의 클릭으로 쉽게 이 공간 속으로 들어갈 수 있게 되자 모두가 앞다투어 들어가 자신의 불만을 분출시키면서 그 속에서 영원히 머물고자 하고 있다. 더욱더 놀라운 사실은 남녀노소가 모두 인터넷 속에 빠져 그 시스템에 얽매이면서 환상을 꿈꾸게 되어 자신의 정체성을 완전히 상실하거나 포기한다는 것이다.

인터넷의 가상공간이 정치와 연계되어 나타내는 부작용을 보면, 이 공간이 정치인에게 활동영역을 넓혀줄 뿐 아니라 무한한 가능성을 약속해 주고 있다는 것을 알 수 있다. 즉 정치인들은 이 공간을 이용하여 유권자에게 자기 자신을 홍보할 뿐 아니라 정치적 입장도 밝혀 이에 동조하는 지지자를 많이 모아 후원회를 만드는 것이다. 이러한 현상은 선진국에서 많이 일어나고 있는데 한국도 그 예외는 아니어서 정치홍보와 후원회를 많이 결성하고 있다. 특히 2002년 대통령 선거 때에는 인터넷을 통해 서로 공방하면서 치열한 선거전을 벌였다.

그러나 가상공간을 통한 정치홍보와 선거유세에 허위, 날조, 비방, 음해 등이 난무하면서 모두를 괴롭혔다. 이러한 행동은 인신공격으로까지 이어지면서 상대방에게 치명적인 타격을 가했다. 물론 유권자가 그러한 거짓과 비방에 속아넘어가는 것도 잘못이지만, 그 같은 행동을 하게끔 유도한 정치인과 그 동조자들의 잘못은 그것에 비해 더욱 더 크다. 최근에는 정치인뿐만 아니라 공무원과 방송도 가세하여 정치목적을 달성하려고 안달하면서 수단과 방법을 가리지 않고 악용하고 있다. 물론 이제까지 정치인과 관리들의 거짓, 부정, 부패 등이 없었던 것은 아니고, 가상공간이 생김으로써 그 정도가 심해지고 있다는 것이다.

이제부터는 이러한 몸과 마음의 고통과 상처를 역사를 통해 조금 더 살펴보도록 하겠다.

인간이 모여 무리를 이루면서 부족사회를 만들자 생활질서와 사회안전을 도모할 필요성이 생기고, 이에 힘이 가장 센 사람이 우두머리가 되어 사회를 다스려 나가기 시작했다. 이 같은 힘의 정치와 통치는 계속 이어져 지금도 정치적으로 낙후된 국가에서 찾아볼 수 있다. 이러한 정치와 통치에 반발하여 나온 것이 민주주의 정치인데, 이는 고대 그리스의 아테네 도시국가에서 처음으로 실시되었다. 이 당시는 시민들의 수가 적었기 때문에 모두 한 곳에 모여 토론을 통해 합의를 도출해 내고, 만약 합의가 여의치 않으면 유창한 연설과 그럴듯한 논리를 구사하여 시민들을 설득하거나 회유하기도 했다. 이러한 술책을 수사학(Rhetoric)이라 하며, 아테네의 정치인들은 정치목적을 달성하기 위해 수사학을 사용하는 것을 정당하다고 보았다. 그래서 이를 전문적으로 하는 소피스트(Sophist)들이 나타나 상대방과 격렬한 논쟁을 벌이면서 자신의 목적을 달성시키고자 했다. 그러나 수사학이 온갖 방법을 모두 동원하여 목적달성에만 매달리게 되자 거짓, 기만, 인신공격이 난무하는가 하면 부정과 부패도 만연하였다.

이에 플라톤(Plato) 같은 철학자가 나와 자연의 진리와 법칙에 어긋

나는 수사학은 허구이고, 이는 곧 사회를 파탄으로 몰아넣으면서 삶을 몹시 어렵게 만들 것이라 하였다. 그러나 이 같은 주장에도 불구하고 수사학은 로마 사회에 들어와서도 수그러들지 않고 더 극성을 부리면서 키케로(Cicero)와 같은 유명한 수사학자를 배출해 내기도 하였다.

그 후 르네상스와 계몽시대를 지나면서 수사학은 인간 중심의 가치에 집중하면서 대중을 휘어잡을 수 있는 말의 기교를 더욱 중시하였다. 그리고 16세기 이후에 나타난 의회정치에서 그 위력을 발휘하고, 그것에 능한 사람은 매우 좋은 정치인으로 인정받기 시작하였다. 이에 정치인들도 대중의 심리를 교묘히 이용하는 화법과 기교를 개발해 내어 여론을 한 곳으로 집중시키고자 했다. 이 같은 정치적 수사학이 오랜 세월을 통해 계속 이어져 오면서 민주주의 정치를 거짓과 기만으로 왜곡시키는 것이 보편화되자, 툴민(Toulmin) 같은 정치철학자는 수사학이 정치에 얼마나 정당하고 합법적인지에 대해 강한 의문을 나타냈다. 하버머스(Habermas)도 합리적 담론을 통해 사회적 합의를 이끌어낼 때 그 정당성이 인정될 뿐만 아니라 매우 바람직한 것이라 하였다.

그런데도 가상공간을 앞세운 인터넷과 대중매체라고 자처하는 TV 방송들이 특정의 이익집단과 결탁하여 진리와 진실을 왜곡하는 낡은 수사학을 사용하면서 삶과 생활을 혼란과 불안 속으로 몰아넣고 있다. 이에 몸과 마음이 많은 고통과 상처를 받으면서 심한 괴로움에 시달리지 않으면 아니 되었다. 이러한 경우는 선진국에서도 볼 수 있지만 우리나라와 같은 중진국 또는 후진국에서 그 정도가 더 심각하여 사회 자체를 파멸로 몰아넣고 있다. 뉴스를 비롯하여 특별 프로그램, 오락 및 문화 프로그램 모두가 거짓과 기만으로 가득 차고, 특히 시각적 효과를 노리는 TV의 패러디(parody)는 원색적인 인신공격을 마다하지 않고 매우 추한 화면까지도 내보내고 있다.

인터넷의 가상공간이 대중문화 속에서 나타내는 부작용은 한마디로 대단하다. 문화는 매우 다양한 의미와 내용을 가지며, 따라서 이를 간단히 이해하거나 설명하기가 쉽지 않다. 최근에 발표된 윌리엄스(Williams)의 논문에 따르면, 문화는 사람들이 집단을 이루어 살아가면서 만들어내는 삶과 생활의 성격과 형태를 말하는 것이라고 했다. 또한 문화가 그 당시 삶과 생활을 서술하거나 묘사하는 것으로 끝나지 않고 그 성격과 형태를 평가하는 기능도 가진다고 했다. 그래서 인간은 시대의 변화에 따라 자신의 삶을 바꾸어 나가고, 그런 가운데서 새로이 가지게 되는 삶이 옳은지 혹은 그른지를 평가한다.

원시사회로부터 지금에 이르기까지 사회가 많이 변해 왔고, 이에 맞추어 문화도 많이 변하면서 지금은 과학문명사회 속으로 접어들고 있다. 산업혁명 이후 과학기술의 발달로 인해 대량생산과 대량소비의 풍요로운 사회로 접어들면서 복잡 다양해지고, 이런 가운데서 효율성을 강조하자 분업과 전문화가 이루어지면서 끼리끼리 모여 자신들의 편의에 따라 살아가는 여러 집단이 생겨 나왔다. 비록 이들의 삶이 내용 면에서 서로 다르다고 할지라도 그 성격과 경제수준에서는 비슷하고, 이에 따라 이들이 사회의 절대다수를 차지하게 되자 대중사회와 대중문화, 대중매체가 생겨 나왔다. 좀더 자세히 설명하면, 비록 이들 집단이 서로 독립된 특유한 형태의 문화를 가진다고 하더라도 정치적·경제적 이유 때문에 연락과 교류를 꼭 해야 하고, 이에 연결통로가 필요해지게 되는데 그 역할을 대중매체가 한다는 것이다.

과학기술이 발달하기 전에는 집단 사이의 연락과 교류가 매우 어려웠으나, 인쇄술이 발달하고 전신·전화가 가능해지자 시공간을 초월하는 연락과 교류가 이루어지게 되었다. 20세기에 와서 신문이 유행하자 모두가 세계의 사건·사고를 즉시 자세히 알 수 있게 되고, 컬러 TV가 나오게 되자 생동감을 주는 정보통신에 접할 수 있었다.

그런데, 최근에 나온 인터넷은 이들의 연락과 교류를 뛰어넘어 가상공간을 마련하면서 서로간의 긴밀한 접촉은 물론 엄청난 정보를 홍수같이 쏟아 내면서 매우 저렴하면서도 빠른 연락과 교류를 하게 만들었다. 하지만 정치, 경제 및 사회적으로 거짓, 기만, 부정부패로 오염된 사람들이 가상공간을 자신만을 위한 공간으로 착각하면서 거짓과 기만으로 대중을 모욕하거나 괴롭히고 있다. 이때 전문지식과 올바른 판단력을 가진다면 다행이지만 그렇지 못하면 정보의 홍수 속에 빠져 거짓과 기만에 농락당하면서 자아를 상실하고, 심한 경우에는 거짓과 기만을 진실로 받아들이면서 이를 다른 사람에게도 강요하고 있다.

현재 가상공간과 거짓된 정보통신으로 인해 발생하는 범죄와 비윤리적인 행동이 사회를 극도의 혼란으로 몰고 가면서 몸과 마음에 엄청난 고통과 상처를 안겨주고 있다. 더욱더 어렵게 만드는 것은 통치자와 정치인들이 대중매체를 장악하고 통제한 다음 이를 자신의 목적이나 이익을 실현시키는 데 이용하고 있다는 사실이다.

3
정치철학과 정치경제학

　인류 역사에서 지도자라는 개념은 부족사회가 형성되면서 나타나게 되었다. 지도자로는 강한 힘과 지혜를 가진 사람이 선호되고, 지도자로 선출된 사람은 구성원의 뜻에 따라 사전에 협의를 한 다음 집단행동을 취하였다. 그러나 구성원의 의사를 무시하고 반대자를 억압하거나 통제하는 지도자가 나타나는 경우도 허다했다. 시간이 흐르면서 인구 증가에 따라 공급 부족 현상이 나타나 생존과 번식을 위태롭게 만들자 상이한 의견들이 많이 표출되면서 합의를 통한 의견일치를 찾아내기가 어려워졌다. 설령, 도출해 낸다고 하더라도 까다로운 절차 때문에 그 시기를 놓치거나 알맹이 없는 합의를 하게 되어 합의 자체가 무의미해지기도 했다. 이에 집단의 지도자는 번거로운 합의와 의견일치보다는 신속한 행동을 선호하고, 이를 강제적으로 행하기도 하였다. 그리고 이에 반대하는 사람이 나타나자 이를 억제하기 위해 자신의 통치기반을 확고히 하는 한편, 죽을 때 그 자리를 다른 사람에게 넘겨주기보다는 자식에게 물려주기 위해 권력의 세습제를 시도하였다.

이같이 강한 우두머리가 힘을 바탕으로 구성원을 억압하거나 강제적으로 중노동을 시키고 싸움터에 나가 싸우게 하는 정치를 무력통치 혹은 무력정치라고 하는데, 이는 과거에 많이 볼 수 있었던 보편적인 현상이었다. 따라서 이러한 통치에 반대하거나 저항하고자 한다면 그를 무력으로 물리치거나 쫓아내야 했고, 그 과정에서 패하게 되면 목숨을 잃는 것은 물론 가족과 추종자 모두가 몰살되는 것을 각오해야만 했다. 다행히 승리하게 되면 권력을 장악하면서 호화롭고도 사치스러운 삶을 살게 된다. 이러한 이유 때문에 누구든 힘과 지혜를 가지면 권력에 도전하고자 하며, 실패하면 뒤로 물러서기보다는 또다시 도전한다.

이 같은 권력쟁탈을 둘러싼 싸움은 한 부족 내에서만 일어나는 것은 아니고 부족들 사이에서도 발생했는데, 이는 더 풍요로운 땅과 물을 확보하기 위해 타 부족을 침략하거나 침범하는 경우이다. 그래서 고대사회에서는 통치권을 잡기 위해 피비린내 나는 쟁탈전을 많이 벌였고, 또한 영토확대를 위한 침략전쟁이 끊임없이 발생하였다. 지금도 그 형태만 조금 다를 뿐 그 내용은 거의 비슷한 쟁탈전과 침략전쟁이 계속되고 있다. 이로 인해 우리의 삶과 생활이 매우 불안해지면서 어려워지고, 따라서 몸과 마음도 엄청난 고통과 상처를 받지 않을 수 없게 되었다.

쟁탈전과 침략전쟁으로 일관되는 고대사회를 정치철학과 정치경제학 측면에서 보면, 우선 정치철학에 있어 생존과 번식이 인간에게 주어진 가장 중요한 과제이기 때문에 이를 위해 벌이는 싸움은 정당하면서도 합리적이라고 보았다. 그리고 정치경제학에 있어서도 생존과 번식을 위한 공급확보가 절대적이기 때문에 이를 위해 싸우는 전쟁과 먹이사냥에 누구도 반대할 수 없었다. 하지만 싸움과 전쟁은 많은 살생과 파괴를 몰고 오기 때문에 패자에게 많은 고통과 상처를 안겨주기 마련이었다.

고대 그리스 시대에 와서는 그 같은 정치철학과 정치경제학에 큰 변화가 일어나기 시작했다. 여러 도시국가들 중에서 바다에 접한 아테네는 처음부터 문호를 개방하여 이웃국가와 상품거래를 하면서 이윤이 발생하는 상거래를 허용하는가 하면 이를 위해 외국인이나 다른 종족의 입국을 자유롭게 하였다. 그리고 정치는 시민에게 국한시키면서 모두가 한 곳에 모여 토론을 거쳐 정책을 입안하고, 이를 실천해 나가기 위해 모두 적극 협력하였다. 이 같은 정치형태와 방법으로 삶을 영위해 나가고자 했기 때문에 이를 민주주의 정치라고 하며, 이것이 모태가 되어 지금의 민주주의가 발전해 나왔다. 경제에 있어서는 교역과 상거래에 많이 의존하면서 충분한 공급을 확보하고자 했다. 그러나 시간이 지나면서 정치적인 부패가 발생하는 것과 더불어 사치스러운 생활을 하려 하자 교역과 상거래도 어려워지기 시작했다. 그리고 모든 시민들이 호화로운 생활을 선호하면서 이를 달성하기 위해 극도의 이기심에 빠지게 되자, 사회질서가 파괴되면서 경제도 망가지기 시작했다.

곧이어 나타난 로마제국은 초기 아테네의 정치형태를 많이 모방하여 여러 부족의 원로들이 모여 협의하는 정치를 했다. 그러나 시간이 지나면서 부족 사이의 대립과 갈등으로 분열되고, 이에 강한 군사력을 가진 부족장이 나와 모든 권력을 장악하면서 황제로 등극하였다. 그리고 영토확장을 위한 전쟁을 벌이면서 막강한 군사력을 바탕으로 무력통치를 하게 되자 강력한 제국으로 탈바꿈하였다. 물론 원로회가 계속되었지만 황제의 뜻과 권력에 의해 통치가 이루어지고, 유럽 대륙, 아프리카 대륙의 북부, 그리고 중동 지역까지 영토를 크게 확장시켜 나가자 그 위력이 막강해지면서 절대권력을 갖게 되었다.

한편, 경제에 있어서는 확대된 영토를 바탕으로 그 지역의 특산물을 생산하고 이를 교역을 통해 자유로이 거래하였다. 그리고 전쟁에서 잡은 포로를 종전같이 모두 죽이지 않고 노예로 만들어 농업과 가내공업에 종사하게 하였다. 여기서 나온 생산물은 황제가 전부 몰수하지 않고 귀족과 장군들이 개인적으로 소유할 수 있도록 소유권과 재산권을 인정해 주고, 그 대신 일정 부분을 세금으로 내게 하였다. 그리고 생산품이 시장에서 자유롭게 유통될 수 있도록 하기 위해 상거래를 장려하였다. 시간이 지나면서 이러한 재산권과 상거래에 황제가 관여하는 것을 막기 위해 법을 만들어내어 사유재산을 보호하고자 하였다.

로마제국은 그리스의 아테네 도시국가와 상이하게, 고대사회의 통치형태를 그대로 이어 받은 스파르타와 코린트 등과 같은 도시국가들과 비슷하게 강력한 힘을 바탕으로 하는 무력통치를 기본으로 삼았다. 따라서 타민족을 차별하면서 노예로 삼아 탄압하고 학대하였다. 한편, 경제에 있어서 특산품의 교역, 노예의 중노동, 그리고 이윤추구를 위한 증산 등은 16세기부터 나타나기 시작한 중상주의의 모태가 되었다. 이 같은 로마제국의 통치가 자국의 시민들에게 충분한 공급을 해주어 여유 있는 생활을 할 수 있게 한 것은 사실이지만, 점령지의 많은 사람들은 탄압과 강탈로 엄청난 고통을 받으면서 괴로운 생활을 하지 않으면 안 되었다.

기원 전후로 생활과 문화가 많이 발달한 다른 지역의 경우를 보면,

중국을 중심으로 한 동북 및 동남 아시아, 인도, 그리고 중동의 아랍 국가들이 고대사회의 국가들과 크게 다르지 않으면서 무력통치와 강압으로 서민들을 탄압하였다. 이들 국가들의 왕은 자신의 번영과 호화, 사치스러운 생활을 유지하기 위해 국민들을 노예와 같이 부리거나 억압했다. 이러한 현상은 아직도 남아 그 모습을 찾아볼 수 있다.

로마제국은 넓은 영토와 풍부한 생산물, 그리고 막강한 군사력을 바탕으로 거의 완벽한 무력통치를 하였음에도 불구하고 황제와 귀족들의 부패와 사치스러운 생활로 인해 멸망했다. 이 시기 로마제국으로부터 많은 억압과 탄압을 받은 기독교가 나타나 서민들에게 구원의 복음과 따뜻한 사랑을 주겠다고 약속했다. 그때까지 이루어져 온 힘에 의한 통치에 반해 기독교는 정신적인 영향력을 발휘하면서 사람들에게 신의 계시에 복종하고 따라 줄 것을 부탁했다. 하지만 기독교는 실질적 통치가 어렵게 되자 봉건영주 제도를 허용하면서 보완적 역할을 당부했다.

이렇게 해서 유럽 대륙에는 4백 명 이상의 많은 봉건영주들이 활거하게 되었고, 이들이 자신의 통치권을 확고히 하기 위해 막강한 군사력을 가지려고 하는 한편 이를 통해 영토확장을 도모하였다. 영주들은 자신의 사치스러운 생활을 지탱해 나가기 위해 농민들을 노예 취급하면서 중노동을 시키고 탄압하였다. 이것으로도 부족하게 되자 군대를 동원하여 비옥한 땅을 소유한 영주를 침략하면서 자신의 영토를 넓혀 나가려 했다.

한편, 로마의 교황도 기독교의 세력과 영향력을 확대시켜 나가기 위해 각 지역에 많은 사원을 세워주면서 성직자들을 증원하고, 이들은 봉건영주의 통치에 맞서면서 사람들의 일상생활 속에 깊숙이 파고들어가 그들의 몸과 마음을 완전히 통제하고자 했다. 시간이 지나면서 사원들도 자신들의 기반을 확고히 하기 위해 넓은 땅을 소유하고 부를 축적하기 시작했다. 이러한 사원의 움직임은 봉건영주와 더불어 주도권의 장악을 둘러싼 치열한 세력다툼을 하게 만들었다. 이런 다툼이 쉽게 끝나지 않고 장기화되자 그 중간에 있는 농민들은 양쪽으로부터 더 많은 복종과 충성을 요구받게 되고, 그러면 그럴수록 그들의 생활은 매우 어려워져서 몸과 마음에 큰 고통과 상처를 받았다.

동로마제국의 멸망 후 이슬람교를 토대로 하여 세워진 강력한 이슬람제국이 지중해로 나와 연안의 도시를 약탈하거나 점거하면서 그 세력을 크게 확대시켜 나갔다. 이에 교황은 기독교의 쇠퇴를 막기 위해 봉건영주와 결탁한 다음 십자군을 만들어 원정에 나서면서 중동의 깊숙한 곳까지 침략해 들어갔다. 이 결과 많은 살생과 파괴가 발생하였지만 그 동안 종교적 이유로 막혔던 동서간의 교류와 교역이 다시 활기를 찾고, 이에 힘입어 연안도시가 크게 발달하였다. 그러나 아랍제국은 십자군의 원정으로 인해 몸과 마음에 큰 고통과 상처를 받았다고 지금도 이를 규탄하고 있다.

유럽 대륙은 십자군 원정을 계기로 기독교가 인간의 삶을 돕는 데 한계가 있다는 사실을 알기 시작하면서 그 대안을 찾고자 했다. 이 당시 아퀴나스(Acquinas) 같은 신학 철학자는, 신의 존재를 인간이 직접 보고 체험할 수 있는지, 그 방법을 자연법칙으로 설명할 수 있는지에 대해 많은 관심을 가졌다. 이러한 생각은 계속 이어지고, 그 후에 나타난 신학 철학자들이 자연을 더 많이 관찰하면서 그 방법을 생각해 내었다. 그러나 그 당시의 지식과 지능으로 신의 존재를 자연법칙에 따라 설명하는 데는 한계가 있을 수밖에 없었다.

14세기 전후로 기독교는 교황청과 각 지역 사원의 내부적인 부패와 봉건영주와의 갈등으로 인해 많은 불만과 원성을 들으면서 지배력을 상실하기 시작하였다. 이에 반해 봉건영주들은 영토확대와 통폐합을 통해 강한 국가로 등장하면서 교황의 영향력으로부터 벗어나는 한편, 지역 사원이 소유한 땅을 몰수하였다. 이것이 바로 막강한 군대를 바탕으로 강력한 통치권을 행사하는 근대국가의 출현이었다. 15세기에는 이탈리아, 영국, 프랑스, 독일에서 기독교의 부패와 낡은 제도 및 관행을 타파하고 새로운 믿음과 신앙을 갖자고 주장하는 종교개혁이 일어났으며, 곧이어 고대 그리스 문명과 문화를 재생시켜 새로운 삶의 터전을 마련하고자 하는 르네상스가 일어났다.

로마제국의 멸망 후부터 15세기까지의 기독교의 지배와 봉건영주의 통치를 정치철학과 정치경제학 측면에서 보면, 우선 기독교에서는 정신적 믿음과 신앙이 인간의 삶에서 몸보다 월등히 중요하고 결정적인 역할을 한다는 것을 전제로 하였다. 이것이 생존과 번식의 기본 목적이 되어야 한다고 보고, 이를 달성시키는 데 그 정당성과 합리성을 찾았다. 이에 반해 봉건영주의 경우에는 막강한 군대, 영토확대, 강압통치, 그리고 사치스러운 생활이 삶의 목적이고, 이를 실천해 나가는 데 그 정당성과 합리성을 찾았다. 정치경제학에 있어서는 기독교와 봉건영주 모두 비슷한데, 이들은 농민을 노예로 삼으면서 중노동을 통한 생산증대를 목적으로 삼고, 이를 달성하는 데 그 정당성과 합리성을 찾았다. 아무튼 이 같은 정당성과 합리성은 기독교와 봉건영주들이 자신의 삶과 생활을 영위해 나가는 데 절대적으로 필요했겠지만, 이는 농민들의 몸과 마음에 많은 고통을 주면서 상처를 안겨주었다.

이에 종교개혁과 르네상스는 생존과 번식, 그리고 이를 지탱할 수 있는 삶과 생활을 신에게 의존할 수 없고, 이는 어디까지나 인간 스스로가 해결해야 한다는 생각을 하게 만들었다. 그 당시 종교개혁에 앞장섰던 신학자 칼뱅(Calvin)은 인간의 근면성, 정직함, 확고한 신앙 등을 강조했다. 이와 비슷하게 루터(Luther)도 신에 대한 확고한 믿음과 신앙, 그리고 이에 맞추어 착실한 삶을 영위해 나갈 것을 주장했다. 한편, 근대국가를 세운 군주들은 교황을 배제시킨 다음 자신이 신으로부터 직접 위임받아 통치하는 것이라 주장하면서 사람들이 안락한 삶을 살 수 있도록 만드는 것이 자신의 책임이자 권한이라고 했다.

이렇게 하기 위해 군주들은 막강한 군대와 강력한 통치체제와 제도를 구축해 나가기 시작하였다. 이에 막대한 자금이 필요하게 되자 과다한 세금을 부과하는 한편 영토를 확대시켜 자원확보와 생산증대를 도모하고자 했다. 이 결과 국가들 사이에서 영토확대와 경제적 이해관계를 둘러싼 크고 작은 전쟁이 계속 일어나고, 심한 경우에는 결탁과 배신을 간단한 수단으로 삼으면서 이웃 국가의 왕위계승 등과 같은 내정에도 깊숙이 개입하기도 했다.

15세기 콜럼버스의 신대륙 발견은 군주들에게 새로운 기회를 제공했다. 영국, 스페인, 프랑스, 네덜란드 등이 대서양을 건너가 신대륙을 식민지로 삼고자 서로 큰 싸움을 벌이고, 또한 일부는 인도양으로 진출하여 인도를 비롯함 동남아시아, 중국 및 일본까지도 식민지로 만들려고 했다. 이 당시 유럽 대륙은 금을 화폐로 사용하였기 때문에 금을 강탈하여 본국으로 들여오는 것이 필요했고, 이것이 생산증대에 크게 기여하는 것으로 믿었다. 이 결과 18세기 초까지 금을 많이 반입해 온 국가의 경제가 빠르게 발전하고, 이를 통해 풍요로운 생활을 할 수 있게 되었다. 이를 바탕으로 강력한 군사력을 가지게 되자 이웃 국가를 제압하면서 강대국가로 등장함과 동시에 막강한 통치권을 국내외로 행사하기 시작했다. 그 대표적인 국가가 영국인데, 영국은 강력한 경쟁국인 스페인을 물리치게 되자 더 많은 식민지를 확보하면서 금과 은을 많이 약탈해 가는 중상주의 국가로 발돋움했다.

이같이 강력한 군주국가가 등장하여 식민지 약탈을 통해 부를 축적하는 한편 강한 통치권을 통해 상인과 농민을 억압하자, 이에 대해 그리스 문명과 문화를 고전을 통해 알기 시작한 지식인들이 반발하고 나오면서 투쟁을 벌였다. 홉스(Hobbes) 같은 학자는 그 당시의 정치상황을 모든 사람들이 법과 질서가 전혀 없는 정글 속에서 모든 사람들에 대항하여 싸우는 살벌한 전쟁터와 같다고 하였다. 그래서 강한 사람이 살기 위해 약한 사람을 잡아먹는 것은 너무나 당연하고, 상대방을 무력으로 제압하거나 물리치는 것이 자신의 생존을 보호하는 유일한 방법이라 하였다.

홉스의 주장을 조금 더 자세히 살펴보면, 그는 군주가 신으로부터 통치권을 직접 위임받았다기보다는 보통 사람과 같은 위치에서 자신의 안전과 안녕을 지켜 나가는 사람에 불과하다고 했다. 이러한 생각은 기독교가 주장한, 신 앞에서는 모든 사람들이 평등하고 자유롭다고 보는 자연권(Natural right) 사상에서 나오고, 이것을 실천해 나갈 때 사람들은 자신의 생존을 지켜나갈 수 있다는 것이다. 이러하기 때문에 서로 모두 함께 살아가고자 한다면 상대방의 권리와 생존을 보장해 주는 계약을 해야 한다는 것이다. 여기서 만약 군주가 개인의 권리와 생존을 지켜주면 그 대가로 개인도 군주의 통치에 복종해야 하고, 이같이 개인의 권리와 생존이 보장되는 것이 근대 시민사회의 출현이라고 한다.

곧이어 나타난 로크(Locke)도 홉스의 정치철학을 그대로 받아들여 개인과 군주 사이의 관계는 계약에 의해 성립하는 것으로 보았다. 하지만 정글 속에서의 만인의 투쟁이라는 생각에는 반대하면서 시민, 군주, 신 사이에서 계약관계가 과연 성립할 수 있는지 그 조건과 과정에 대해 검토하기 시작했다. 군주, 시민, 신 모두가 한자리에 모여 앉아 계약을 맺는다는 것은 현실적으로 불가능하고, 따라서 모두 자신의 책임과 의무를 스스로 성실히 수행할 것을 묵시적으로 약속하는 것을 계약으로 보았다. 그렇다면 무엇이 그 약속이 잘 지키게 만들 것인지에 대해 의문이 생기게 되는데, 이때 이들이 모두 서로 참되게 믿으면서 신뢰하면 해결될 것이라고 하였다. 왜냐하면 시민과 군주 모두가 신의 창조물로서 신의 뜻을 저버릴 수 없고, 신 앞에서 한 약속을 어길 수 없기 때문이라 했다. 만약 군주가 약속을 어기면 시민도 군주에게 불복종할 권리를 가지고, 이에 반해 시민이 약속을 어기면 군주도 강제로 이행하게 만들 수 있다고 하였다. 하지만 실제로는 군주가 약속을 지키지 않고 시민을 계속 탄압하자 시민들은 반항하면서 권리와 자유를 쟁취하고자 했다.

경제에 있어서는 페티(Petty)와 캉티용(Cantillon) 같은 경제학자들이 나와 식민지를 인정하는 한편 부와 가치가 노동과 생산에 의해 창출되는 것으로 보았다. 그때까지 금기시되어 오던 금리에 대해 새롭게 보면서 이는 위험부담과 이윤에 의해 결정되는 것이라 하였다. 이 무렵, 무역보다는 농업에 의존하던 프랑스는 노동보다는 땅이 가치를 창출하고, 이에 기후조건이 큰 변수로 작용한다고 보았다. 18세기 산업혁명이 일어나기 전까지 중상주의 국가와 입헌군주 국가의 정치철학과 정치경제학을 보면, 자유, 평등, 생존을 기본으로 하는 자연권의 확보를 정치의 주요 목적으로 삼는 한편 생산증대와 부의 축적, 그리고 노동의 가치창출을 경제의 목적으로 삼으면서 이들을 달성해 나가는 데 그 정당성과 합리성을 두었다.

산업혁명이 일어나면서부터 인간은 신의 도움 없이 스스로 생산증대, 가치창출 및 부의 축적을 할 수 있다고 믿기 시작하고, 이 같은 자신감은 삶과 생활에 큰 변화를 불러일으켰다. 이 무렵에 나타난 정치철학자 흄(Hume)은 홉스와 로크의 정치철학을 비판하면서, 군주와 시민이 계약이나 묵시적인 약속보다는 자신에게 얼마만큼 이득이 돌아올 수 있는지를 계산한 다음에 이행 혹은 불이행을 결정하는 것이라 하였다. 다시 말하면, 신보다는 인간의 마음이 군주와의 정치적 및 경제적 관계를 결정한다는 것이다.

이 같은 인간의 심리적 작용이 벤담(Bentham)과 밀(Mill)로 이어지면서 공리주의(Utilitarianism)를 만들어냈다. 벤담은 최대 다수의 최대 행복이라는 삶의 기본 원칙을 제시하면서 목적보다는 결과를 중시했다. 또한 밀은 그때까지 막연한 개념이었던 자유의 의미를 분명히 하면서 그 성립조건을 명시했다. 즉, 멋대로 하는 자유보다는 다른 사람의 자유를 침해하거나 훼손하지 않는 범위 내에서 향유하는 자유가 진정한 자유라는 것이다.

경제에 있어서는 이미 홉스와 로크가 시장과 사유재산권을 강조하면서 이것이 보장될 때 시민의 권리가 확립된다고 하였다. 캉티용, 페티, 흄 등으로부터 많은 영향을 받고 나타난 아담 스미스(Adam Smith)는 『국부론』(*Wealth of Nation*)이라는 책을 내면서 그때까지 일관성 없이 부분적으로 거론되던 경제이론을 체계화시켰다. 그는 중상주의에 반대하면서 무역보다는 생산, 그리고 노동에 의해 가치가 창출되면서 부의 축적으로 연결된다고 보았다. 그리고 분업할 때 증산되고, 정부의 관여가 없는 자유시장에서 거래가 이루어지면 '보이지 않는 손'(invisible hand)에 의해 생산자와 소비자 모두가 만족하는 분배가 달성된다고 했다.

그 뒤를 이어 나타난 리카도(Ricardo)와 밀도 스미스의 시장이론과 노동가치 이론을 거의 그대로 받아들였다. 그러나 리카도는 노동의 절대가치보다는 상대가치를 주장하고, 그러므로 무역을 안 하는 것보다는 하는 쪽이 이득을 가져다 준다고 보았다. 또한 생산비용에 자본가의 몫을 포함시키는 한편 금리가 그것에 해당된다고 하면서 자본가의 기여를 인정하였다. 밀은 노동의 상대적 가치뿐만 아니라 기술의 중요성도 강조하면서 자유방임무역(Laissez-faire)을 해야 서로 이득을 얻게 된다고 주장했다. 곧이어 제본스(Jevons)가 공리주의에 부합하는 한계효용(marginal utility) 이론을 소개하고, 세이(Say)가 이를 경제이론으로 발전시키자 한계효용 혁명이 일어났다. 이 효용이론은 가치가 노동보다는 인간의 심리작용에 의해 창출되며, 그 결정은 시장의 수급이 일치하는 곳에서 이루어진다는 전혀 새로운 가치이론을 제시했다.

이 같은 이론에 힘입어 유럽 경제는 식민지 무역의 확대, 시장의 확보, 이윤증대 등을 추구하는 산업 자본주의 시대로 접어들었다. 이에 국가들은 새로운 시장을 확보하기 위해 군사력을 총동원하면서까지 치열한 경쟁을 벌였다. 이 결과, 19세기에 들어와 영국이 프랑스, 스페인, 독일 등 경쟁국을 물리치면서 최대 강국으로 등장하고, 이에 따라 런던이 세계무역과 금융의 중심도시가 되면서 금, 은이 쏟아져 들어오기 시작하였다.

18세기와 19세기 사이에 그 모습을 드러낸 산업 자본주의의 정치철학과 정치경제학을 보면, 우선 정치에 있어 개인의 자유와 재산권, 그리고 절대 다수의 이익이 무엇보다도 우선하고, 과정보다는 결과를 중시하는 데 목적을 두면서 이를 어떻게 달성해 나갈 것인가에 그 정당성과 합리성을 두고자 했다. 또한 경제에 있어서는 가치가 노동보다는 심리작용에 의해 창출되면서 수급이 결정하는 시장가치와 증산을 통한 부의 창출과 축적을 목적으로 삼으면서 이를 실천해 나가는 데 그 정당성과 합리성을 찾고자 했다. 이 같은 정치철학과 정치경제학이 집단보다는 개인, 그리고 그가 발휘하는 능력에 따라 그 대가가 결정되는 체제와 제도를 강조하게 되자, 이로부터 소외되는 많은 노동자와 저소득층들이 억압을 받으면서 몸과 마음에 많은 고통과 상처를 받게 되었다.

이 당시 영국의 산업 자본주의와 공리주의에 크게 반발하면서 도전한 국가는 독일이고, 이에 헤겔(Hegel) 철학을 바탕으로 형성된 낭만주의와 국가주의를 앞세워 싸우기 시작했다. 이 무렵에 나타난 마르크스(Marx)와 엥겔스(Engels)는 영국의 산업 자본주의와 개인주의에 대항하기 위해 『자본론』, 『독일 이데올로기』, 『공산주의 강령』 등의 책을 내면서 공산주의를 부르짖었다. 좀더 자세히 말하면, 노동가치 이론에 따라 자본가의 몫으로 돌아가는 이윤에 반대하고, 노동이 재생산을 통해 추가로 창출해 내는 잉여가치라는 것이다. 그런데 이를 노동자에게 돌려주지 않고 착취하면서 소외시킨다는 것이다. 그래서 노동자는 유물변증법에 맞추어 혁명을 일으키면서 이를 빼앗아 와야 한다고 했다.

이같이 마르크스는 자본가의 착취에 대해 무력저항을 외쳤지만, 이 당시 대부분의 노동자와 저소득층은 온건한 방법으로 자본주의의 정치사회 및 경제제도를 개혁할 것을 요구하였고, 이에 부응하면서 나온 것이 사회당이었다. 생시몽(Saint-Simon), 푸리에(Fourier), 프루동(Proudhon) 등이 그 대표자들인데, 이들은 리카도의 노동가치 이론을 수정·보완하여 새로운 사회주의이론을 만들어내면서 자신들을 리카도의 사회주의자(Ricardian Socialist)라고 하였다. 또한 이들 사회주의로부터 많은 영향을 받은 지식인들은 페비이언 사회주의(Febian Society), 길드 사회주의(Guild Society), 무정부주의(Anarchism) 등 다양한 사회주의를 만들어내면서 두각을 나타냈고, 시간이 흐르면서 노동자와 저소득층으로부터 많은 호응을 얻게 되자 입헌군주와 자본주의에 맞서 싸우기 시작했다.

마르크스와 엥겔스는 독일과 영국에서 자신들의 뜻을 이루지 못했지만 20세기에 들어오면서 러시아가 붉은 혁명을 통해 소련이라는 공산주의 국가를 탄생시켰다. 이는 나중에 중국과 북한에까지 파급되어 특유한 형태의 독재 공산주의 국가가 출현하게 되었다. 하지만, 나중에 밝혀진 바와 같이 이들 공산주의 국가가 현실보다는 이상에 치우치면서 노동자를 매우 강조할 뿐 아니라 비현실적 잣대로 노동가치를 결정하게 되자 모든 권력과 이득이 공산당에 집중되면서 독재를 하기 시작했다. 이로 인해 열성당원이 특혜를 받고 우대되는 데 반해 그렇지 못한 절대다수는 억압을 당하고 천대를 받았다. 그리고 고위층에 있는 당원은 귀족과 다름없이 특권을 누리면서 호화스러운 생활을 했다. 이러한 차별대우와 억압은 많은 사람들의 몸과 마음에 큰 고통과 상처를 안겨 주었다. 이와 같은 공산주의와 사회주의의 정치철학과 정치경제학을 보면, 산업 자본주의와는 정반대로 자유보다는 평등, 그리고 시장보다는 공산당이 생산과 분배를 통제하면서 평범한 삶을 보장하는 데 목적을 두고, 이를 달성하는 데 얼마나 많은 노동자들이 참여하느냐에서 그 정당성과 합리성을 찾았다.

이러한 공산주의 및 사회주의와는 상이하게 아담 스미스로부터 시작한 자본주의의 정치경제학은 한계효용 이론의 출현을 계기로 하여 정치로부터 경제를 분리시킨 다음 수학적 연역방법을 그 기본으로 하는 경제학을 만들어냈다. 이에 왈라스(Walras)는 연립방정식을 이용한 일반균형 이론을 소개하면서 그때까지 생산과 소비 혹은 공급과 수요 사이를 정확히 설명하지 못했던 문제점을 해소시키고자 하였다.

이 결과 보이지 않는 손보다는 시장의 수급 혹은 교환가치에 의해 시장균형이 이루어지는 것을 수학적으로 설명할 수 있게 되었다. 그러나, 실제로 경제의 모든 분야가 동시에 균형상태에 도달하는 경우는 드물고, 이에 반해 부분별이나 분야별로 균형 혹은 불균형을 나타내게 되자 마샬(Marshall)이 나와 부분균형(partial equilibrium) 이론을 소개하면서 급변하는 시장경제에서 이 같은 현상이 일시적으로 얼마든지 생길 수 있다고 했다. 이를 계기로 하여 신고전 경제학(Neo-classic Economics)이 나타나고, 이는 그 후 로잔느 학파(Lausanne School), 오스트리아 학파(Austria School), 파레토(Pareto) 등과 같은 학파와 학자에 의해 더욱 발전하였다.

이와 같이 신고전 경제학은 정치로부터 독립하며 경제현상만 분석하는 학문으로 발돋움했고, 생산과 소비가 시장가치나 효용에 따라 결정되는 것은 매우 자연적인 현상이기 때문에 그 정당성과 합리성에 큰 문제가 없다고 했다. 그러나 나중에 지적되었지만 모든 사람을 매우 합리적인 인간으로 만듦으로써 그 심리와 행동을 기계의 작동과 같이 거의 완벽하게 예측 가능하게 하는 오류를 범하였다. 따라서 시장에서 합리적 행동을 하지 못하는 많은 사람들이 소외되거나 막대한 피해를 입게 되면서 몸과 마음에 큰 고통과 상처를 받았다.

자본주의와 공산주의 혹은 사회주의가 정치철학과 정치경제학을 둘러싸고 대립과 갈등을 빚어내는 가운데서 통치권을 장악하고 있는 입헌군주가 시장확보를 위해 식민지 쟁탈을 강화하자 경쟁국들 사이에서 큰 싸움이 일어나지 않을 수 없었다. 이때 영국, 독일, 프랑스, 러시아, 미국 등의 강대국들이 아시아에 진출하여 각축을 벌였고, 결국에는 중국과 한국, 그리고 동남아시아 국가들이 식민지화되었다.

이 무렵, 미국은 유럽 대륙과는 다르게 삼권 분리에 의한 의회 민주주의와 시장 중심의 자본주의를 실시하였고, 이로 인해 정치는 물론 경제에서도 빠른 발전과 성장을 이루어 나갔다. 20세기에 들어와 과학기술의 발달에 힘입어 산업이 크게 성장하자 미국에서는 생산이 빠르게 증가하면서 소비를 앞지르기 시작하였다. 이 결과 재고 누적이 생기면서 생산 중단이 초래되고, 그때까지 산업발전에 큰 기대를 걸고 매입했던 주식을 일시에 대량으로 내다 팔자 금융이 공황 상태에 빠지면서 경제공황을 불러일으켰다. 이것이 유럽 대륙까지 파급되자 자본주의가 구조적 모순을 드러내면서 회생 불능의 위기에 빠지기 시작하였다. 이때 미국의 루즈벨트(Roosevelt) 대통령은 뉴딜(New Deal) 정책을 펴면서 정부가 시장에 개입하게 하는 한편 재정지출을 통해 대량실업을 막으려고 했다. 이 같은 현상을 지켜보던 케인즈(Keynes)는 시장을 통한 회생이 불가능하므로 정부가 시장에 적극 개입하여 재고 누적을 해소시킬 수 있도록 소비를 대폭 늘려야 한다고 권고했다. 이 결과 신고전 경제학이 제시한 이상적 시장이 망가지면서 자유주의 경제에 큰 위기를 안겨 주었다.

경제공황으로 모든 국가들이 위기에 직면하고, 또한 자본주의를 통해 크게 발전하였음에도 불구하고 서민을 위한 위생, 교육, 상하수도, 의료 및 주거 등 생활여건이 여전히 열악한 상태를 벗어나지 못하고 있는 현실을 지켜보던 지식인과 학자들이 사회경제 시스템과 제도를 개혁할 것을 주장하고 나왔다. 루카치(Luckacs), 그람시(Gramsci), 알튀세(Althuser) 같은 마르크스주의 사회학자들은 서구의 자본주의가 복지정책을 세워 노동자와 서민을 보호하면서 이들의 이익을 챙겨 줄 것을 요구했다. 그 뒤를 이어 나타난 보토모어(Bottomore), 콜레티(Colletti), 굴드너(Gouldner), 코저(Coser) 등은 계급투쟁과 사회갈등에 관한 사회이론을 제시하면서 자본주의를 압박했다. 특히 아민

(Amin)과 월러스타인(Wallerstein)은 자본주의의 구조적 모순과 계급 갈등이 선·후진국 사이에서도 발생한다고 주장하면서 선진국의 각성을 촉구했다.

이같이 사회주의 학자들이 노동자의 이익과 공정한 분배를 강하게 역설하고 나오자 포퍼(Popper)와 하이에크(Hayek)는 자유주의와 시장경제의 우수성을 강조하면서 이것만이 인간을 억압과 빈곤, 노예 상태로부터 영원히 해방시켜 줄 수 있는 유일한 방법이라고 주장하였다. 곧이어 나타난 프리드만(Friedman) 교수는 정부의 시장개입에 적극 반대하면서 악성 인플레이션은 정부 개입에 의해 발생하고, 이것이 결국에는 시장질서는 물론 사회질서와 구조마저도 파괴시키면서 소득의 양극화를 초래케 하여 경제정의가 말살하도록 만들 것이라고 주장하였다. 이것이 바로 그가 부르짖은 정부 실패이다. 다시 말하면, 시장개입으로 정부가 비대화·무능력화되면서 그 효력을 상실하고, 이로 인해 부정부패와 낭비만 발생한다는 것이다. 이와 같은 자유주의자들의 주장에도 불구하고 미국 정부는 대량 실업, 저성장, 소득 감소 등이 발생하자 복지정책을 펴면서 실업자를 구제하고자 하였다. 이에 자유주의자들은 미국도 유럽의 사회주의 국가와 같이 저성장과 만성 재정적자에 빠져 경제위기에 직면할 것이라고 경고했다.

한편, 제2차 세계대전의 종식과 더불어 식민지 통치로부터 해방된 많은 국가들이 자유를 찾으면서 UN에 가입하자 세계가 안정된 정치질서를 찾고, 또한 GATT와 IMF 등의 국제 경제기구가 세워지면서 상호간의 경제협력을 다짐하자 경제질서도 안정을 찾게 되었다. 그러나 시간이 지나면서 이 같은 국제기구에도 불구하고 상호 이해 대립으로 분쟁과 충돌이 빈번히 발생하고, 경우에 따라 전쟁까지도 일어났다. 이에 이해관계가 맞는 국가들이 서로 모여 연합하면서 배타적 지역기구들을 만들어 이익 챙기기에 급급했다. 이 같은 지역적 결합으로 인해 시장침투가 어렵게 되자 선진국의 대기업들은 다국적기업으로 변신하면서 효과적인 방법을 찾아내려 하였고, 이 과정에서 다국적기업과 후진국 사이에서 마찰과 충돌이 빈번히 발생하였다. 후진국들은 보호장벽을 높이 세워 자국의 시장을 보호하는 한편 선진국 시장을 공략할 수 있는 전략상품을 개발하여 수출증대를 시도했다. 이런 가운데서 GATT가 본래의 기능과 목적을 달성하지 못하자 이를 개편하여 WTO이라는 새로운 기구를 만들어내어 분쟁을 강압적으로 해결하고자 했다. 하지만 다자간 협상에서 각자 자신들의 이해관계만 고집하자 타협에 의한 분쟁 해소는 매우 어렵게 되어 가고 있다.

이 같은 무역전쟁 외에도 산업화로 인해 발생하는 공해와 오염이 생태계를 파괴시키면서 동식물은 물론 인간의 생존마저도 위협하기 시작하였다. 후진국들도 앞다투어 경제개발과 성장을 적극 추진하여 지구의 생태계가 송두리째 망가져 모든 생명체의 존재 자체를 위협하기 시작하자, 지구의 이곳 저곳에서 환경단체가 등장해 성장과 개발정책에 도전하면서 생태계의 보존에 최우선권을 두어야 한다고 강력히 요구했다. 이러한 도전은 여성주의자들을 자극하여 성차별의 폐지는 물론 여성에게 더 많은 기회를 주어 삶의 질적인 발전에 기여할수 있게 해달라는 요구를 하게 만들었다. 너스바움(Nussbaum) 같은 여성 법철학자는 그 방법을 구체적으로 제시하였다. 또 한편으로 동물애호가들도 조직체를 만든 다음 희귀동물의 멸종을 막기 위해 범세계적 운동을 벌이면서 생명의 귀중함을 재인식시키고자 하였다. 최근에는 핵개발과 확산을 둘러싸고 정부와 시민들 사이뿐만 아니라 강대국과 약소국 사이에서도 치열한 공방이 벌어지는 가운데, 종교와 민족의 이해관계를 둘러싸고 무고한 생명을 죽이는 잔인한 테러는 물론 많은 생명을 빼앗아 가는 지역전쟁도 끊임없이 벌어지고 있다.

이상과 같이 모든 사람들에게 고통과 상처를 안겨 주는 갈등과 충돌을 지켜본 여러 정치철학자와 정치경제학자들은 이에 대해 나름대로의 진단과 처방을 내렸다.

우선, 프리드만 교수의 주장을 보면, 디플레이션(deflation)을 해소하기 위해 정부의 개입과 재정지출의 확대가 제시되었지만 이는 통화공급의 확대를 유발해 자본주의 경제에 치명적 피해를 입히는 인플레이션을 가져와 사회질서의 파괴는 물론 부의 양극화를 초래하고, 이는 가진 자와 못 가진 자 사이의 대립과 갈등을 더욱 더 첨예화시킨다고 하였다. 그러므로 시장개입이 없는 작은 정부가 더 바람직하다고 했다. 이에 대해 케인즈 학파의 오쿤(Okun) 교수는 공정성(equity)을 원한다면 효율성(efficiency)을 그만큼 포기해야 하고, 자유와 평등 사이는 근본적으로 주고받는 관계(trade-off)라고 주장했다.

이 같은 논쟁에 많은 사람들의 관심이 집중되면서 어느 쪽이 옳은지를 둘러싸고 논쟁을 벌이자 실용주의 철학자 듀이(Dewey)가 나와 목적과 수단이 뒤바뀌는 모순이 일어나면서 이를 억지로 합리화·정당화시키려는 잘못에서 비롯된 것이라 하였다. 이와 비슷하게 경제철학자 부케넌(Buchanan)은 목적보다는 수단과 방법에만 매달리면서 이를 합리화·정당화시키고자 절대 다수에 매달리기 때문에 고통과 상처를 받지 않을 수 없게 되었다고 했다.

20세기 후반 산업사회가 복잡 다양해지자 자유와 평등을 둘러싼 논쟁이 정치경제학자들의 다툼을 넘어 정치철학자의 열띤 상호 공방으로 이어졌다. 그 대표적인 경우가 모더니티(Modernity)와 포스트모더니티(Postmodernity), 자유주의(Individual Liberalism)와 공동체주의(Communitarianism), 합리성(Rationality)과 비합리성, 그리고 절대주의(Absolutism)와 상대주의(Relativism) 사이의 논쟁들이다.

이들 중 먼저 최근에 많은 관심이 집중되는 자유주의와 공동체주의 사이의 논쟁을 보면, 롤즈(Rawls)가 16세기 이후 영국과 미국의 정치철학에서 기본이 되어 온 개별적 자유주의를 비판하자 노직(Nozick)이 나와 삶이 실질적으로 발전하려면 자유의사가 충분히 표출되어 스스로 자신의 이익에 최대로 기여할 수 있는 자기결정(self-determination)과 자아실현이 보장되어야 하고 이를 위해서는 정부개입의 축소와 작은 정부가 반드시 이루어져야 된다고 주장했다. 이에 샌델(Sandel), 매킨타이어(MacIntyre), 테일러(Taylor), 왈쩌(Walzer) 같은 공동체주의자들은 아리스토텔레스와 헤겔 철학을 바탕으로 하여 자유주의를 비판하기 시작하였다. 그 내용을 보면, 개인은 혼자보다는 사회 속에서 존재할 수 있고, 자기결정과 자아실현도 사회 속에서 그 의미를 가진다는 것이다. 왜냐하면, 사회의 이익과 목적이 개인보다 우선하고, 그것이 확정될 때 개인의 것도 결정되기 때문이라는 것이다. 이 같은 논쟁을 지켜본 킴리카(Kymlick)는, 논쟁의 핵심이 정치철학의 영역을 벗어나고 있으며 이는 인간의 본질을 그 연구대상으로 하는 심리철학이 다루어야 할 문제라고 했다.

둘째로, 절대주의와 상대주의 사이의 논쟁에 있어, 고대 그리스 시대부터 인간은 이성과 지능을 가지고 우주의 진리를 알고자 하는 한편 자연의 법칙에 대해서도 지식을 갖기를 원했다고 한다. 17세기에 와서 뉴턴이 중력과 운동법칙을 찾아내면서 이것이 우주의 절대적·결정적 진리라고 믿으며, 그 후 마흐(Mach)의 상대주의를 받아들인 아인슈타인이 상대성 이론을 만들어내자 과학자들은 어느 것이 참된 진리인지에 대해 매우 혼란스러워 했다. 곧이어 양자역학이 나타나면서 하이젠베르크(Heisenburg)에 의해 우주가 적어도 미시물리학에 있

72

어서는 그 위치를 확실히 드러내 보이지 않는다는 불확실성의 원리 (Principle of Uncertainty)가 소개되자 인과관계를 분명히 나타내 보이는 절대주의에 대해 의문을 갖지 않을 수 없었다.

많은 과학철학자들이 고전 물리학의 테두리 내에서 우주의 진리를 찾아내는 방법론에 관심을 가지면서 정확한 방법을 활용하면 참된 지식을 꼭 얻을 수 있다고 믿으며, 이를 바탕으로 진리도 찾아낼 수 있다고 보았다. 이에 수학과 논리를 활용하여 인과관계를 밝혀줄 수 있는 방법론을 찾고자 하고, 그리고 수학 통계학을 활용하면 양자론의 불확실성도 상당히 축소시키면서 진리에 접근할 수 있다고 믿었다. 이들이 바로 논리적 실증주의자(Logical Positivismist)들이고, 이들은 연역적 논리(deductive-nomological method)로 일관된 방법론을 사용하면 자연과학뿐만 아니라 사회과학에서도 진리를 찾아낼 수 있다고 확신하면서 그러한 방법론을 찾고자 했다.

이 무렵, 과학철학자 쿤(Kuhn)이 나타나 패러다임 이동(paradigm shift)을 통해 진리의 상대성을 주장하면서 절대주의에 도전하고, 그 뒤를 이어 나타난 툴민(Toulmin), 파이어아벤트(Feyerabend), 콰인(Quine), 로티(Rorty), 바네스(Barness), 블루어(Bloor), 세핀(Shapin) 등이 나타나 쿤의 주장에 동조하면서 절대적 법칙에 반론을 제기했다. 이들의 주장을 조금 자세히 들여다보면, 자연의 진리와 법칙, 그리고 이에 대한 지식이 발전해 나가기 위해서는 그 절대성이 반드시 인정되어야 할 뿐 아니라 기존의 이론과 새로운 이론 사이에 양립 불가능성(incompatibility)과 공약 불가능성(incommensurability)도 성립하지 않아야 하는데 그렇지가 못하다는 것이다. 더 나아가 이론 자체나 이론을 검증하는 과정에서 자료의 불충분과 기존 이론의 부족 혹은 불일치 등과 같은 이론의 미결정성(underdetermination)과 결정 불가능성(indetermination)도 발생하지 않아야 하는데 그렇지가 못하다는 것이다. 한편, 과학철학자 키처(Kitcher)의 주장에 따르면 물리학과 생화학이 발달하는 과정에서 영구적 및 범세계적 미결정성(global underdetermination)이 빈번히 발생하고, 결국에는 충분한 증거수집을 통해 그 불충분성을 극복하여 진리를 찾아내게 된다고 하였다.

여기서 문제가 되는 것은 그 어느 누구도 영구적 및 범세계적 미결정성과 불충분성이 얼마나 오랫동안 지속되어 갈 것인지에 대해 전혀 예측할 수 없고, 이것이 삶과 생활을 극도의 혼란과 혼돈 속으로 몰아 넣으면서 갈등과 충돌을 일으킨다는 점이다. 이로 인해 몸과 마음은 원초적으로 많은 고통과 상처를 받고 있다.

마지막으로, 합리성과 비합리성(irrationality) 사이의 논쟁에 있어, 앞에서 이미 언급한 바와 같이 목적과 수단이 뒤바뀌고 이를 합리화·정당화시키고자 하는 시도가 만연되자 이에 대한 비판이 강하게 제기되고 있다. 다시 말하면, 목적달성을 위해 나름대로 옳다고 판단되는 방법을 사용했다면 나중에 달성된 목적도 합리적이면서도 정당하다고 본다는 것이다. 그래서 사람들은 주관적 판단에 따라 최선의 방법을 찾으려고 하며, 그렇게 하다가 보면 자신도 모르게 목적보다는 방법에 더 많은 비중을 두는 잘못을 저지르게 된다고 한다. 경우에 따라서는 방법이 목적이 되는 것과 동시에 방법도 되는 논리적 모순도 생긴다고 한다. 불행하게도 이 같은 현상이 생활 주변에서 많이 발생하고, 이런 경우 모두가 궤변과 편견으로 가득 채워지면서 서로간에 갈등과 충돌을 불러일으킨다.

이같이 합리성에 대한 잘못된 이해와 이로 인해 발생하는 충돌을 피하기 위해 노직, 테일러, 브루베이커(Brubaker), 엘스터(Elster) 같은 정치철학자들은 합리성이 무엇이며 그 한계가 어떤 것인가에 대해 설명하자 하였다.

이들의 주장에 따르면, 사람들은 성취하고자 하는 목적을 세우면 그것을 달성할 수 있는 최적의 방법을 찾고, 나름대로 찾은 방법으로 그 목적을 달성하면 그 방법뿐 아니라 목적도 합리적이고도 정당하다고 생각하는데 이는 크게 잘못된 것이다. 왜냐하면, 목적의 설정과 방법의 선택에서 모두 큰 문제가 발생할 수 있기 때문인데, 우선 목적에 있어 그것이 객관적으로 얼마만큼 진리에 가까운지 그 정도에 따라 궤변 혹은 편견이 발생하게 된다. 그리고 절대주의와 상대주의 사이의 논쟁에서 이미 보았듯이, 사회과학뿐만 아니라 자연과학에서도 주관적 가치가 빈번히 개입되어 객관성을 상실하는 경우가 허다하다. 여기서, 만약 개입된 가치가 서로 전혀 다른 의미와 개념을 가지거나 혹은 그 정도에 차이가 있다면 처음부터 그 목적달성은 정당화될 수 없는 것이라 하였다. 둘째로 방법에 있어, 목적과 방법 사이에 일관성이 얼마만큼 있으며, 또한 선택한 방법이 경제적·윤리적으로 합리적인 방법이라는 것을 증명할 수 있는지에 따라 큰 문제가 발생한다는 것이다.

이에 노직 교수는 목적달성의 정당성과 방법의 합리성을 이루어내기 위해서는 다음과 같은 방법과 절차가 꼭 필요하다고 했다. 첫째로, 목적이 개인이나 집단의 이해관계보다는 진리를 근거로 해야 하고, 둘째로, 여러 가지의 방법이 있을 수 있는데 그 선택은 논리적 일관성과 최소의 비용에 따라 결정되어야 한다고 했다. 마지막으로, 선택한 방법으로 그 목적을 달성할 수 있는지 그 가능성과 예측은 객관적인 평가로 해야 한다고 하였다.

결국 정부, 기업, 시민, 정치인 및 노동자 모두가 목적의 설정과 방법의 선택에 있어 얼마만큼 정당하면서도 합리적일 수 있는지가 문제인데, 불행하게도 현실은 그 정당성과 합리성을 악용하거나 남용하면서 갈등과 충돌을 불러일으키고 있다. 이로 인해 몸과 마음이 엄청난 고통과 상처를 받으면서 하루하루 살아가야만 하는 것이 매우 비통스럽기만 하다.

제 2 장

몸과 마음을 둘러싼 이론적 다툼

1

윤리도덕과 심리철학

인간은 몸과 마음으로 구성되어 생존과 번식을 통해 후손으로 이어지면서 살아가고, 생존과 번식은 어떻게 삶을 영위해 가는지에 따라 결정된다. 이러한 인간이 자신의 존재와 그 의미를 확인하거나 밝히고자 한다면 우선 몸과 마음이 무엇이며, 그리고 이들이 어떤 기능과 역할을 하게 되는지를 알아내야 한다.

이제까지 인간은 자신의 몸에 대해서는 잘 알고 있지만 마음에 대해서는 그렇지가 못했다. 몸은 팔과 다리를 가지고 걷거나 뛰고, 또한 입으로 먹으면서 눈으로는 사물을 보거나 관찰한다. 그리고 머리로 생각하면서 어떤 행동을 할 것인가를 판단하고, 피곤하거나 졸음이 오면 누워서 잔다. 또한 얼굴을 가짐으로써 이를 보고 그 존재를 확인한다.

이와는 다르게 마음은 감각, 의식, 감정을 가지며, 이를 통해 무엇을 보고, 듣고, 맡고 하는지를 알아낸다. 이 같은 감각작용을 의식하면서 이에 대응하는 행동을 하게 되는데 이를 의식작용이라 한다. 특히 인간은 이러한 감각작용과 의식작용을 통해 느낌을 가지며, 그 내용과 정도에 따라 상이한 행동을 하게 된다. 좀더 구체적으로 말하면, 몸에 병이나 상처가 생기면 마음으로 아픔을 느끼고, 이것이 오래 지속되면 많은 괴로움을 느끼면서 고통을 받는 것이다. 그러다가 죽게 되면 가족들은 슬픔에 빠져 애통해한다. 또한 춥거나 배가 고프면 따뜻한 옷을 입고 먹으려 하고, 더울 때에는 시원한 곳으로 가서 더위를 피하려고 한다. 옛날이나 지금이나 인간이 감정적으로 가장 하고 싶은 것은 온 가족이 모여 함께 먹고 자면서 안락한 생활을 하는 것이다. 이렇게 할 때 감정적으로 많은 행복감을 느끼면서 즐거워한다.

지능과 지혜가 발달하면서 많은 경험을 가지게 되자 인간은 더 많은 즐거운 삶을 살고자 하며, 이렇게 할 수 있는 방법을 찾으려고 많은 노력을 하기 시작했다. 가장 쉽게 할 수 있는 방법은 질병이나 상처가 나기 전에 조심하면서 충분한 휴식을 취하고, 큰 상처가 나거나 중병에 걸린 경우에는 치료를 받는다. 그리고 몸에 좋고 맛있는 음식을 찾아 먹으면서 건강을 챙기고, 경우에 따라서 운동도 한다. 이것보다 더 중요한 것은 온 가족이 기거할 수 있는 아늑한 주거지를 마련하고 항상 즐거운 마음으로 살려고 노력하는 것이었다.

원시사회에서 가족단위로 살아갈 때에는 생존과 번식을 위한 생활이 필요하다. 그러나 많은 사람이 모여 사는 부족사회에 들어와서는 집단을 위한 생활을 해야만 했다. 여기서 만약 모든 사람이나 가족이 자기 중심으로 살아가거나 행동하게 되면 상호간 마찰과 충돌이 발생한다. 이를 피하려면 상대방과 절충하거나 타협을 해야 하고, 이렇게 할 때 원만한 삶을 살 수 있게 된다. 그런데, 여기서 문제가 되는 것은 서로간에 얼마만큼 양보하고 절충을 할 것인가이다. 만약 양보와 절충이 실패하면 마찰과 충돌이 계속 발생하면서 부족사회를 큰 혼란 속으로 몰아 넣고, 이렇게 되면 모두가 고통과 상처를 받게 된다. 이 때 부족의 우두머리는 부족의 안전과 질서를 회복시키기 위해 모두에게 양보와 절충을 요구하고, 그렇게 하는 것이 자신의 책임이자 의무라고 말한다. 그리고 이러한 요구를 못 받아들이는 사람은 그 부족사회를 떠나야 한다.

이같이 생존과 번식, 그리고 안락한 삶을 위해 모두가 양보와 절충을 하거나 혹은 책임과 의무를 성실히 하게 되면 이러한 행동을 매우 바람직한 행동이라고 평가하면서 그렇게 하도록 권유한다. 그러나 인간은 생명을 가진 유기체로서 개별적 속성과 성격을 가지기 때문에 그러한 권유를 모두 받아들이지는 못한다. 다시 말하면, 인간은 몸과 마음에 있어 서로간에 차이를 나타내면서 전혀 다른 생각이나 행동을 한다는 것이다.

이러한 개별적 차이에도 불구하고 인간을 하나의 종(species)으로 보고, 이를 다른 종과 비교해 보면 큰 차이점이 나타난다. 이는 인간이 비록 개별적으로 서로 차이를 나타낸다고 하더라도 큰 범주 안에서는 서로 동일하다는 것을 의미한. 이러한 범주 안에서 특정의 행동이 '좋다 혹은 나쁘다'라고 하면 모두가 그것을 비슷하게 '좋다 혹은 나쁘다'라고 하게 된다. 이같이 '좋다 혹은 나쁘다'에 대해 거의 비슷한 생각을 하는 것으로부터 그 사회의 윤리도덕이 생겨 나오게 된다. 다시 말하면, 사회 모두가 좋은 행동은 해야 하고 나쁜 행동은 하지 말아야 한다는 당위성(ought to)이 성립하는 것이다. 이때 윤리가 그 당위성의 원칙을 말하게 되고, 도덕은 그것에 맞추어 행하는 행동을 말하게 된다.

이같이 사회 속에서 윤리도덕이 형성되는데, 만약 이를 어기거나 거부하면 원시사회에서는 그런 사람을 쫓아내고, 그 정도가 심각하지 않을 경우에는 주의를 주거나 가벼운 벌을 주었다. 이러한 추방과 벌은 자신들의 생존과 번식, 그리고 사회안전과 질서를 위협하거나 위태롭게 만든다고 판단하기 때문에 가하는 필요한 조치라고 생각했다.

　여기서, 만약 삶을 전혀 다르게 영위해 나가는 두 개의 사회가 있다면 과연 이들이 똑같은 윤리도덕을 가질 것인가에 대해 의문이 생기게 된다. 앞에서 이미 언급한 바와 같이, 서로 양보와 절충을 하면 다행이지만 그렇지 못하면 충돌하면서 싸우고, 경우에 따라서는 침입하여 죽이거나 파괴해 버린다. 이때 이해관계가 상반되거나 충돌한다는 이유로 그 사회에 침입하여 살상하면서 파괴하는 것이 과연 윤리도덕적으로 정당화될 수 있는지에 대한 의문도 생기게 된다. 다시 말하면, 죽거나 죽이는 것을 싫어할 뿐 아니라 즐거운 삶과 생활을 원하는 인간이 자신의 이익을 위해 상대방을 기꺼이 죽이거나 파괴하는 행동을 할 수 있느냐 하는 것이다. 불행하게도 이 같은 행동이 인간사회 속에서 빈번히 발생하면서 몸과 마음에 큰 고통과 상처를 안겨주고 있다.

　원시사회와 고대사회에서는 자신의 죽음을 싫어하거나 피하려고 하고, 생존과 번식을 위해서는 이를 방해하거나 위협하는 사람을 아무런 감정 없이 무참히 죽였다. 그래서 부족이나 국가 사이에 싸움이 빈번히 일어났고, 또한 사회안전과 질서를 파괴하면 우두머리가 나와 이를 막거나 강압적으로 처단했다. 이 당시 사회의 모든 구성원이 꼭 지켜야 할 규칙이 제시되었는데 그것은 바빌론의 함무라비 법전 속에 잘 나타나고 있다. 즉, 생존과 번식, 그리고 안정된 삶과 생활을 위해 살인, 도둑질, 거짓말, 강간 등을 절대로 하지 말 것을 규정한 것이다.

그 후 모세의 십계명(Ten Commandments)에서도 비슷한 내용을 담았다. 이러한 규칙들이 담고 있는 내용을 보면, 그 당시 사람들도 현재와 같이 몸과 마음을 위해 생존과 번식이 필요하고, 이를 위해 기본적이고도 적절한 행동을 해야 한다는 생각을 가졌다는 것을 알 수 있다. 그런데 이런 규칙은 고대사회에 들어오면서 생활환경과 여건이 바뀌게 되자 크게 변하기 시작했다.

앞에서 이미 언급한 바와 같이, 생존과 번식, 그리고 삶과 생활을 위해 공급확대가 필요하게 되었고, 이를 위해 대규모의 사냥을 하는가 하면 식량의 보관이나 소화를 돕기 위해 불을 이용했다. 또한 도구도 더욱 날카롭게 하는 한편 단단한 소재인 철로 돌을 대체시켜 사용하였다. 이 결과 생산을 크게 증대시킬 수 있을 뿐 아니라 자기방어와 영토확장을 위한 유용한 무기로도 사용할 수 있게 되었다. 더 나아가 상호간의 의사전달을 효과적으로 하기 위해 언어까지도 만들어내게 되자 경험과 지능을 공유하면서 더 폭 넓은 지식과 지혜를 가질 수 있게 되었다. 물론 이 당시 모든 사람이 똑같은 지능과 지식을 가지는 것은 아니었고, 그 사람이나 사회가 얼마만큼 개방적이면서도 자유로운 삶과 생활을 영위하는지 그 정도에 따라 결정되었다.

이 당시 안전한 생존과 번식을 위해 효과적인 방법이 한 곳에 정착하여 농사를 짓는 것이라 보고, 이에 열중하면서 공급확대를 통한 풍요로운 생활을 영위하기 시작했다. 그리고 이동과 교역을 통해 많은 사람들을 만나면서 가까운 친족이나 이웃보다는 먼 곳에 있는 이방인과 짝을 맺는 것이 건강한 후손을 갖는 데 도움이 된다는 사실도 알아냈다. 그리고 농사가 많은 노동력을 필요로 하자 남자 중심의 사회 혹은 가족을 만들어 나가려 했다. 이 결과 사회분업과 생활의 기본 윤리도덕이 새로이 형성되고, 이에 맞추어 모두가 열심히 일하면서 화목하게 생활하자 사회의 안정과 질서가 잡혀 나가기 시작하였다.

기원전 6세기에 이르러 안락한 인간의 삶뿐만 아니라 우주와 자연에 대해서도 많은 호기심을 가지면서 알고자 했다. 특히 지중해 연안의 이오니아 사람들이 더 많은 관심을 가지면서 연구를 하였고, 이는 그 후 그리스 아테네의 철학자에게로 이어지면서 구체적이고 체계적 사유를 하게 만들었다. 좀더 자세히 말하면, 눈으로 볼 수 있는 사물이 전체(whole)이고, 이에 반해 이를 구성하는 것이 작은 물질 부분(part)이라고 보았다는 것이다. 그리고 인간이 태어났다가 사라지는 것을 경험과 감각을 통해 알 수 있었는데, 이것이 왜 그렇게 되는지에 대해서도 많은 생각을 했다.

이때 이들 철학자는 자연과 그 변화를 관찰을 통해 그 실태를 파악할 수는 있었지만, 그것이 왜 그렇게 될 수밖에 없는지 그 이유에 대해서는 알 수가 없었다. 그래서 논리적으로 생각하면서 행동하게 만드는 이성(reason)과 추론(reasoning)을 중요한 것으로 보고 영원히 변하지 않는 실재(real)라고 생각했다.

이같이 우주와 자연의 진리에 대해 깊은 생각을 하는 한편, 생활관습과 문화를 달리하는 사람들이 모여 함께 살아가는 가운데 많은 다툼과 분쟁이 발생하는 이유에 대해서도 매우 궁금하게 생각했다. 앞에서 언급한 바와 같이, 많은 종족이 모여 함께 살아가는 아테네에서 그 같은 분쟁이 일어나는 것은 너무나 당연하고, 그래서 아테네 사람들은 자신의 이익을 챙기거나 보호하기 위해 논쟁을 많이 벌였다. 이에 수사학(rhetoric)이 발달하였고 훌륭한 논변을 통해 상대방을 제압하고자 하였다. 시간이 지나면서 삶이 더 많이 복잡 다양해지자 다툼과 분쟁이 더 빈번히 발생했고, 이에 아테네는 객관적 진리의 탐구보다는 개인의 이익을 챙기기 위한 정치에 더 많은 관심을 가지면서 모든 수단과 방법을 사용해 찾아내고자 했다.

이 무렵에 나타난 플라톤도 시대의 흐름에 맞추어, 우주와 자연의 진리보다는 인간의 내면적 세계 혹은 정신을 통해 만물의 근원과 그 영원한 진리를 찾으려 했다. 즉, 우주와 자연을 관찰하면서 인지하는 것은 인간이고, 그렇게 생각할 수 있게 만드는 지능과 능력이 이데아(idea)라 했다. 이는 현실적으로 볼 수 있는 물체라기보다는 추상적으로 그 형식(form)만 설명할 수 있는 관념적 진실이라고 하였다. 곧이어 나타난 아리스토텔레스는 자연과 밀접한 관계를 가지는 물리학, 동물학, 식물학뿐만 아니라 삶과 생활 속에서 발생하는 정치학과 윤리학에도 많은 관심을 가지고 삼단논법(syllogism)이라는 논리적 분석 방법을 제시하는 한편 이를 통해 원인과 결과를 연결시키는 인과관계를 설명하고자 했다.

이 외에도 고대 그리스 사람들은 자연의 현상과 인간의 삶을 대상으로 하여 느낌과 감정을 많이 불러일으키고 이에 호소하는 시(詩)에 대해서도 많은 관심을 가졌다. 또한 예술적 미(美)에도 많은 관심을 가지면서 이를 조각과 건축을 통해 나타내려고 하였다. 그리고 미를 인간의 육체에도 연결시키면서 건강하고도 탄력 있는 곡선미를 가진 몸을 매우 선호하고, 이를 장려하기 위해 올림픽 경기를 열어 몸을 통해 미를 나타내 보이도록 권장했다.

고대 그리스 시대에 와서 삶과 생활이 복잡 다양해졌고, 이에 맞추어 생활 속에서 지켜나가야 할 윤리도덕도 다양해졌다. 그리스 이전까지는 생존과 번식을 위협하거나 방해하는 살인, 도둑질, 강간 및 근친결혼 등을 금지하는 부정적 윤리도덕을 강조한 데 반해, 그리스 사회에서는 삶과 생활의 질과 내용을 높이거나 풍부하게 하는 긍정적 윤리도덕 혹은 덕목(virtue)을 강조하면서 이를 실천해 나갈 것을 요구했다. 즉, 논리적 생각과 깊은 사유를 하게 하는 이성, 우주의 진리와 지식의 습득, 아름다운 미, 최선을 다할 때 느끼는 행복감과 만족감, 자유와 평등, 그리고 분업과 협력 등이 실천해 나갈 윤리적 덕목이고, 이를 실천에 옮기는 행동이 도덕이라는 것이다.

이러한 덕목 중에서 플라톤은 최선을 다할 때 느끼는 행복과 분업을 강조했고, 아리스토텔레스는 생산의 공정한 분배와 교환에 초점을 맞추었다. 이것이 바로 정의론(Justice)의 시작인데, 이는 공정한 분배, 등가교환 및 인과응보(retribution)를 언급하였다. 이 외에 쾌락주의(Hedonism)가 나타나 삶과 생활을 통해 느끼는 만족감과 즐거움을 강조하면서 이를 실천해 나가는 것이 매우 보람된 일이라고 했다. 이것이 19세기 벤담(Bentham)에 의해 공리주의가 성립하는 기초가 되었다. 이와 같은 고대 그리스 사회의 윤리도덕을 볼 때, 이것이 현재 정치철학과 정치경제학이 실천해 나가고자 하는 목적과 원칙이고, 이를 실천에 옮기기 위해 그 방법을 찾는 데 많은 연구를 거듭해 왔다는 사실을 알 수 있다.

한편, 이 당시 중국과 인도의 경우를 보면 원시사회의 부정적 윤리도덕이 지배적이다. 왕과 지배계급에서는 유교와 불교의 영향을 받아 예절, 형식, 깨우침 및 윤회 등을 삶과 생활의 원칙으로 보면서 그것을 실천해 나가는 것을 매우 바람직한 것으로 보았다. 또한, 고대 하, 은, 주 시대에서는 오행설이 유행하여 자연에 순응하면서 살아가는 것을 권장하기도 했다.

고대 그리스를 이어 나타난 로마는 그리스의 문화와 학문을 물려받으면서 여러 부족장들이 협력하여 국가를 이끌어 가는 정치와 농업에 주력하였다. 얼마 후 영토를 확대하면서 중앙집권 정치를 하게 되자 통치권이 황제에게 집중되는 제국으로 탈바꿈했다. 이 같은 정치적 변화는 삶과 생활에서 똑같은 변화를 요구하면서 교역과 노예를 통해 이윤과 생산증대를 추구했다. 여러 종족과 부족들이 함께 살아갔기 때문에 영토확보를 위한 충돌과 분쟁이 빈번하면서 이윤추구와 생산 증대가 순조롭지 못했다. 이에 사유재산과 계약이행을 보장하기 위해 윤리도덕보다 더 구속력을 갖는 법을 만들고, 이를 어길 때에는 엄하게 처벌했다.

그리스의 철학과 사상을 이어 받은 것은 스토아 철학(Stoicism)이었다. 스토아주의자는 로마제국의 통치에서 나타나는 전쟁, 노예, 종족 간의 갈등과 충돌, 그리고 우상숭배 등으로 인해 발생하는 인간의 비참한 삶과 생활을 가만히 지켜만 볼 수 없어 이에 대응할 수 있는 방법을 모색하고자 하였다. 그런데 그 방법을 그 당시 많은 사람들이 숭배하는 신보다는 사회적 조정과 적응을 통해 찾고자 하였다. 사회를 하나의 전체로 보면 그 속에 자유와 복종이 공존할 수 있고, 이때 모두가 서로 조정하거나 관용을 베풀면 이질성, 불평등 및 억압 등을 충분히 해소시켜 나가면서 사회적 화합을 도모할 수 있다는 것이다. 이 같은 스토아 철학이 18세기의 아담 스미스에게 많은 영향을 미치면서 '보이지 않는 손'이라는 메커니즘을 만들어내게 했다.

그러나, 로마제국의 탄압과 억압, 그리고 귀족과 상인들의 횡포가 생활에 많은 고통을 주게 되자 많은 사람들은 스토아 철학과는 정반대로 신으로부터 구원을 찾고자 하였고, 이에 구약성서에 나온 윤리도덕과 이에 따른 행동을 하기 원하였다. 이 결과 기독교 사회와 봉건영주 시대가 열리기 시작하였다.

중세기에 들어와 기독교는 신에 대한 신앙과 믿음을 바탕으로 마음의 사랑과 정신을 다스려 나가려 하고, 이에 반해 봉건영주는 농민을 노예로 삼아 착취하는 데 열중했다. 시간이 지나면서 교황과 성직자들도 생활에 직접 개입하여 간섭하면서 사랑과 선(善)의 테두리 내에서 삶을 영위해 나가도록 강요하였다. 특히 아퀴나스가 나오면서 아리스토텔레스의 철학을 받아들이고, 이를 바탕으로 기독교의 교리와 실제 생활 사이의 조화를 도모하였다. 이에 사회이익, 안정 및 번영 등을 강조하는 한편 교역을 불완전한 사회 속에서 발생하는 필연적 악으로 보았다. 그리고 교역이 사회이익에 기여하거나 상품거래가 균등한 가치에서 이루어질 때 그 정당성도 인정된다고 하였다. 즉, 정당한 가격(just price)이 시장거래에서 꼭 지켜져야 하고, 이것이 생활과 행동의 기본 규범이라는 것이다.

하지만, 십자군 이후 동서간의 교역이 확대되고, 이것이 생산증대는 물론 생활에 많이 기여하게 되자 많은 사람들이 교역을 통해 이윤을 챙기려 하였다. 이로 인해 고리대금까지 나타나면서 아퀴나스의 정당한 가격의 규범을 훼손하기 시작했다. 또한 봉건영주가 상인들을 억압하여 이익을 챙기려고 하자 기독교, 봉건영주 및 상인들 사이에서 충돌이 일어났다. 이러한 충돌은, 점차 서민과 농민들도 봉건영주의 억압으로부터 벗어나 교역에 많은 관심을 가지면서 이윤을 챙기려고 하자 더욱 더 확대되었다.

이 결과, 교황과 교회의 부패로부터 벗어나기 위해 종교개혁이 일어나는가 하면 상인과 지식인들도 봉건영주에 대항하면서 이성, 자유, 평등 등의 덕목이 보장되는 것과 더불어 우주의 진리를 추구할 수 있었던 고대 그리스 시대로 돌아가자고 르네상스를 일으켰다. 물론 르네상스는 고대 그리스 사회로 완전히 돌아가자는 것은 아니었고, 그 당시의 문화와 학문을 바탕으로 더 나은 삶과 생활을 찾고자 한 것이었다. 그러나 사람들은 그리스의 윤리도덕과 로마의 스토아 철학이 부정부패, 사치와 방탕, 그리고 억압과 탄압으로 인해 발생한 삶과 생활의 고통과 상처를 치유하지 못했다는 사실은 잊어버리지 않았다. 그래서 윤리도덕의 덕목을 받아들여 삶과 생활의 원칙으로 삼으면서도 이를 생활의 변화에 어떻게 맞추어 활용해 나갈 것인가에 대해서는 뚜렷한 생각을 하지 못했다. 이때 모두가 신보다는 인간 중심의 덕목과 그 실천방안을 찾고자 하는 데에는 생각을 같이하였다. 다시 말하면, 군주, 교황, 시민들이 함께 모여 상호간의 충돌과 마찰을 조정하고 해소시켜 나갈 수 있는 구도와 방안을 찾고자 한 것이었다.

이에 홉스와 로크가 나와 사회계약론을 주장하면서 그 구체적인 방안을 제시하고, 이로 인해 시민사회 질서가 성립하면서 시민들이 생존과 번식을 위해 꼭 지켜야 할 새로운 질서규범을 만들어냈다. 이같은 시민사회의 출현과 그 질서의 성립은 군주의 통치권과 기독교의 지배력을 견제하거나 약화시키는 결과가 되었고, 이를 계기로 하여 윤리도덕의 덕목보다는 시민의 안전과 질서를 어떻게 잘 지켜 나갈 것인가에 대해 더 많은 고민을 하면서 그 방안을 찾아내고자 했다. 근대 정치철학과 정치경제학이 탄생하면서 매우 합리적이고도 정당한 방법을 통해 찾고자 하고, 그렇게 하는 것이 그들에게 주어진 시대적 과제였다. 이러한 움직임은 영국에서 먼저 일어났고, 이에 반해 독일, 프랑스, 스페인 등은 강력한 군주의 통치와 막강한 기독교의 세력 때문에 다소 뒤떨어졌다.

이 무렵 서구사회는 논리적인 분석방법을 개발해 내는데, 그것이 베이컨(Bacon)이 만들어낸 귀납법(Induction)과 데카르트(Descartes)가 창안해 낸 연역법(Deduction)이다. 역사적으로 고대 그리스 시대에 피타고라스(Pythagoras)와 유클리드(Euclid)는 산수와 삼각법의 기하학을 만들고 이를 통해 우주의 진리를 탐구하면서 자연현상을 설명하고자 했다. 중세기에 들어와서는 아랍제국으로부터 아라비아 숫자가 소개되자 산수와 기하학이 더욱 많이 발달하면서 학문연구에 큰 도움을 줄 뿐 아니라 귀납법과 연역법의 개발에도 크게 기여하였다. 따라서 홉스와 로크도 이러한 분석방법을 이용하여 계약론, 자유주의 및 개인주의 등이 성립할 수 있는 조건과 그것이 합리화·정당화되는 과정을 분석한 다음 더 정교하고도 확실한 개념과 내용을 담는 이론을 제시하였다. 이것이 바로 합리성과 정당성을 매우 중시하는 정치철학의 출발이었다.

이러한 정치철학은 흄, 벤담, 밀 등을 통해 현재에 이르고 있는데, 홉스와 로크가 이성을 정치철학의 근거로 삼은 데 비해 흄은 인간의 심리를 강조하면서 이것이 정당화와 합리화에 큰 역할을 한다고 주장했다. 이를 수학적으로 계산하여 그 결과를 숫자로 나타내 보이고자 한 것이 바로 벤담의 공리주의이고, 이는 밀을 거치면서 더욱 정교해졌다. 그 후 이를 제본스(Jevons)가 받아들여 한계효용 이론으로 발전시키고, 이 이론을 모든 사회과학이 분석의 틀로 활용하자 정치철학은 사변적·형이상학적 윤리도덕으로부터 벗어나 과학적 근거에 바탕을 두는 학문으로 발돋움하였다.

또 한편으로, 정치경제학에 있어 페티(Petty), 허치슨(Hutcheson) 및 먼(Mun) 같은 학자는 생산증대보다는 가치창출에 더 많은 관심을 갖고, 가치가 시장거래를 통해 어떻게 창출되는지 그 원인과 과정을 분석하고자 했다. 곧이어 나타난 아담 스미스는 가치가 시장거래보다는 노동과 생산을 통해 창출되고, 이를 증대시킬 때 부가 축적된다고 보았다. 또한 스미스도 사회균형과 안정이 윤리도덕의 덕목보다는 사회 혹은 시장질서에 의해 이루어진다고 보면서 그 방법과 과정을 알아내고자 했다. 하지만, 스미스는 이기심과 이해관계를 그 바탕으로 하는 계약론과 효용이론이 정당한 방법이 될 수 없다고 믿었으며, 그래서 그 실마리를 스토아 철학에서 찾으려 하였다. 그러나 악과 선 혹은 강자와 약자가 사회 속에서 공존하는 것이 자연의 원칙이고, 이들이 서로 타협하여 균형을 이룰 때 사회적 화합이 이루어진다고 보는 스토아 철학의 포괄적 구성주의에는 반대하였다. 다시 말하면, 악과 선을 함께 받아들여 사회구성의 한 요소로 보는 것은 잘못이고, 따라서 처음부터 악을 배제시킨 다음 그 자리에 따뜻한 인간적 감정을 갖는 공정한 방관자(impartial spectator)가 들어오게 하여 정당한 행동과 거래를 하면서 화합(harmony)을 이루어낸다는 것이다. 따라서 화합이 이루어질 때 모두가 만족하게 되어 사회적 선(善)이 달성되고, 이것이 바로 '보이지 않는 손'의 체계와 구도라 했다.

리카도는 스미스의 윤리도덕적 덕목과는 다르게 분배를 수학적으로 계산하고자 하였고, 세이(Say)도 한계효용 이론에 따라 모든 사람들이 받아들일 수 있는 공정한 몫을 계산하고자 하였다. 그 후 마샬, 왈라스 및 피구(Pigou) 등이 나와 이 같은 계산적 방법을 통해 절대 다수의 최대 만족이라는 최적의 사회적 화합이 달성되는 과정을 수학적으로 증명하였고, 이에 의해 윤리도덕이 덕목보다는 과학적 계산에 따라 평가되면서 판단하게 되었다.

이와 비슷한 시기에 프랑스는 시민혁명을 통해 폭력으로 입헌군주를 몰아내었고, 산업 자본주의의 부작용을 지적하면서 이를 혁명을 통해 타파하겠다는 공산주의와 사회주의가 나와 자유주의, 개인주의, 사유재산에 강하게 도전하자 그때까지 지켜져 온 모든 질서의 윤리도덕이 위기에 직면하면서 그 뿌리가 흔들리기 시작하였다. 그리고 20세기에 들어와 러시아가 공산주의의 혁명에 의해 무너지고, 독일, 일본, 이탈리아 등이 민족주의를 바탕으로 독재정치를 하면서 세계를 자신들의 손안에 넣으려 전쟁을 벌이자, 자유주의와 사유재산권이 송두리째 무너지기 시작했다.

전쟁의 종료와 더불어 자유주의, 민주주의 및 자유무역 등을 발전시켜 나가자고 약속했지만 공산주의가 이데올로기를 앞세워 계속 반발하고, 최근에는 다국적기업의 시장독점과 횡포, 경제의 양극화, 스태그플레이션, 환경보호주의, 여성주의, 후진국들의 동맹, 종교분쟁과 테러, 정권 쟁탈전과 쿠데타, 핵개발과 확산 등이 만연하게 되었다. 이에 자유주의와 시장경제가 생존과 번식을 위해 이제까지 받아온 삶과 생활의 고통과 상처를 치료하거나 해소시켜 줄 수 있는 근본 방안이 될 수 있는지에 대해 많은 사람들이 의문을 제기하기 시작했다.

이상과 같은 국가들 사이의 살벌한 다툼 외에 자유민주주의를 신봉한다는 국가들도 다양한 이유를 내세워 자신의 이익을 먼저 챙기겠다고 아우성을 치면서 상대방 혹은 시민을 억압하거나 탄압하고 있다. 특히 최근에는 컴퓨터를 통해 가상공간이 마련되자 익명을 사용하여 상대방의 권익을 침해하는가 하면 경제적 피해도 크게 입히고 있다. 그리고 특허권 혹은 저작권이라는 장벽을 내세워 정보 접근을 어렵게 하면서 창의성의 개발마저도 불가능하게 만들고 있다. 더욱이 어린 청소년들이 이에 몰두하면서 게임과 음란물을 즐기게 되자, 합리주의가 강조하는 이성과 추론은 처음부터 생겨나올 조짐조차 보이지 않는다.

이에 롤즈(Rawls)와 구트만(Gutmann) 같은 정치철학자가 나와 치유방안으로 내놓은 것이 정의론과 자유 평등론(Liberal equality)인데, 이러한 덕목이 기대만큼 큰 효과를 나타내지 못하자 일부의 학자들은 자유민주주의와 자유시장이 내세우는 이론적 근거가 근본적으로 잘못되었다고 지적했다. 즉, 이제까지 정치철학과 정치경제학이 제시한 이성, 감성, 정당성 및 합리성 등과 같은 덕목과 방법론으로는 현재 세계가 당면한 몸과 마음의 고통과 상처를 윤리도덕으로 치유할 수 없다는 것이다.

앞에서 이미 언급하였지만, 원시사회로부터 첨단 사회에 이르기까지 인간은 생존과 번식을 위해 생산증대와 안정적 공급에 주력했고, 이를 보장하기 위해 도구나 기술을 개발하는 데 힘써 왔다. 새로운 기술이 더 나은 도구를, 그리고 이 도구가 생산증대를 가져오게 하자 기술개발에 총력을 기울이지 않을 수 없었다. 그 결과 현재 인간은 최첨단의 과학기술로 최첨단의 삶과 생활을 할 수 있게 되었는데, 그 과정에서 대가로 지불한 비용도 만만치 않다. 철이 생산도구로 사용될 때 그 혜택은 대단했다. 그러나 전쟁의 무기로 이용될 때에는 많은 목숨을 빼앗아 갔다. 활자기술의 발달로 지식과 정보를 쉽게 공급할 수 있어 학문과 과학발달에 크게 기여하였지만, 악용과 도용으로 인해 발생한 피해도 대단했다. 양자역학은 인간이 만들 수 있는 최고의 과학 걸작품이라 하지만, 이로 인해 핵폭탄이 만들어져 나오게 되어 엄청난 인명손실을 초래하였다. 아직도 핵폭탄의 대량생산과 핵폐기물 등으로 인해 인간의 생명은 물론 지구의 존재마저도 위태롭게 만들고 있다.

이 같은 위기에 직면하게 되자 종교단체들은 인간의 종말이 왔다고 크게 외치는가 하면, 시민단체들은 지구의 평화와 깨끗한 지구의 환경을 부르짖고 있다. 또한 상당수의 과학자들은 새로운 과학기술의 개발을 환영하면서도 그것이 가지고 올 부작용에 대해서는 매우 두려워하기도 한다. 특히 IT 기술과 바이오 기술(Biotech)과 관련하여, 이들이 가상공간과 많은 정보를 빠르게 마련해 준다고 흥분하거나 유전자 조작으로 난치병 치료를 가능케 한다고 큰 기대를 갖지만, 한편 그것이 앞으로 가져다 줄 부작용을 생각하면 난감하다고 한다.

이러한 생각과 두려움을 현대에 들어와 갑자기 느끼게 된 것은 아니다. 이미 19세기에 산업사회로 들어가면서 갑작스러운 생산확대로 인한 생활의 변화, 전통문화의 빠른 파괴, 분배를 둘러싼 계급간의 갈등, 식민지 쟁탈 전쟁, 그리고 빈부격차의 심화 등이 몸과 마음에 많은 고통과 상처를 안겨 주자 많은 철학자와 과학자들이 왜 이 같은 불행한 일들이 발생하는지 그 이유에 대해 깊이 생각하기 시작했다. 이들 중 일부는 그 원인을 인간의 본질에서 찾고자 했다. 이러한 학자들의 관심과 연구가 이어지면서 20세기에 들어와 몸과 마음에 대해 과학적으로 연구하고자 했다. 이 같은 연구를 하는 학문을 심리철학이라 하며, 그 기원은 고대 그리스와 중국의 자연철학과 윤리도덕에서 찾아볼 수 있다.

원시사회에서 인간은 생존과 번식에 매달리면서 낮은 지능과 지혜 때문에 삶과 생활에 필요한 물건들을 개발하는 데만 집착하였다. 그러나 그리스 시대에 와서 여유 있는 생활과 지능 발달로 자신은 물론 우주의 존재에 대해 많은 호기심을 가지면서 그 원인을 규명하고자 하였다. 이 무렵, 탈레스(Thales), 아낙시만드로스(Anaximandros), 아낙시메네스(Anaximenes) 등을 비롯하려 루시푸스(Leucippus)와 데모크리토스(Democreitos) 같은 자연철학자들이 우주 속에 있는 물질의 구성요소를 알고자 하면서 흙, 물, 공기, 불 등을 그 기본 요소로 보고, 이들을 더 이상 나눌 수 없는 매우 작은 단위의 원자(atom)라고 하였다. 이때 중국에서도 비슷한 생각을 하면서 오행설에 따라 세상이 해, 달, 흙, 물, 금속들로 구성된 것으로 보았다.

그 뒤에 나타난 플라톤은 우주가 대혼란과 복잡성으로부터 출발하고, 이는 초자연적 존재자의 활동에 의해 만들어진 결과라 하였다. 여기서 질서를 잡는 것은 초자연적 존재자의 합리적 설계에 의해 이루어지며, 그러므로 힘이 작용하는 과정보다는 설계가 겨냥하는 목적달성이 더욱 중요하다고 보았다. 이러한 생각 때문에 몸보다 마음이 우선하고, 이는 영원히 존재하는 영혼(soul)이라 했다. 플라톤의 제자인 아리스토텔레스는 스승의 철학을 받아들였지만 육체와 영혼이 서로 분리되어 독립적으로 존재하기보다는 서로 결합되어 있고, 따라서 이들의 분리는 밖으로 드러나 보이는 것에 불과하다고 했다. 그래서 인간의 육체적 활동과 정신적 작용으로 나타나는 생각, 느낌, 감정 등이 서로 연결되어 작용하거나 움직이는 것이라 했다. 이 같은 생각의 차이로 플라톤이 인간의 내면세계 혹은 마음과 이성에 집중한 데 비해 아리스토텔레스는 인간의 외면세계에 더 많은 관심을 가지면서 동식물과 자연의 현상에 대해 많은 연구를 하였다.

기독교 시대에 들어와 신을 형이상학적 존재자로 부각시키기 위해 플라톤의 철학을 받아들이게 되자 인간에게는 몸보다 영혼이나 마음이 더 중요하고, 이것이 생존과 번식은 물론 삶과 생활도 결정하는 것으로 보았다. 이 같은 기독교의 철학은 15세기까지 이어졌고, 16세기에는 프랑스의 철학자 데카르트가 아퀴나스의 자연철학을 받아들여서 마음이 몸보다 우선한다기보다는 서로가 독립된 실제로서 존재하는 것이라 하였다. 이 당시 유럽 대륙은 아리스토텔레스의 자연철학으로부터 많은 영향을 받아 자연법칙을 알고자 연구를 거듭하였고, 17세기 초 길버트(Gilbert)가 나타나 지구가 하나의 큰 자기(magnet)라고 주장하는가 하면 코페르니쿠스(Copernicus)와 갈릴레오(Galileo)도 태양 중심의 우주론을 내세웠다.

이같이 우주와 자연에 대해 새로운 사실과 진실을 발견하자 신 중심의 세계와 데카르트의 이원론에 의문이 제기되면서 신의 원인과 결과 작용을 믿으려 하지 않았다. 다시 말하면, 신이 세상을 창조한 것은 사실이지만 그 후 결과로 나타나는 인간과 그 삶, 그리고 동식물의 출현과 퇴출 등 이 세상에서 일어나는 모든 자연현상과 인간의 삶이 신의 설계(design)에 따라 자동적으로 이루어지거나 변해 간다는 것이다. 이를 학자들은 최초의 원인(first cause)과 마지막 원인(final cause)이라 하는데, 여기서 신은 최초의 원인만 관장하고 마지막 원인은 인간과 자연에게 스스로 할 수 있게끔 맡겼다는 것이다.

18세기에 접어들면서 화학, 생물학, 수학 및 의학 등이 발달하고, 이에 힘입어 산업혁명이 일어나면서 생산증대를 통해 공급부족을 해결하게 되자 자연을 탐구하는 과학과 기술에 더 많은 비중을 두기 시작했다. 즉 마음보다는 몸에 더 많은 관심을 가지면서 무게를 두었다는 것이다. 이 같은 시대적 흐름에 맞추어 홉스와 로크는 인간의 구성보다 그 속성에 더 많은 관심을 가지고서 인간을 자신의 이익만 추구하는 이성적 및 자연적 존재로 보았고, 이에 반해 흄은 감정에 따라 효용을 계산하는 존재라고 하였다. 이러한 생각은 벤담, 니체(Nietzsche), 프로이트(Freud) 같은 철학자와 심리학자로 이어지면서 자연환경과 생활여건이 인간의 본성과 성격을 만들어간다고 보았다. 특히 다윈(Darwin)은 인간이 진화를 통해 탄생했기 때문에 몸과 마음 모두가 자연에 의해 만들어진 산물이라 하였다. 즉 몸이 존재하면서 마음도 함께 만들어져 나오게 된다는 것이다.

데카르트의 사상을 이어 받은 라이프니츠(Leibniz)와 스피노자(Spinoza)는 감정보다는 이성에 초점을 맞추고, 이성적 행동이 삶과 생활을 결정하는 것으로 보았다. 그 후 칸트(Kant)는 영국의 감성론과 대륙의 이성을 순수이성(pure reason)과 실천이성(practical reason)을 통해 통합하고자 하였다. 다시 말하면, 인간의 본성이 감정 혹은 이성 한 쪽만으로 구성되기보다는 이들이 함께 모여 만들어졌다는 것이다. 그래서 인간의 본성과 그 속성에서 형이상학적 측면과 체험적인 것을 동시에 볼 수 있다고 했다.

19세기에 들어와 산업사회의 출현으로 사회가 구조적으로 복잡 다양해질 뿐 아니라 생활도 다양해지자 사회범죄와 정신이상이 급증하는가 하면 살인도 크게 늘어났다. 이에 콩트(Comte) 같은 사회학자는 그 원인을 나이, 성별 및 신체적 조건 등에 따라 규명코자 했다. 이 당시 프로이트는 인간의 본성이 에고(ego), 슈퍼에고(superego), 이드(id)로 구성되고 이드가 무의식인 데 반해 에고는 신체의 이득 계산에서 나오는 이기심이라 했다. 그리고 슈퍼에고는 양심이나 도덕을 판단하는데 이드가 슈퍼에고를 압도하면서 섹스와 쾌락을 추구하기 때문에 이를 통제할 수단을 상실한 사회가 혼란 속으로 빠지면서 파괴된다고 했다.

20세기에 와서 독재주의와 제국주의가 민족주의를 앞세워 식민지 시장을 쟁탈하고자 세계대전을 두 번씩이나 벌이자 많은 생명이 희생되었다. 이 같은 참혹한 사건이 발생해도 이를 저지할 능력과 수단을 전혀 갖지 못한다는 사실을 지켜본 소수의 철학자와 과학자들은, 인간의 몸과 마음을 들여다보고 이것이 과연 무엇이며 어떻게 작용하기 때문에 그 같은 대량살상이 끊임없이 계속 일어나고 있는지 그 원인을 찾아내고자 하였다. 1950년대에 왓슨(Watson)과 스키너(Skinner)가 나와 행동주의(Behaviorism)를 주장하면서 정신상태(mental state)에 있는 것이 바로 행동상태(behavioral state)에 있는 것과 같다고 했다. 즉 마음으로 생각하고, 지각하고, 기억하는 것은 행동을 하거나 하고자 하는 성향과 같고, 그러므로 마음은 행동에 따라 발생하는 반응에 불과하다는 것이다.

곧이어 헴펠(Hempel)과 라일(Ryle)이 나타나 이를 논리적 실증주의(Logical positivism)에 따라 더욱 정교하게 만들면서 마음은 몸 속에 있는 귀신(ghost)이라고 했다. 이 무렵, 비트겐슈타인(Wittegenstein)도 마음이 자신의 사적 언어(private language)에서 생겨 나오기 때문에 애매모호하면서도 혼돈을 일으킨다고 했다. 그래서 개념과 뜻을 분명히 하는 공공언어(public language)가 사용되어야 하며, 이것은 몸으로부터 생긴다고 하였다. 이 같은 행동주의에 대해 일부의 학자들은 반발하면서 어떤 행동을 할 때 그것에 상응하는 마음의 작용이 꼭 발생하는지에 대해 강한 의문을 나타냈다. 즉 행동 없는 생각 혹은 구체적인 생각이나 느낌 없는 행동이 얼마든지 일어날 수 있다고 반박하는 것이다.

이러한 반론에 대응하기 위해 스마트(Smart), 암스트롱(Armstrong), 플레이스(Place) 등이 나와 물질주의(Materialism) 혹은 물리주의(Physicalism)를 주장하고, 곧이어 데이빗슨(Davidson)이 몸과 마음의 동일이론(Identity theory)을 내놓았다. 이들 이론의 근원을 마르크스의 물질주의에서 찾아볼 수 있는데 이들은 정신적 사실(mental facts)이 물리적 사실이고, 또한 정신적 사실이 물리적 사실에 의해 결정된다는 결정론까지 주장하였다. 즉 몸과 마음이 서로 동일하고, 그 인과관계는 몸으로부터 시작하여 마음에 도달한다는 것이다. 특히 플레이스는 마음의 의식이 두뇌 속에서 일어나는 잠정적 작용과정이라고까지 말했다.

이에 대해 크립케(Kripke)가 반박하면서 마음의 의식이 잠정적이라기보다는 필연적 혹은 본질적 작용과정이라야만 물질주의와 동일이론이 성립할 수 있게 된다고 주장하였다. 즉 이러한 조건이 충족되지 않는다면 몸 혹은 물질이 마음에서 발생하는 모든 현상적 느낌과 생각을 설명할 수 없다는 것이다. 이러한 반박에 대해 물질주의는 유형이론(type-type)과 개별이론(token-token)을 들고 나와 필연성을 유형과 개별 특성에 따라 세분하여 볼 필요가 있고, 이렇게 할 때 잠정성이 성립할 수 있다고 했다. 만약 이러한 이론으로도 마음을 설명할 수 없다면 그것은 변칙적 일원론(anomalous)이 될 것이라고 했다. 즉 이 같은 일원론에 자유가 변칙적으로 들어올 수 있는 틈새가 생긴다는 것이다.

이 같은 논쟁을 지켜보던 퍼트남(Putnam)은 기능주의(Functionalism)를 주장하면서 정신상태 속에 있는 것은 바로 그 기능상태에 있는 것이라고 했다. 즉 정신상태는 지각적 입력이나 주입이 있을 때 그 결과로 나타나며, 이것이 행동으로 나타나게 하는 원인작용을 한다는 것이다. 그래서 몸과 마음이 서로 동일하다기보다는 인과관계에 있는데, 경우에 따라서 같은 원인인데도 불구하고 다른 결과가 나올 수도 있다고 하였다. 곧이어 루이스(Lewis)가 나와 인과관계의 일관성을 갖지 못하는 기능주의를 물질주의에 결합시켜 물질적 기능주의를 만들어냈다. 즉 아픔(pain)이 기능적이면서도 물리적이라는 것이다.

이상과 같이 물질주의와 기능주의가 몸과 마음에 대해 과학적으로 설명하고 했지만 이들은 마음을 완벽하게 설명할 수가 없었다. 이러한 허점을 지적하면서 나온 네이글(Nagel)이 물리주의에게 '무엇이 그러한 것이 될 수 있을까?'(What is it like to be?)를 어떻게 설명할 수 있을지에 대해 질문을 했다. 좀더 자세히 말하면, 우선 물질주의가 마음의 의미를 잘못 이해하며, 이로 인해 이들이 제시하는 사례 혹은 인용물이 몸과 마음을 이해하는 데 전혀 도움이 되지 않는다는 것이다. 그리고 마음의 의식이 매우 복잡 다양할 수밖에 없고, 그래서 다른 사람의 의식을 정확히 알 수 없다는 것이다. 주관성 혹은 일인칭 나(I)는 객관적 사실이나 사물로 입증 혹은 설명할 수 없을 뿐 아니라 그 어떤 것으로도 환원되지 않는 개인적 실체(private object)라고 했다.

네이글이 물리주의를 공격하고 나오자 이번에는 데넷(Dennett)과 플래내건(Flanagan)이 나와 마음의 의식이 두뇌의 다중설계 초안(multi-draft)과 감각질(qualia)에 불과하다고 반박하면서 의식은 물리주의에 의해 이미 설명된 것이라고 주장하였다. 그리고 감각질은 언어와 행동으로부터 전도되어 나온 다양한 형태의 두뇌상태이고, 이는 물의 흐름과 같이 계속 이어져 나가는 것이라고 했다. 이러한 데넷과 플래내건의 주장에 대해 맥긴(McGinn)은 물질주의와 네이글이 몸 혹은 마음에만 강하게 집착하면서 이를 매우 강조하고자 하기 때문에 몸 혹은 마음을 설득력 있게 설명할 수 없다고 주장한 다음, 몸과 마음 사이에 감추어진 연결고리를 찾아내야 하는데 그렇게 못하고 있는 것이 가장 큰 문제라고 했다. 이런 맥락에서 차머스(Chalmers)는 마음 혹은 의식이 물리주의가 생각하는 것과 같이 그 어떤 것으로도 환원되지 않으며, 그러므로 몸의 인지와 마음의 의식 사이를 정합시키고(coherence) 연결시켜 줄 수 있는 심리물리학 법칙(psycho physical law)을 찾아내야 할 것이라 주장했다.

이와 비슷한 시기에 나온 펜로스(Penrose)와 써얼(Searle)은 양자의 요술(quantum magic)과 신비(mystery)를 언급하면서 컴퓨터가 프로그램에 의해 작동되기 때문에 마음을 가질 수 없는 것과 마찬가지로 마음을 결정론적으로 설명할 수 없다고 주장하였다. 또한 써얼은 물질주의가 몸과 마음의 의미를 설명하는 데 있어 의미론적 오류(semantic error)에 계속 빠져 있다고 지적하면서 의식을 앎(awareness)으로 해석하는 잘못을 저질렀다고 했다. 이에 반해 의식이 제거되거나 전환될 수 없는 주관성을 내포하기 때문에 내성(introspection)에 의해 발생하는 두뇌의 형상(feature)이나 속성에 해당되는 그 무엇(stuff)이 되는 것이라 했다. 슈메이커(Shoemaker)는, 자아(self)를 일인칭(first-person perspective)과 삼인칭(third-person perspective)으로 구분할 수 있는데 네이글과 펜로스가 언급하는 주관성과 의식은 다른 사람과 논의할 수 없을 뿐 아니라 그 무엇으로도 환원될 수 없는 그 무엇의 속성이라고 주장했다.

이와 같은 반론과 반격에 대해 물질주의는 조금도 뒤로 물러서지 않고 또다시 반격에 나섰다. 그 선봉에 데닛이 서는데, 그는 인간의 자유의지(free will)와 자유(freedom)마저도 진화를 통해 형성되어 나온다고 응수했다. 또한 프리스트(Priest)는 물리주의가 반격할 수 있는 방법은 신경과학(neuroscience)과 양자역학에 의존하여 그들로부터 도움을 받아야 할 것이라 주장했다.

이 무렵, 스태프(Stapp), 처치랜드(Churchland), 에델만(Edelman) 같은 물리학자와 생물학자들은 이미 오래 전부터 양자론이나 신경생물학이 몸과 마음을 설명할 수 있다고 주장하여 왔다. 최근에 와서 물질주의와 비물질주의가 서로간에 치열한 공방을 벌이면서 몸과 마음에 대해 확실한 설명을 하지 못하게 되자 스태프와 에델만의 주장에 많은 관심이 쏠리면서 양자역학과 신경생물학이 크게 각광을 받기 시작하였다. 이에 많은 젊은 학자들이 양자역학과 신경생물학에 매달리면서 몸과 마음을 설명하겠다고 야단이다.

이제까지 본 바와 같이 고대 그리스 사회에 와서 여러 덕목의 윤리도덕이 만들어져 나와 안락한 삶과 생활을 보장하고자 했다. 그러나 중세기를 지나면서 이들 덕목이 기독교의 부정부패와 봉건영주의 억압과 탄압을 막아내지 못하자 그 기능을 상실하기 시작했다.

종교개혁과 르네상스를 맞이하여 정치철학과 정치경제학이 성립하면서 질서와 화합의 윤리도덕을 소개했다. 그러나 자신의 이익을 먼저 챙기겠다는 이기주의가 팽배하고, 이것이 여러 형태의 이념과 이데올로기를 만들어내면서 상호간에 심각한 갈등과 충돌을 불러일으켰다. 그리고 두 번에 걸쳐 큰 전쟁을 벌이게 되자 이들 이념과 이데올로기가 합리성의 모순과 오류에 빠지면서 그 정당성을 잃어버렸다. 이러한 현상을 지켜본 블루멘버그(Blumenburg), 로티(Rorty), 푸코(Foucault), 리오타르(Lyotard), 데리다(Derrida) 같은 철학자들은 철학이 새로운 모습으로 다시 태어나야 안락한 삶을 추구할 수 있고, 만약 그렇지 못하면 미래에 대해 인간은 희망을 가질 수 없다고 했다.

이러한 절박한 현실 속에서 심리철학이 나와 몸과 마음을 다시 조명하여 고통과 상처로 인해 시달림을 받고 있는 삶과 생활을 새로운 방향으로 이끌어 가겠다고 약속했다. 그러나 그때까지 물려받은 이념과 이데올로기를 과감히 떨쳐 버리지 못하고 그 속에 계속 안주하면서 자신의 주장이 옳다, 그르다를 놓고 서로간에 치열한 논쟁만 벌였다. 이에 물리학과 생물학이 나와 심리철학의 한계를 선언하면서 자신들이 그 뒤를 이어 받아 몸과 마음에 대한 명확한 해답을 찾겠다고 했다. 이 결과 그 동안 심리철학에 많이 기대했던 희망은 산산이 부서져 없어지기 시작했다.

이상과 같이 학자와 전문가들이 안락한 삶과 생활을 위해 합리적이고도 정당한 덕목, 질서 및 화합 등을 찾았지만 이를 악용하거나 남용하는 다양한 이기주의가 나와 그 목적달성을 가로막았다. 고대사회부터 현재에 이르기까지 자신의 이익을 먼저 챙기겠다는 이기심은 조금도 변하지 않고 그대로 그 모습을 유지하고 있다. 중·후진국으로 가면 갈수록 대화와 화합을 하겠다는 의회가 먹살을 잡고 욕설을 하면서 서로 치고 받는 싸움을 벌이는 현상을 많이 보게 된다. 그리고 정치는 물론 통치와 일생생활 속에서도 더러운 수사학을 사용하여 인신공격을 일삼는가 하면 주먹을 휘둘러 때리기까지 하고 있다.

2
인지신경과학과 신경생물학

    고대 그리스 사회가 이룩한 자연철학 사상이 현재의 삶과 생활에 큰 혜택을 가져다준 과학과 과학기술의 발달에 원초적인 역할을 하였다. 물론 중국과 아랍제국도 많이 기여한 것이 사실이지만 그 정도에 있어 큰 차이를 나타낸다. 그 당시 아테네 도시국가의 개방된 교역과 자유로운 시장거래가 자본주의의 기초를 마련하고, 그리스 · 로마제국이 사유재산을 보호하기 위해 법을 만들자 그 기초가 견고해진 것이다.

    로마제국의 멸망부터 르네상스에 이르기까지 중세기가 폐쇄적인 기독교와 봉건영주의 탄압으로 인해 삶의 활력을 잃게 되자, 자본주의는 발전은커녕 그 기초마저 잃어버리는 위기에 직면하였다. 다만 삶과 생활을 겨우 지탱해 나가는 수준에서 농기구와 생활도구를 만들고, 봉건영주의 필요성에 따라 도로와 성곽을 만들고 무기 등을 제작하는 기초기술이 조금 발달하였을 뿐이다.

　르네상스를 맞이하여 자연에 더 가까이 다가가고, 생산증대를 위해 대서양으로 진출을 시도하자 신대륙을 발견하면서 식민지 무역을 하는 한편, 단단하고도 매우 쓸모 있는 도구와 기계 등을 만들어 생산 증대를 도모할 수 있었다. 이런 과정 속에서 새로운 기술을 배우는가 하면 제작방법도 개발해 내었다. 또한 무역과 왕래가 급증하자 선박, 도자기 및 철 등을 생산하기 위한 기술개발이 필요했고, 이를 국왕이 앞장서서 독려했다. 다른 한편으로, 자연에 접근하여 법칙을 찾아내는 것만으로 만족하지 않고 이를 이용하여 생활에 필요한 도구와 기구를 만들어내려고 했다. 이에 금을 땅 속에서 캐내기보다는 직접 생산해 내겠다고 연구했는데, 그것이 바로 연금술이다. 또한 자연을 이용하거나 활용한다는 것은 실험을 요구하였고, 한 번의 실험으로 유용한 물건을 생산할 수 없었으므로 많은 실험을 거듭했다. 이 결과 과학기술이 발달하면서 많은 과학지식도 얻을 수 있게 되었다. 이 당시 베이컨(Bacon)의 실험적 귀납법(experimental induction)은 과학지식은 물론 새로운 과학기술을 개발해 내는 방법론을 제시해 주었다.

　시간이 지나면서 과학지식의 축적과 더불어 과학기술이 계속 발달하자 사람들은 생산에 더 많은 욕심을 가지면서 이를 획기적으로 증대시킬 수 있는 방법이나 기술을 개발하고자 많은 노력을 했다. 이러한 노력이 결실을 맺으면서 산업혁명이 일어나게 되었다. 산업혁명은 영국에서 처음으로 일어나 19세기에 들어서면서는 유럽 대륙과 미국으로까지 확산되면서 산업자본주의가 성립할 수 있게 하였다.

　그 후 20세기 초에 이르기까지 증기선박과 증기기관차의 등장으로 유통혁명이 일어나고, 이에 선박 및 철도산업이 탄생하면서 산업자본주의가 본궤도에 진입하였다. 그리고 화학과 생물학이 발달하게 되자 그때까지 병충해로 인해 생산에 큰 어려움을 겪던 농업에도 큰 희망을 가져다주었다. 질소 및 알칼리 비료를 생산하여 땅의 산성화를 막는 한편 농약도 개발하여 병충을 퇴치하였다. 이 결과 화학 및 비료산업이 성장하는 한편 농기계 및 식품산업도 발달하게 되었다.

또 한편으로, 맥스웰(Maxwell)의 전자기장 이론이 소개되면서 에디슨(Edison)이 전구를 발명하여 세상을 밝혀주는 한편 산업에 원동력(power)을 공급하자 생활의 편리함은 물론 생산과 기업이윤이 폭발적으로 증가하였다. 이 같은 산업생산의 증대로 그때까지 만성적으로 나타났던 공급부족 현상이 해소될 수 있었고, 자본은 이윤추구를 위해 산업 쪽으로 모여들기 시작했다. 그러나 곧 공급과잉 현상이 나타나면서 재고누적과 생산중단을 초래하는 한편, 주가폭락과 디플레이션도 일어나게 되었다.

이같이 경제가 깊은 침체 속으로 빠져들어 가자 정부는 재정지출을 늘리면서 소비증대를 유도했고, 전쟁을 통해 군수산업이 활발해지자 경제가 서서히 회복되기 시작하였다. 이런 가운데서 대학들이 정부지원의 기술개발에 적극 참여하는가 하면 기초과학 연구도 장려하자 새로운 기술도 개발되어 나올 뿐 아니라 물리학, 화학, 생물학도 크게 발전하였다.

제2차 세계대전 후 미국을 비롯한 선진국 경제체제는 대량생산과 대량소비 체제로 진입하였고, 이는 삶에 물질적 풍요로움을 가져다주었다. 그러나 시간이 지나면서 이런 경제체제와 시스템이 자원공급의 부족과 자원고갈을 불러일으키고, 이것이 오일파동과 에너지 공급의 위기를 몰고 오면서 그때까지 전혀 경험해 보지 못했던 스태그플레이션(stagflation)을 발생시켰다.

이에 대응하기 위해 내놓은 희망이 에너지 절약형 산업과 기술인

데, 슘페터(Schumpeter)가 권장했던 기술혁신(technology innovation)이 강조되면서 첨단기술(extreme technology)을 개발하고자 기업은 물론 각국의 정부들도 뛰어들어 치열한 경쟁을 벌였다. 이때 가장 많은 각광을 받았던 것이 반도체 산업과 기술이어서, 이를 앞다투어 육성하고 개발하고자 했다. 이 결과 미국은 장기불황으로부터 벗어나 호황을 맞이하게 되고, 이에 여러 국가와 기업들이 미국을 따라 잡으려고 많은 투자와 기술개발을 서둘렀다.

이 같은 경쟁 속에서 많은 주목을 받게 된 것이 IT 산업과 소프트웨어 기술이었다. 새로운 기술이 지속적으로 개발되어야만 경제침체를 막고 성장을 달성할 수 있다는 사실을 경험을 통해 알게 되자 모든 국가와 기업들이 IT 산업과 그 기술을 활용하여 또 다른 새로운 산업과 기술을 개발하고자 했다. 그것이 바로 바이오 기술(BT: Bio-Technology)이다.

이같이 나타난 IT와 BT는 앞장에서 언급한 바와 같이 심리철학이 해결하지 못한 몸과 마음의 문제에 도전하여 만족할 만한 결과를 얻어내겠다고 뛰어드는 물리학과 생물학에 필요한 방법과 수단을 제공하기 시작하였다. 좀더 자세히 말하자면 IT와 BT가 많은 통계자료를 빠르게 처리하면서 엄청난 계산작업을 해야 하는 물리학과 생물학에 막강한 연산능력(algorithmic capacity)을 가져다주었다는 것이다. 이에 이들 학문은 모든 자료와 통계를 수집하는 한편 모든 아이디어와 방법을 동원하여 몸과 마음의 문제를 해결하는 데 도움이 되는 실마리를 찾고자 많은 노력을 기울이기 시작하였다. 이 당시, 이러한 연구와 실험에 많은 관심을 가지고서 적극 참여한 학문이 신경생물학, 두뇌생물학, 유전자생물학, 분석심리학, 미시물리학 및 컴퓨터 시스템공학 등이고, 이들 학자들은 자신의 전문분야에서 접근하려 했다.

하지만, 비록 추구하는 목적이 같다고 하더라도 이들은 서로 전혀 다른 범주에서 접근하기 때문에 연구과정과 그 결과를 서로 토의하거나 비교할 수 없었다. 다시 말하면, 이들이 사용하거나 이해하는 이론적 개념과 연구방법이 전혀 달라 많은 혼란을 불러일으키는 것은 물론 간단한 대화마저도 하기 어려웠다는 것이다. 그럼에도 불구하고, 인내심을 가지고서 대화를 거듭하거나 혹은 공동으로 연구를 하면서 상호간의 접근과 이해를 시도하고, 그 결과 연구대상과 방법이 조정되어 최종적으로 인지신경과학, 신경생물학 및 양자물리학으로 집약되었다. 여기에서는 인지신경과학(cognitive neuroscience)과 신경생물학(neurobiology)이 과연 무엇이고, 어떻게 성립하여 몸과 마음의 문제에 접근하며 그 해결점을 찾으려고 하는지를 먼저 살펴보도록 할 것이다. 이에 반해 양자물리학(quantum physics)은 다음 장에서 자세히 검토하겠다.

우선, 인지신경과학이 무엇이며 어떻게 형성되었는지를 보면, 이는 인지과학(cognitive science)과 신경과학(neuroscience)이 서로 결합하여 이루어지고, 여기서 인지과학은 심리학, 철학, 컴퓨터공학, 인류학, 언어학이 서로 결합되어 성립하면서 몸과 마음이 서로 어떤 관계를 가지는지 그 내용과 이유를 실증적 분석을 통해 밝히고자 했다.

더 나아가, 인지과학이 탄생할 수 있었던 동기와 계기를 조금 살펴보면, 첫째로 16세기 이후 철학은 인간의 마음과 심리를 이론적 혹은 형이상학적으로만 거론할 뿐 이를 실제로 검증하기를 거부하고, 이로인해 몸과 마음의 문제에 접근조차 못했다. 둘째로 철학이 무어(Moore)의 자연주의적 오류(naturalistic fallacy)에 따라 인간의 속성을 오로지 선(善)과 이의 도덕적 측면에서만 연구하고자 하였기 때문에 몸과 마음에 대해 사실적 측면에서 분석할 기회를 놓쳤다. 마지막으로 이 같은 철학의 형이상학적 접근에 듀이(Dewey)가 반발하고 나오면서 마음과 윤리도덕을 실험적으로 분석할 것을 권장하고, 이에 맞추어 심리적 실재주의의 원칙(Principle of Psychological Realism)을 내놓았다. 이 같은 듀이의 실재주의적 심리학이 계기가 되어 규범보다는 사실, 그리고 연역법보다는 귀납법을 그 기본 바탕으로 하여 인간의 심리를 분석할 수 있는 계기와 틀을 마련하였다.

20세기 말에 와서, 이러한 동기와 계기로 여러 학문들이 모여 인지신경과학이 성립할 수 있게끔 도운 것은 사실이지만, 이때 그 중추적인 역할을 한 것은 심리학이고, 그 역사는 오래되었다. 19세기까지 심리학은 심리철학과 같은 뿌리를 가지고 발전하여 왔지만 심리철학이 형이상학 쪽으로 치우치게 되자 이에 반발하면서 정신과 마음을 인간의 기본 감각으로부터 찾아야 할 것이라고 주장하기 시작했다.

이 무렵, 헬름홀츠(Helmholtz)와 운트(Wundt) 같은 독일의 심리학자가 나와 인간의 시각과 지각(perception), 그리고 색깔과 지각 사이의 관계를 많은 학생을 실험대상으로 하여 분석하고, 그런 다음 인간의 사회생활과 언어사용 사이의 관계에 대해서도 연구했다. 연구를 거듭하면서 이들은 외부사건의 발생과 이로 인해 감각을 통해 형성되는 내성과 감정 같은 정신상태에 많은 관심을 가지고서 그 인과관계를 정확히 파악하고자 했다. 이에 반해 영미에서는 제임스(James) 같은 심리학자가 나와 다윈의 진화론으로부터 많은 영향을 받으면서 정신상태에 집중하는 독일의 구성주의와는 상이하게 밖으로 드러나는 인간행동의 적응력에 많은 관심을 가지고 연구했다. 그리고 그는 인간이 사회변화에 따라 적응하려는 습관적 행동기능을 가지고, 이를 인지하거나 지각하는 의식이 일시적으로 생겼다가 없어지는 불연속적인 것이라기보다는 물과 같이 계속 흐르는 연속적인 것이라 주장했다.

이 같은 운트의 정신상태에 대한 연구로부터 내성주의가 생겨 나오고, 행동과 그 기능을 중시하는 제임스의 심리학으로부터는 행동주의(behaviorism)가 나왔다. 그 후 왓슨(Watson)이 나와 정신상태에 접근하는 것을 엄하게 규제하자 행동주의가 더욱 강화되고, 톨만(Tolman)과 스키너(Skinner) 같은 심리학자가 충격과 반응에 초점을 맞추고 인간의 환경적응력과 인지능력을 분석한 다음 인지지도(cognitive map)를 만들어냈다. 한편, 예일대학의 훌(Hull) 교수는 이 같은 적응력을 갖는 행동의 인과관계를 연역적으로 분석하면서 그 조건들을 규명하고자 했다.

1950년대에 들어와서는 행동심리학의 수학적 모델을 세워 엄격한 연역적 분석을 시도하는가 하면, 다른 한편에서는 독일 심리학에 접근하여 주관적 기억, 언어습득 및 시각적 이미지(visual imagery) 등에도 관심을 갖고 연구했다. 피아제(Piaget) 같은 발달론자는 심리의 형성과 발달에 대해 연구하였고, 또한 독일에서도 형태를 보고 지각하는 형태심리학(Gestalt psychology)이 유행하였다.

이와 같은 체계적 분석들이 인지심리학을 탄생케 하였고, 인간의 심리가 생활환경과 언어를 통한 상호간의 접촉에 의해 다양하게 변하면서 행동에 많은 영향을 미친다는 사실을 알아냈다. 이에 언어학과 연계하여 연구를 하기 시작하자 촘스키의 심리언어학까지 나오게 되었다. 이후 하버드, 스탠포드 및 샌디에고의 주립대학들이 인지심리학을 적극 장려하자 커다란 연구센터가 세워지면서 외부로부터 많은 연구의뢰와 기부금을 받기 시작하고, 이를 바탕으로 하여 본 궤도에 올라서면서 크게 발전하였다.

다음으로는 두뇌생물학과 신경생물학이 어떻게 성립하게 되었는지를 살펴보겠다. 고대 그리스의 자연철학자 데모크리토스(Democritus)는 인간의 감각(sensation)과 사유(thought)가 물질적 바탕에서 형성되는데 그 바탕이 잘 정제된 원자(atom)라고 보았다. 그리고 이들 원자가 위치를 바꾸는데 그때마다 감각과 이미지가 생겨 나오고, 이것이 몸의 구석구석으로 전파되어 나간다고 했다. 머리는 사고와 지능을 보호하는 역할을 하면서 혼을 담고, 이에 반해 가슴은 분노를 다스리는 여신이라 했다.

곧이어 나타난 히포크라테스(Hippocrates)는 머리의 상처부위를 보면서 이것이 머리의 모터 엔진(motor-engine)을 멈추게 하는 것으로 보았다. 두뇌의 오른쪽에 상처가 나면 몸의 왼쪽이 이상해지고, 만약 머리가 어지러워지면 지능이 손상을 받는다고 했다. 또한 머리가 경련을 일으키면 온몸이 발작을 일으키면서 말도 못하는 것으로 생각했다. 그 후 아리스토텔레스는 두뇌가 온몸과 조직을 시원하게 해주기 위해 필요한 물로 가득 채워지고, 그 대신 가슴이 감정, 정열, 지성을 감싸고 있는데 이에 피가 연결되면서 열을 공급하는 것으로 보았다. 이에 따라 가슴이 외부의 충격에 흥분하는 데 반해 두뇌는 무감각한 반응을 보인다고 했다.

이 무렵, 갤런(Galen)은 몸의 느낌과 몸의 움직임이 서로 다르다고 보고, 이를 구별할 수 있는 방법을 찾고자 했다. 두뇌는 앞과 뒤로 두 개의 공간을 가지는데, 만약 뒤쪽 공간에 상처가 생기거나 이물질이 들어가면 온몸뿐만 아니라 정신활동에도 이상이 생기는 것으로 보았다. 다시 말하면, 그 공간(ventricle)에 신령(phychic pneuma)이 있어 두뇌로 하여금 감정 및 신체의 조직과 대화를 하게 만든다는 것이다. 신령은 여러 기능을 가지는데 그것은 운동, 감각, 오감 및 합리성이라 하였다. 여기서 합리성은 상상력, 이성, 기억 등을 말하는 것이라고 했다.

이같이 두뇌의 기능에 대한 그리스 자연철학자들의 이해와 생각은 중세기를 지나 16세기에 와서 새롭게 재조명되기 시작했다. 다 빈치(Da Vinci)는 소의 두뇌공간을 왁스(wax)로 만들어 보았고, 바로리오(Varolio)와 프레스넬(Fresnel)이 두뇌를 더욱 정밀히 그려냈다. 이것이 처음 시도된 인간의 골상학(phrenology)인데, 그 첫째 공간에는 환상, 상식, 상상력이 담기는 데 반해 둘째와 셋째에는 사고와 판단력, 그리고 기억이 담기는 것으로 그렸다.

그 후 17세기에 와서 윌리스(Willis)가 두뇌의 구조공간에 대해 연구하면서 핏줄과 뇌의 회전을 비롯하여 대뇌피질(cerebral cortex)과 그 하부피질(subcortical)을 그려 넣는 한편 하얀 물질(white matter)과 회색 물질(gray matter), 그리고 뇌의 2반구(hemisphere)도 추가했다.

19세기에는 뇌생물학에 큰 혁명이 일어났다. 이때 조직학 의사 갈(Gall)이 나와 수차례에 걸쳐 뇌해부를 하면서 지식과 경험을 쌓았고, 이를 토대로 뇌피질의 위치와 이에 따른 27개의 기능을 구별해 내었다. 이 결과 뇌의 공실이 중추적 역할을 하던 것이 뇌피질로 옮겨오게 되고, 플로렌스(Flourens)가 이를 뇌해부와 뇌상처를 통해 검증까지 해보았다. 다시 말하면, 뇌상리의 조그마한 상처 혹은 절개(lesion)가 호흡장애와 같은 기능장애를 초래한다는 것이다. 그는 뇌피질을 조금씩 떼어내면 뇌기능이 점차적으로 줄어들면서 결국에는 완전히 없어진다고 믿었다. 따라서 뇌피질이 지각, 판단 및 의지를 통제하거나 관리하는 가장 핵심적인 부위라고 주장하였다.

거의 비슷한 시기에 나타난 브로카(Broca)는 왼쪽 머리의 이마엽(frontal lobe) 중간부분에 손상을 입은 환자가 말을 못하는 실어증(aphasia)에 걸리는 현상을 지켜본 다음, 골상학자와 의사들이 대뇌의 구조에 대해 더 많은 관찰을 하여 손상된 부위(convolution)가 정확하게 어디에 위치하고 있는지를 알아내야 할 것이라고 주장했다. 그렇게 할 때, 상처의 부위와 기능 사이를 서로 연결시킬 수 있으며 뇌의 기능을 더욱 정확히 알게 될 것이라고 하였다. 이때 뇌의 2반구가 그 기능에서 서로 비대칭적이면서도 전혀 다른 기능을 갖는다는 사실을 알아냈다. 20세기에 들어와 브로드만(Brodmann)은 뇌피질을 52부위로 세분화하면서 번호까지 매겼다. 자세히 말하면, 전면 돌출부에 있는 4번은 운동, 후두엽(occipital lobe)에 있는 17번은 시각, 그리고 측두엽(temporal lobe)의 41번과 42번은 청각과 연결된다는 사실을 알아냈다는 것이다.

이상과 같이 대뇌의 골상학이 거의 완성하게 되자 신경생물학이 성립하기 시작했다. 그러나 뇌피질은 눈으로 직접 보고 구분할 수 있는데 반해 신경은 눈으로 볼 수 없을 만큼 작았기 때문에 크게 확대시켜 볼 수 있을 때까지 기다려야 했다. 19세기에 현미경이 나오게 되자 뇌피질의 단면(section)을 수천 배로 확대시켜 크롬산(chromic acid)이나 포르말린(formalin)으로 염색하여 세포와 그 단면을 관찰할 수 있게 되었다. 데이터스(Deiters)는 현미경을 이용하여, 세포의 몸체가 핵과 세포질로 구성되고 그것이 한 개의 축삭돌기(axon)와 여러 개의 가지돌기(dentrite)로 연결되었다는 사실을 발견했다.

곧이어 골지(Golgi)는 더 발달된 염색방법으로 축삭돌기와 가지돌기의 형태를 더 정확히 알아내었고, 1909년에 카잘(Cajal)은 세포가 하나의 시스템으로 작동한다는 것을 실험을 통해 증명하고자 했다. 만약 그 시스템이 다른 세포의 시스템과 독립되어 움직인다면 이는 신경의 연결망에 의해 가능해질 것이라고 믿었다. 이같이 카잘이 신경세포의 존재를 이론적으로 증명하였음에도 불구하고, 그보다 한 발앞서 독일의 왈드에어(Walderyer)가 신경세포라는 이름을 붙였고 그 후 염색체(chromosome)라는 이름도 만들어냈다. 이 무렵, 영국의 셰 링턴(Sherrington)이 축삭돌기와 가지돌기 사이를 연결시키는 부분에 연결부(synapse)라는 이름을 붙이면서 신경세포가 서로 독립되어 있 다는 것을 확인했다.

한편, 세포를 발견할 시기에 칼바니(Calvani)가 개구리에 전기가 흐 른다는 사실을 알아내고, 19세기 중엽에는 메튜치(Matteucci)도 몸의 근육에서 전기가 흐른다는 것을 발견했다. 곧이어 뒤 부아 레이몽(Du Bois-Reymond)은 신호가 신경세포에 따라 전달되며, 또한 근육도 전 기파장에 따라 수축된다는 사실을 알아냈다. 헬름홀츠(Holmholtz)는 그 전기의 흐름이 1초에 25~40미터로 구리와 소리보다 느리다는 것 을 밝혔다.

버나드(Claude Bernard) 같은 약물리학자는 신경세포의 교차점을 건너가는 화학성분의 물질이 존재할 것이라는 가설을 세웠고, 20세기 초 엘리엇(Elliott)이 운동신경과 근육 사이의 교차점보다는 아드레날 린(adrenaline)이라는 화학정제품이 신경을 자극시킨다는 사실을 알아 냈다. 20세기 중반에는 아세틸콜린(acetylcholine)이 발견되었다.

많은 생리학자들은 신경세포가 연결부를 통해 신호를 전달하는 것 은 사실이지만 이들 신호전달을 통제하는 중앙신경시스템(control nerve system)이 존재할 것이라고 믿었다. 그리고 그것이 존재한다면 이를 중심으로 신체의 여러 부위(perphery)로 연결되는 복잡한 신경망 (Purkinje cell)이 있을 것이라고 확신하였다.

1960년대에 들어와 신경신호(nerve signal)가 전달될 때 전기파장이 형성되고 그것이, 부위와 신경세포에 따라 다소 차이가 있지만, 50~ 90밀리볼타(millivolta) 사이에서 진동(oscillation)한다는 사실을 알아냈다. 그리고 대략 십만 개에 달하는 신경세포들이 모여 집단 혹은 신경절(ganglion)을 이루고, 이들 사이의 역학관계가 비선형적(non-liner)이기 때문에 전기충격에 대한 반응이 폭발적일 수 있다고 보았다. 또한 아세틸콜린 외에 나트륨(sodium)과 포타슘(potassium)도 연결부를 넘나들면서 신경부를 자극시킨다는 사실도 알았다.

1970년대에는 신경세포의 신호전달과 인간의 행동 사이에 어떤 관계가 있는지에 대해 많은 관심을 가지고 연구하기 시작했다. 다시 말하면, 물을 마신다, 아프다, 즐겁다, 화가 난다 등과 같은 감정을 가지고 이에 상응하는 행동을 하는데, 이러한 것들이 신경세포의 신호전달과 어떤 관계를 가지는가 하는 것이다. 이러한 관계를 규명하기 위해 수많은 신경학자, 생화학자 및 생리구조학자들이 신경전달매체(neurotransmitter)와 두뇌구조에 대해 더 구체적으로 연구하기 시작했다.

이상으로, 그 동안 인지과학과 신경생물학이 어떻게 발달하여 왔는가를 간단히 살펴보았다. 여기서 분명하게 나타난 것은 이들 학문이 서로 독립되어 인간의 신체, 심리 및 행동에 대해 따로 연구해 왔다는 사실이다. 그래서 이들의 연구와 그 내용은 상이했다. 즉 인지과학이 인간의 심리와 이에 따른 행동에 집중한 데 반해 신경생물학은 인간의 두뇌와 신경세포에 대해서만 많은 연구를 했다.

1980년대를 지나 1990년대에 들어오면서는 이들 연구에 대한 평가와 비판이 나오기 시작했다. 이 당시 많은 학자들은 그들이 이룩한 연구업적만 본다면 매우 높이 평가할 수 있지만 심리철학으로부터 물려받은 몸과 마음의 문제를 과연 풀어 나갈 수 있을지 그 학문적 능력에 대해서는 다소 의구심이 생긴다고 하였다. 좀더 구체적으로 설명하면, 우선 인지과학에 있어 감정과 행동이 서로 어떻게 연결되는지 그 연결고리는 두뇌생물학을 통해 쉽게 찾아낼 수 있지만 주관적 의미를 갖는 자아의식(self-consciousness) 혹은 감각질(qualia)과의 연결을 어떻게 찾아낼 것인지에 대해서는 의문스럽다는 것이다.

최근에 레빈(Levine)은 설명적 간격(explanatory gap)이라는 가설을 내세우면서, 환원적 원칙과 시스템을 바탕으로 하는 인지과학이 주관적 자아에 접근하는 것은 거의 불가능한 일이라고 비판하였다. 다시 말하면, 심리철학의 경우와 마찬가지로 정신 혹은 마음이 물질로부터 생성되어 나오는 과정과 그 법칙을 찾아내야 하는데 이는 현재의 지식으로 알아내기에는 거의 불가능하다는 것이다. 더욱 구체적으로, 인간의 주관적 느낌이 물체로부터 어떻게 나올 수 있는지 그 내용을 밝히는 문제인데, 이는 이미 오래 전에 잭슨(Jackson)이 지식논쟁(knowledge argument)과 메리(Mary)라는 주제를 통해 거론하고, 또한 좀비(Zombie)를 인용하면서 많은 생명체 중 인간만이 그 같은 특별한 자아의식을 가지게 되는지도 의문스럽다고 지적했다는 것이다. 더 나아가 인지과학이 심리철학의 물리주의가 주장한 동일이론(identity)을 활용하고자 하는데 이는 큰 잘못이라고 지적하면서, 두뇌와 마음은 분명 서로 전혀 다른 별개의 것이라고 하였다.

벨만(Velmans) 교수도 레빈과 비슷한 입장에서 부정적인 견해를 밝혔는데, 그는 이제까지 인지과학이 마음의 기능과 기억, 주의, 의식 등을 정보처리 측면에서 설명하는 데만 집착함으로써 마음을 똑바로 이해하는 데 실패하였다고 지적했다. 그러한 접근이나 연구는 제임스가 이미 시도하고, 20세기에 들어와서도 거의 대부분의 심리학자들이 계속하고 있다는 것이다. 좀더 자세히 말하면, 심리학자들이 연구대상으로 삼는 의식과 두뇌는 주관적 자아와는 거리가 먼, 자아 혹은 주의의 전 단계인 전자아(preconscious) 혹은 전주의(preattentive)이고,

그래서 이들의 의미가 애매모호하다는 것이다. 물론 마음을 알기 위해 그것에 접근하는 전 단계를 아는 것이 중요하지만 그렇게 하는 것이 주관적 자아로 반드시 연결되게 만들어주지 않는다는 것이다. 그러므로 인지과학은 몸의 모든 부위와 그 시스템이 작동하여 전의식으로부터 주관적 의식으로 어떻게 넘어가는지 그 과정을 밝혀야 하고, 그것이 바로 접합문제(binding problem)에 해당된다고 하였다.

이 같은 현상은 신경생물학에서도 비슷하게 일어나고 있었다. 영(Young)과 셰이크(Sheikh) 같은 생물학자는 신경생물학이 의식을 곧바로 두뇌활동으로부터 나오는 결과로 보는 잘못을 저질렀다고 했다. 그 대표적인 경우가 두뇌분리(split-brain)에서 나오는 미스터리라고 했다. 좀더 구체적으로 설명하면, 첫째로 두뇌 속에 엄청나게 많은 신경세포들이 있는데 이들 중 어느 것이 그 의식이나 행동과 연결되는지를 아직까지 아무도 모른다는 것이다.

둘째로 무의식(unconsciousness)에서 의식으로 전환되는 것이 단순히 뇌세포가 비활동에서 활동으로 전환하는 것보다 더 많은 내용과 의미를 가진다는 것이다. 셋째로 뇌손상을 당할 때 그것이 어떤 뇌기능에 연결되는가를 검색하게 되는데, 이때 만약 그 연결을 찾는다면 뇌손상마다 각기 다른 의식이 발생하게 된다는 것이다. 이렇게 되면 이는 이제까지 의식이 두뇌의 모든 기능이 결합하여 작동함으로써 생겨 나온다는 이론과는 정반대가 된다는 것이다. 좀더 자세히 말하면, 두뇌의 양쪽 반구가 서로 다른 독립된 기능을 가지는데 이들 반구가 실제로 기능을 할 때에는 통합된 시스템(unified system)으로 작동한다는 것이다.

넷째로 맹시각(blind sight)과 관련하여, 눈의 위치나 각도에 따라 모든 사물을 똑바로 볼 수 없을 때가 생기는데도 불구하고, 의식이 작용하여 그것을 알아낸다는 것이다. 마지막으로, 뇌손상을 당한 환자를 보면, 그 원인과 상태를 알아내기 위해 뇌파(EEG: Electro-encephalogram), 심장박동, 혈압, 혈류(blood flow), 그리고 신체의 화학적 반응들을 검사하게 되는데 생리학과 뇌생물학이 어떻게 의식을 설명할 수 있을지가 매우 의문스럽다는 것이다. 특히 명상(meditation)과 관련해서는 그 정도에 따라 전혀 다른 뇌파가 생기는데 왜 그렇게 되는지 그 이유도 모른다는 것이다.

이상과 같이 일부 학자와 전문가들은, 인지신경과학과 신경생물학이 마음과 의식에 도전하여 그 신비와 수수께끼를 풀겠다고 하였지만 아직은 미흡하다고 지적했다. 이에 인지과학과 신경생물학은 자신들의 부족함과 미흡함을 인정하면서 새로운 접근방법을 모색하기 시작하였다. 우선, 인지과학은 행동과 마음 중간에 두뇌와 신경생물학을 받아들여 더욱 체계적이고도 일관성 있는 귀납적 및 연역적 방법론을 택하기로 하는 데 반해 신경생물학은 치료적 접근(clinical approach)으로부터 벗어나 과학적 방법론을 활용하기로 했다. 다시 말하면, 이제까지 신경생물학은 뇌손상이나 상처를 입은 환자를 실험대상으로 하여 그 상태와 연결되는 두뇌의 부위를 찾아내어 그 기능을 점검하면서 치료를 했는데 이는 보편성을 상실하는 비과학적 연구라는 것이다.

그렇다면, 여기서 인지과학과 신경생물학이 과연 어떤 연구방향과 방법론을 설정하거나 택했는지를 살펴보도록 하겠다. 우선 인지과학에 있어, 하우타매키(Hautamäki) 같은 전문가는, 신경인지과학의 연구방향과 그 방법론이 학자와 연구센터에 따라 다소 차이를 나타내는데 이를 크게 분류하면 연역적·연산적(algorithmic)·비연산적 방법론으로 구별된다고 했다. 이들을 더욱 세분하면, 연역적 방법론은 연결주의(connectionism)와 인조지능(artificial intelligence)을 강조한다. 그리고 비연산적 방법론은 자연주의 혹은 창발주의(emergentism), 물리주의, 활력론(vitalism) 및 제거주의(eliminativism) 혹은 현상주의 등을 선호하면서 이에 맞추어 연구하고자 한다. 더 나아가, 이 같은 방법론에서도 연구대상이 개별인지 혹은 전체인지에 따라 개별적 혹은 전체적(holistic)으로 나누어지고, 연역적 및 연상적 접근은 개별주의에 의존하는 데 반해 비연산적 방법론은 전체적 접근을 선택한다는 것이다.

다음으로, 신경생물학의 경우에는 치료연결주의로부터 벗어나 과학적 방법을 활용하여 두뇌와 마음 혹은 의식 사이를 연결하는 고리를 찾는 데 집중하고자 했다. 이에 따라 두뇌구조를 면밀히 분석하는 한편 신경전달에 의해 생기는 활동기억(active memory) 혹은 단기기억과 연합기억(associative memory) 혹은 장기기억 사이의 관계와 이들 기억의 저장, 그리고 이에 따른 의식과 인지가 어떻게 형성되는지 그 내용과 과정을 두뇌지도(brain mapping)를 통해 분석하고자 했다.

이상과 같은 연구방향과 방법론을 결정하자 인지신경과학과 신경생물학은 마음과 자아의식을 찾아내거나 설명하기 위해 본격적으로 연구하기 시작했다. 여기서, 이제까지 나타난 연구성과와 그 과정을 보면, 우선 인지신경과학에 있어 하버드, MIT, 스탠포드, 시카고, 샌디에고 등과 같은 대학교를 비롯하여 거의 대부분의 유명대학들이 여러 학과를 통폐합하거나 새로 신설하여 정부와 기업으로부터 엄청난 기금을 확보하는 한편 유능한 학자들을 초빙하여 연구하게 하였다.

이 무렵, 간자니가(Gazzaniga)가 그 대표적인 학자인데, 그는 『인지신경과학 저널』(*Journal of Cognitive Neuroscience*) 등과 같은 여러 전문학술지의 출간은 물론 정기 및 비정기 학술발표회를 개최하면서 많은 논문발표와 참여를 유도하였다. 이러한 움직임이 계기가 되어 현재 인지신경과학은 세계적으로 가장 많이 각광을 받는 최첨단 학문으로 발돋움하였다.

인지신경과학이 성립하여 크게 발전하는 데는 두뇌지도 작성기술이 크게 기여하였는데, fMRI, CT, PET 등과 같은 두뇌촬영은 뇌조직은 물론 신경조직과 그 네트워크를 거의 완벽하게 파악할 수 있게 만들었다. 이에 따라 시각, 언어 및 감정 등이 두뇌의 어떤 부위와 연결되는지는 물론 어느 신경이 어떤 신호전달을 하는지도 규명하고자 하였다. 이때, 레봉슈(Revonsuo) 같은 인지과학자는 그러한 연구가 행동, 심리, 신경 및 두뇌 사이의 관계를 인과적으로 설명하는 데 목적을 둔다고 했다. 곧이어 나온 코테릴(Cotterill)은 이들 사이의 관계를 하나의 메커니즘 속에서 일어나는 것으로 보면서 이를 컴퓨터에 비유하려 했다. 이에 심리, 신경 및 행동 사이의 관계를 투입 혹은 자극(stimulus)과 산출(output) 혹은 반응(respond) 사이의 관계로 보기 시작했다.

인지과학자들은 두뇌와 컴퓨터 사이에 약간의 차이점이 있다는 사실을 인정하였는데, 즉 컴퓨터는 연속적 계산(sequential calculation)을 하는 데 반해 두뇌는 횡으로(parallel) 다중계산(multiple)을 하면서 여러 통로를 통해 상하뿐만 아니라 횡으로도 서로 연결되는 것이라고 하였다. 그리고 투입이 산출보다 많으며, 이들이 서로 연결(matching)될 때 여러 형태 혹은 지도(mapping)를 그려내는데 그것이 바로 지각(perception)이라고 했다. 경우에 따라서는 투입과 산출 사이에 이들을 연결시키는 감춰진 고리 혹은 단층(layer)이 있을 수 있는데 이는 이들 사이의 상호관계를 통제하거나 견고히 해주는 것이라 했다. 물론, 이때 운동신경과 감각신경은 서로 주고받는 관계에 있으면서 근육에 신호를 전달하는 것이라 하였다.

이 같은 메커니즘 속에서 '나'가 나의 머릿속에 존재한다는 느낌을 갖는 구도(device)와 메커니즘을 보면, 우선 다섯 개의 감각이 운동신경과 함께 작동하면서 신호를 중간뇌의 후두엽(occipital lobe), 두정엽(parietal lobe) 및 측두엽(temporal lobe) 등으로 전달하면 이들이 받은 신호를 대뇌의 이마엽(frontal lobe)으로 보낸다. 이때 최종적으로 신호를 전달받은 전두엽이 그 상호의 내용에 따라 계획을 세우면서 집행하고, 그런 다음 그 결과를 근육운동신경을 통해 신체의 각부위로 보내면서 행동하게 만든다. 다시 말하면, 외부로부터 투입되는 신호가 이 같은 메커니즘 혹은 신경회로(nerve circuit)를 거쳐 지나갈 때 전두엽에서 의식이 생겨난다는 것이다.

한편, 바르(Baars)도 코테릴과 비슷하게 두뇌신경의 메커니즘을 소개했다. 이에 따르면, 두뇌에 여러 단층이 있는데 이들 중 계획과 집행을 전담하는 핵심단층(core layer)이 있고, 이것이 외부에서 투입되거나 무의식적으로 투입되는 여러 신호들을 통합한 다음 그 결과를 돌려보낼 때 의식과 그 기능이 생긴다.

이 무렵에 리벳(Libet)은 신경전달의 과정을 면밀히 분석한 다음, 외부로부터 신호가 전달될 때 이를 의식하는 데 소요되는 시간은 행동하는 시점을 기준으로 500/1000~200/1000초(milisecond) 전이라고 하였다. 그래서 두뇌는 그 신호를 적어도 의식하기 500/1000초 전에 이미 받아들여 신체의 각 부위로 전달하고 있다는 것이다. 다시 말하면, 두뇌가 외부의 신호를 500/1000초 전에 받아들여 활동하기 시작하는 데 반해 의식은 500/1000초가 지난 다음 500/1000~200/1000초 전에 와서 그 신호를 알아본다는 것이다.

간자니가는 리벳의 실험결과를 토대로 두뇌를 자동활동과 의식활동으로 구분하면서 인지신경과학은 두뇌의 의식활동을 연구대상으로 삼는 것이라 하였다. 따라서 두뇌는 다목적의 계산보다는 특정의 기능이나 능력을 발휘하도록 만들어진 기구이고, 이러한 사실은 두뇌기능의 분할(split-brain)이 증명한다고 했다. 또한 두뇌가 통합된 신경 네트워크라기보다는 왼쪽 반구에 해석자(interpreter)가 있어 두뇌와 환경 사이를 연결시키고, 이런 연결을 통해 의식작용을 하게 된다고 하였다. 그래서 그 해석자를 찾아내는 것이 무엇보다도 중요하고, 그 해석의 부산물(by-product)로 나오는 것이 바로 의식이라 했다.

메수란(Mesulan)과 칸위셔(Kanwisher) 같은 인지신경과학자들은 감각과 지각 사이에 발생하는 신경신호의 전달과 이로부터 형성되는 인지 혹은 의식을 규명하고자 했다. 메수란은 연결부의 메커니즘이 핵심부와 주변부로 나누어지고, 여기서 핵심 연결부가 뇌피질의 여러 곳에 걸쳐 있으면서 여러 형태의 감각을 기호화(encode)하는 한편 이를 주변 연결부나 아래 연결부로 전달한다고 주장하였다. 이때 기호화가 의미를 가지면서 인지를 나타낸다고 했다.

기호화된 신경신호가 서로 연결되거나 결합하면 큰 규모의 인지 네트워크를 만들게 되는데, 각 진앙지(epicentre)마다 특정의 행동을 하게끔 전문화되어 있다고 한다. 인간의 두뇌는 적어도 다섯 개의 인지 네트워크를 가지며, 이들 중 공간을 의식하는 것이 후부의 측면피질(posterior parietal cortex)과 눈 주변이고, 이에 반해 언어는 워니케(Wernicke)와 브로카(Broca) 지역의 피질이라 했다. 그리고 기억은 해마-내부(hippocampal-entorhinal)와 편도체(amygdala), 얼굴인식은 중간관자(midtemporal)와 측두피질(temporal cortex), 운동기억과 집행기능의 네트워크는 측면전전두엽피질(lateral prefrontal)과 후두의 측면피질에서 이루어진다고 하였다. 특히, 자아의식, 영상(imagery) 및 주의 등 주관적 느낌은 전전두엽피질(prefrontal cortex)에서 생겨 나오고, 인간의 의식은 개별보다는 계통발생적 진화를 통해 형성되는 것이라고 하였다.

칸위셔도 메수란과 비슷하게 지각적 표상(perceptual representation)과 앎의 표상(representation in awareness) 사이의 관계에 대해 세 개의 가설을 제시하였다. 첫째, 신경적 표상이 매우 활발하면 앎의 표상도 매우 강해지고, 둘째는 특정의 지각적 정보에 대한 앎이 그 정보의 신경적 표상뿐만 아니라 그 정보에 두뇌의 다른 부위가 얼마만큼 가까이 접근 할 수 있느냐에 따라서도 결정된다고 하였다. 마지막으로, 특정의 지각적 속성을 안다는 것은 그 속성의 표상적 활동뿐만 아니라 그것에 따르는 지각적 정보가 뚜렷하게 구별되는 개별성도 얼마만큼 가지느냐에 따라 결정되는 것이라고 하였다. 따라서 이들 가설이 모두 성립할 때 의식이 생긴다고 했다.

마지막으로 수학자 테일러(Taylor)는 fMRI와 PET 촬영을 통해 관측된 뇌영상(brain image)과 그것을 뒷받침하는 신경활동 사이의 관계를 분석하고자 하였다. 이러한 연구를 통해 그는, 신경세포를 네트워크 단위로 구분하면 수많은 단위가 존재하게 되고 이들이 서로 구조적으로 콩분산(covariance)을 한다는 사실을 알아냈다. 그런데 이들이 어떤 메커니즘을 통해 그 같은 콩분산을 하게 되는지 그 과정을 알아낼 수는 없었고, 다만 이들 사이를 연결하는 숨은 변수(hidden variance)가 있을 것이라는 가정을 하였다.

다음으로, 신경생물학의 연구와 그 성과를 보도록 하겠다. 최근에 샌디에고 대학의 처치랜드(Churchland) 교수는 신경생물학이 인지신경과학과 다른 점을 설명하면서 연구해야 할 대상, 영역 및 방법론을 제시하였다. 그가 설명하는 차이점을 보면, 우선 연구영역에서 인지신경과학이 인간의 심리로부터 두뇌의 신경으로 접근하는 데 반해 신경생물학은 문자로부터 출발하여 연결부, 신경세포, 신경네트워크, 신경시스템 및 신경의 중앙 시스템의 순서로 접근하고, 따라서 인지신경과학이 거시적인 데 반해 신경생물학은 미시적이라 하였다. 다시 말하면, 인지신경과학이 위에서 아래로 내려오는(top-bottom) 접근인 데 반해 신경생물학은 아래에서 위로 올라가는(bottom-up 혹은 reverse engineering) 접근이고, 그래서 신경생물학이 신경세포를 구성하는 유전자(gene)에 대해서도 대단한 관심을 가진다는 것이다.

이에 따라, 신경생물학의 연구대상은 신경이 이 같은 신경의 하부구조와 조직으로부터 위로 올라가 두뇌의 어떤 부위에서 서로 접합하여 신념, 상상, 욕망 및 주의 등과 같은 자아의식을 만들어내는지 그 과정을 밝혀내는 것이라 하였다. 그런데, 이러한 신경생물학의 연구를 매우 어렵게 하는 것은 아래로부터 위로 올라가는 과정이 통합되어 있는지 아니면 여러 메커니즘으로 되어 있는지 그 내용을 전혀 모른다는 점이다.

이러한 주장에 대해 홀랜드(Holland)는 신경네트워크와 시스템이 복잡 다양하면서 외부의 변화에 잘 적응하는 시스템을 가졌을 것이라고 했다. 이와 비슷하게 골드맨-라키(Goldman-Rakic)도 전전두엽피질(prefrontal cortex)이 정신적 표상을 나타내는 장소일 것이라 하고, 그 이유는 아래로부터 올라오는 모든 정보나 신호를 받아들이면서 그 중 일부는 활동기억(working memory)으로 운동신경시스템에 보내는 데 반해 그 나머지는 장기기억으로 저장하는 종합적 역할과 판단을 하기 때문이라고 했다.

또한 크래버(Craver)도 신경생물학에서 많이 거론되는 메커니즘의 의미를 정확히 밝히고자 하면서 이는 신호를 생산 및 전달하는 모든 신경활동의 조직을 의미하는 것이라 했다. 따라서 메커니즘에는 시공간적 측면과 단계별 측면이 동시에 포함되어 이를 이해하고 활용하는 데 많은 혼선과 어려움이 발생한다고 했다.

마지막으로, 연구방법론에 있어 몬테큐(Montaque)와 데이안(Dayan)은 연역적 방법론보다는 귀납적 방법론이 매우 효과적이라 했다. 왜냐하면, 신경생물학이 연결부, 축삭돌기 및 가지돌기 사이에 투입 혹은 산출되는 신호전달을 분석하기 때문에 계산적 방법을 통해 그 유형과 형태(pattern)를 구별 혹은 찾아낼 수밖에 없다고 했다. 이러한 방법론도 개별적과 전체적으로 나누어 개별적 신경활동과 전체의 활동을 따로 분석하고, 이렇게 할 때 개별 혹은 전체 활동의 특징과 그 형태를 찾아볼 수 있게 된다고 하였다. 좀더 자세히 말하면, 신경조절자(neuramodulator)인 도파민(dopamin)이 중간뇌(midbrain)에서 생산되어 다른 부위로 전파될 때 이로 인해 발생하는 반응과 효과를 검사하는 것이 개별적 활동에 해당되고, 이에 반해 의식이나 정신적 표상은 모든 네트워크 혹은 시스템의 활동이 서로 결합되어 생겨 나오는 것(emergence)이므로 이를 전체 활동이라 한다는 것이다.

이상과 같이, 신경생물학이 많은 관심을 가지고 연구의 초점을 맞추는 것은 두뇌의 어떤 부위에서 다른 여러 곳으로부터 전달되어 오는 신경신호가 어떻게 서로 연합 혹은 결합(binding)하여 자아의식을 창출해 내는지 그 메커니즘을 알아내고자 하는 것이다. 따라서 거의 모든 신경생물학자들은 접합문제(binding problem)의 해결에 매달리고 있다.

최근에 로스키에스(Roskies) 같은 신경세포학자는 결합문제의 개념과 내용을 간단히 정리했는데, 그의 주장에 따르면 의식이 한 개 이상의 신경세포 혹은 신경네트워크에 의해 생겨 나온다면 접합문제는 필연적이라 했다. 이에 따라 이들 사이에 결합이 과연 존재하는지, 만약 그렇다면 얼마만큼 강하거나 충분한 결합이 이루어지는지를 규명하는 것이 연구의 가장 중요한 과제라고 했다.

곧이어 레봉슈와 타라이스맨(Treisman)이 결합의 형태와 종류를 열거했는데, 이에 따르면 접합이 부분(part) 혹은 속성, 범위(range), 위계(hierarchy), 조건, 시간 및 장소(location) 등으로 세분된다고 하였다. 그리고 접합문제를 풀고자 한다면 접합할 때 발생하는 진동(oscillation)과 동시성(synchronization)을 꼭 검토해야 한다고 했다.

이와 같이 접합문제가 구체적으로 언급되자 많은 학자들은 자신의 전문성에 맞추어 각 분야별로 나누어 실험을 통해 연구를 하기 시작하였다. 엥겔(Engel), 싱어(Singer), 샤스트리(Shastri) 등은 신경접합을 쌍안경쟁(binocular rivalry)에 초점을 맞추면서 동태적 실험분석을 시도하고, 이에 반해 그로스버그(Grossberg)와 뉴먼(Newman)은 주의(attention)가 어떻게 의식으로 전환하는지 그 과정을 실험·분석하였다.

시리니바산(Srinivasan), 토노니(Tononi), 로드리게즈(Rodriguez), 에델만(Edelman), 루머(Lumer) 등은 신경신호와 그 반응이 나타내는 동시성에 대해 실험·분석하였고, 케일(Keil)과 타론-바우드리(Tallon-Baudry)는 신경세포 혹은 네트워크의 진동에 대해 분석했는데 200/1000 ~400/1000초(milliscond) 간격에 30~40헤르츠(Hertz) 진동수를 나타내는 감마띠(gamma band)에서 동시성이 많이 나타난다고 했다.

한편, 슈만(Schuman)과 파스터(Fuster)는 기억네트워크와 연결부의 장기기억의 저장능력에 대해 실험·분석한 데 반해 코울(Coull)과 기텔만(Gitelman) 등은 fMRT와 PET를 통해 접합의 공간문제를 풀고자 하였다. 그리고 파르비지(Parvizi), 다마시오(Damasio), 던칸(Duncan),

엘리엇(Elliott), 테일러(Taylor), 코테릴(Cotterill) 등은 접합의 부위 혹은 위치를 구체적으로 찾아내고자 하면서 바닥핵(basal ganglia), 소뇌(cerebellum), 감각대뇌(sensory cerebrum), 뇌간(brain stem), 안쪽과 측면 눈확이마피질(medial & lateral orbitofrontal cortex), 두정엽(parietal lobe) 및 이마엽(frontal lobe) 등이 접합점이라고 주장하였다. 특히 졸리(Zoli)와 아그나티(Agnati)는 신경세포와 신경네트워크의 전달량(volume transmission)에 많은 관심을 가지고 분석했다.

또 한편으로, 레오폴드(Leopold), 쿼츠(Quartz), 아르헴(Arhem) 및 브레슬러(Bressler) 등은 두뇌의 유연성(plasticity)과 동태적 적응성(dynamic adaptation)을 받아들여 두뇌가 발달할 때 외부와 접촉하면서 학습능력을 가지게 되는데 이 능력이 높으면 그 만큼 신경구성이 잘 발달되어 인지 혹은 지각능력을 높인다고 했다. 이에 따라 의식은 진화에서 생겨 나오는 것이라고 주장하였다. 마운트캐슬(Mountcastle)은 신피질(neocortex)의 조직과 개체발생(ontogenetis)에 대해 분석하면서 이들이 두뇌와 신체의 여러 다른 부위에 어떻게 연결되는지를 규명하고자 했다. 갈레스(Gallese)와 코발리스(Corballis)는 두뇌의 비대칭성과 거울신경세포(mirror neuron)에 대해 실험·분석했다.

최근에 와서, 제키(Zeki), 폴렌(Pollen), 크릭(Crick), 레만(Lehmann) 및 코흐(Koch) 등이 나와 인간의 감각 중에서 시각이 가장 중요하며, 이를 통해 얻는 정보와 지각이 생생하면서도 확실하기 때문에 인간을 시각적 동물로 보아도 괜찮다고 주장했다. 특히 시각신경세포가 전두엽을 비롯해 여러 부위에 평행(parallel)으로 연결되어 신호를 전달한다는 사실을 감안한다면 평행접합이 그 어느 다른 접합보다 더 많이 의식에 가까이 접근하는 것이라 하였다.

이제까지 인지신경과학과 신경생물학이 마음을 밝히고자 많은 실험분석을 시도한 것을 간략하게 살펴보았다. 그런데 이러한 많은 연구를 통해 이들이 심리철학으로부터 물려받은 몸과 마음의 문제를 과연 해결했는지가 문제이다. 이를 판단하기 위해 이들의 연구성과에 대한 학자와 전문가들의 평가와 비판을 검토해 볼 필요가 있다.

우선, 인지신경과학에서 크릭와 코흐는 신경세포의 자극활동(firing)이 시각적 지각과 연결된다고 보는데, 이때 두뇌가 그 자극활동이 어떻게 의식적 지각(conscious percept)을 하는지 혹은 의식을 표상하는지 그 과정을 분명히 밝혀야 할 것이라고 주장했다. 즉, 신경세포의 자극활동이 어떻게 자아의식과 의미를 창출해 낼 수 있느냐 하는 것이다. 이와 비슷한 맥락에서 그루스(Grush)도 인지신경과학이 두뇌가 계산기능을 한다고 보는데, 이 연산기능이 어떻게 환경적 의미(environmental-semantic)를 창출해 낼 수 있느냐고 질문하였다. 또한 두뇌가 연산을 한다 혹은 연산기능을 가진다라고 하는데 이들 사이에는 큰 차이가 있다고 주장했다. 다시 말하면, 만약 '연산을 한다'라고 하면 이는 처음부터 두뇌를 연산기계(turing machine)로 보는 큰 잘못을 저질렀다는 것이다.

또 한편으로, 실버스타인(Silberstein)은 인지신경과학이 두뇌와 의식 혹은 인지와 의식 사이의 관계를 규명하고자 비연역적 물리주의를 활용하는데 이 방법론으로는 의식이 두뇌에서 생겨 나오는 인과관계를 설명할 수 없다고 주장했다. 왜냐하면, 의식이 창발적(emergence)이기 때문에 인과적으로 설명할 수 없다는 것이다.

이와 비슷한 맥락에서 테일러도 인지신경과학이 현상적 경험과 뇌신경세포의 네트워크 사이의 연결고리를 밝히고자 하는데, 아직까지 그것을 찾는 데 실패했다고 주장하였다. 좀더 자세히 말하면, 뇌신경세포의 네트워크가 작동하게 되면 수많은 형태(pattern)가 생겨 나오는데 이들 중 어느 것이 현상적 경험으로 연결되는지를 모르고, 또한 만약 현상적 경험이 오래 지속된다고 하더라도 그것이 물의 흐름과 같은지 혹은 연속적 검색을 통해 지속되는지도 설명하지 못한다고 비판했다.

다음으로 신경생물학의 경우를 보면, 벨만(Velmans)은 신경생물학이 의식의 생물학적 형태를 생리화학적 과정과 그 처리진행으로부터 찾으려고 하는데 이는 범주의 오류를 범하게 되는 것이라 주장했다. 다시 말하면, 의식은 단순한 정보처리보다는 유전자의 환경적응과 진화를 통해 생겨 나오는 창발적인 것이라는 것이다.

또한 처치랜드도 신경생물학이 잠, 꿈 및 깨어남 사이의 관계를 설명할 때 신경세포 혹은 신경세포 네트워크가 나타내는 진동이 결정적 역할을 한다고 보는데, 이는 잘못된 것이라 했다. 다시 말하면, 자기영상촬영(magnetoencephalograph)의 자료에 의하면, 시상(thalamus)과 뇌피질을 연결하는 한 쌍의 신경세포 혹은 그 네트워크가 서로 같은 진동을 하면서 연결되는 한편 외부의 자극에도 반응을 보이는 데 반해 깊은 잠의 경우에는 같은 진동만 할 뿐 외부의 자극에는 전혀 반응을 나타내지 않았다는 것이다.

이와 비슷하게 레봉슈도 신경생물학이 의식과 두뇌 사이의 관계를 규명할 때 전기영상촬영과 자기영상촬영을 많이 활용하는데 그것에 허점이 많다고 지적하였다. 자세히 말하면, 수백만 개의 연결부가 빠르게 움직이면서 동시성을 나타내다가 사라지게 하는 활동을 하는데, 인간은 아직까지 두뇌의 어느 부위와 어떤 연결부가 그 같은 활동을 하는지를 모델로만 알 수 있을 뿐이라는 것이다. 그래서 어떤 전기 혹은 자기생리적 현상이 의식으로 연결되는지를 알 수 없다고 한다.

다른 한편으로, 맹시각(blind sight)을 둘러싸고 많은 논쟁이 벌어지고 있는데, 신경생물학은 이를 일인칭 자아가 형성되는 증거로 보고 있다. 이에 대해 홀트는 반론을 제기하면서 맹시각이 신경생물학이 기대하는 부수현상(epiphenomenon)이라기보다는 의식 없는 신경세포의 자동적 활동이라고 하였다. 왜냐하면, 감각질(qualia)을 탐지하는 단순한 잔여시각(residual vision)이기 때문이다.

마지막으로, 크래버(Craver)와 다르덴(Darden)은 신경생물학이 제시하는 신경세포와 그 네트워크의 메커니즘에 상당한 제한조건이 따라온다고 주장하였다. 이들의 주장에 따르면, 보통 메커니즘은 요소와 활동으로 구성되는데 신경생물학의 경우에는 망상세포(reticulum)보다는 비연속의 세포로 구성되어 있다고 한다. 그리고 신경세포의 신호전달의 경우, 대형 오징어가 1초에 120미터까지 보내는 데 반해 인간은 1미터밖에 되지 않을 뿐 아니라 신경세포의 자극활동(firing)도 500번밖에 되지 않는다고 하였다.

다음으로, 메커니즘의 공간과 관련하여, 기억을 많이 저장하는 해마체(hippocampus)의 경우를 보면 이것은 매우 협소하면서도 국지화(localization)되어 어떻게 다른 부위와 빠르게 연결할 수 있는지가 매우 의문스럽다고 했다. 시간과 관련하여, 신경세포 혹은 그 네트워크의 자극활동이 의식을 나타내기 위해서는 동시적이거나 대칭적이라야 하는데 비대칭적 경우가 허다하다고 한다. 다시 말하면, 이들의 자극활동이 연속적으로 빠르게 진행되어야 하는데 그렇지가 못하고 느리거나 중단되는 경우가 빈번하게 일어나 앞과 뒤가 일관되게 연결되지 않는다는 것이다.

이상으로, 인지신경과학과 신경생물학의 연구성과에 대한 전문가들의 비판과 부정적 평가를 살펴보았다. 이를 간단히 요약하면, 이제까지 많은 연구를 하였음에도 불구하고 인지신경과학은 현상학적 자아

의식이 어떤 신경세포 혹은 그 네트워크로부터 형성되거나 전환되어 나오는지 그 과정을 인과적으로 설명하지 못하고, 또한 신경생물학도 두뇌의 어떤 부위와 어떤 조건에서 현상학적 자아가 생겨 나오는지를 설명하는 데 실패했다는 것이다.

　이 같은 비판과 부정적 평가를 감안한다면, 인지신경과학과 신경생물학이 심리철학으로 물려받은 몸과 마음의 문제를 해결하는 데 실패했다고 주장할 수밖에 없다. 어떤 측면에서는 형이상학으로부터 벗어나 과학적 접근을 시도했다는 점에서 크게 평가할 수 있겠지만 그 내용에 있어서는 심리철학의 논쟁수준을 벗어나지 못하고 있다. 특히, 정부와 대기업으로부터 엄청난 연구지원금을 받으면서 많은 전문인력과 첨단과학기술이 동원되어 심층연구를 했다는 점을 고려하면 허탈감마저도 생긴다.

3

미시물리학과 양자물리학

앞에서 인지신경과학과 신경생물학이 심리철학으로부터 물려받은 몸과 마음의 문제를 해결하겠다고 도전하였다가 실패한 사실을 살펴보았다. 여기에서는 미시물리학과 양자물리학이 똑같은 문제를 어떻게 해결해 나갈 것인지를 검토해 볼 것이다. 그러나 그에 앞서 이들이 무엇을 하는 학문인지를 먼저 살펴보는 것이 그 동안 미시물리학과 양자물리학이 몸과 마음의 문제를 풀기 위해 연구한 과제와 사용한 방법론을 이해하는 데 많은 도움이 될 것이다.

고대 그리스 시대로부터 19세기에 이르기까지 생물학은 눈으로 볼 수 있는 생명체와 유기체에 많은 관심을 가지고 그 시초, 구성 및 발달 등에 대해 많은 연구를 해왔다. 20세기에 들어오면서 눈으로 직접 볼 수 없는 분자에 대해 지식을 갖기 시작하자 연구대상과 영역을 분자까지 확대시켰다. 그 결과 유전자를 발견하였고 그 동안 신비 속에 감추어져 많은 의문을 갖게 했던 생명체의 비밀을 알아내게 되었다. 더 나아가, 물체가 분자를 넘어서 더 작은 단위인 원자와 소립자로 구성된다는 사실을 알게 되자 이번에는 생명체를 물리화학과 연계시켜 연구하고자 하였고, 이에 생화학(bio-chemistry)과 생물리학(bio-physics)이 많은 주목을 받으면서 유행하기 시작하였다. 이런 과정 속에서 생명체에 대한 자연의 진리를 알아내고자 하고, 이에 몸과 마음의 문제가 그 진리의 수수께끼를 푸는 데 가장 중요한 과제가 되었다.

생물학의 경우와 비슷하게 물리학도 그 동안 우주와 자연의 진리를 밝히고자 많은 연구를 거듭해 오고 있다. 그러나 생물학이 생명체를 연구대상으로 삼은 데 반해 물리학은 이를 포함해 비생명체 및 무기체를 연구대상으로 하였다. 이런 점에서 이들은 서로 달랐다.

이제부터, 물리학이 그 동안 어떻게 발달하여 오고, 그 과정에서 미시물리학과 양자물리학이 어떻게 성립하면서 몸과 마음의 문제를 해결하려고 도전하는지 그 내용을 살펴보도록 하겠다.

고대 그리스의 자연철학자들은 인간으로는 처음으로 자연에 대해 깊이 생각하고, 그것이 어떻게 구성되어 현재와 같은 모습으로 존재하게 되었는지 그 이유와 과정에 대해 많은 의문을 가졌다. 이에 이들은 우주와 자연이 작은 단위의 원자로 구성되면서 지구 중심으로 질서를 만든다고 보고, 이를 수학과 기하학으로 설명하고자 하였다.

기독교 시대를 지나 르네상스 시대에 와서는 다 빈치가 관성과 중력 사이의 관계에 대해 많은 관심을 가지며, 곧이어 나온 코페르니쿠스와 케플러는 우주가 지구보다는 태양 중심으로 이루어졌을 것이라 믿었다. 그 후 뉴턴은 구심력의 법칙과 물체들 사이의 거리에 비례하여 힘의 작용이 감소하는 중력의 법칙을 알아냈다. 이 중력이 바로 인간이 자연의 절대적 시공간 속에서 찾아낸 최초의 힘이었다.

또한 규리케(von Guericke)와 프랭클린(Franklin)이 전기부하를 알아내어, 공간과 물체에 상당량의 전기유체(electrical fluid)가 있는데 이들이 집중하면 양성의 전기부하가 발생하는 데 반해 그 집중이 약해지면 음성의 전기부하가 생긴다고 보았다.

19세기에 와서 맥스웰은 전기와 자기이론을 통합하며 전자기장이론(electric-magnetic field)을 완성시켰고, 클라우지우스(Clausius)와 캘빈(Calvin)은 엔트로피(entropy) 현상을 알아내면서 열역학 법칙을 만들어냈다. 이 무렵에 나타난 아인슈타인은 뉴턴의 절대적 시공간과 그 속에서 성립하는 역학에 문제가 있다고 지적하고, 그것을 대체시킬 수 있는 상대성의 특수 및 일반이론(special & general theory of relativity)을 소개하는가 하면, 빛의 제한속도와 에너지법칙($E = mc^2$)을 내놓았다.

비슷한 시기에 달턴(Dalton)은 모든 물체가 서로 상이한 원자들로 구성되며, 이들 원자가 서로 적당히 결합하여 원소와 같은 결합체를 만들어낸다고 주장하였다. 곧이어, 프라우트(Prout)는 수소가 모든 물체의 기본 구성요소이고, 이것이 얼마만큼의 수량으로 결합되느냐에 따라 여러 종류의 에너지가 생겨 나온다고 했다. 밀리칸(Millikan)은 실험을 통해 전자소립자를 발견하면서 정확한 원자이론을 완성시켰고, 로렌츠(Lorentz)에 의해 전자이론(electron theory)이 소개되었다. 뢴트겐(Röntgen), 퀴리(Curie) 및 러더포드(Rutherford) 등이 원자로부터 발산되는 방사선이 두 개 이상의 광선으로 이루어지는 것을 알아내었고, 플랑크(Planck)는 방사열 혹은 빛이 비연속적이고 그 에너지가 파장의 크기에 주파수를 곱한 것인데 그 값이 항상 일정하다는 사실을 발견하였다(Planck constant).

얼마 후, 러더포드가 실험을 통해 양성자(proton)가 질량이 높으면서도 크기가 매우 작아 원자핵(atom nuclei)에 집중하는 데 반해 전자는 구 주변을 돌고 있다는 사실을 알아내었고, 밀리칸도 원자가 양전기를 띠는 양성자와 음전기를 띤 전자로 구성되어 서로 잡아당긴다는 것을 발견했다.

20세기 초 보어(Bohr)는 이들 이론을 토대로 안정된 원자모델을 만들어내면서 단위와 그 궤도에 맞추어 소립자를 구별하기 위해 양자번호(quantum number)를 매겼다. 이 모델에 따르면, 전자가 광양자(photon)나 에너지를 하나 흡수하거나 방출할 때마다 한 단위 높은 혹은 낮은 궤도로 뛰어오르거나 내려온다고 했다. 이 같은 보어의 원자이론이 물리학을 거시세계로부터 미시세계로 들어갈 수 있게 하는 미시물리학과 양자물리학을 탄생시켰다.

조금 지나 하이젠베르크(Heisenberg)가 그 동안 원자이론이 나타내보인 결함을 해소시키기 위해 일관성을 가지는 법칙을 만들어내려 하였다. 이때 그는 관찰이 가능한 소립자만을 연구대상으로 하였는데, 그 이유는 전자의 위치를 정확하게 측정하려고 하면 할수록 그 운동량을 측정하기 어려워지고 이에 반해 운동량을 측정하려고 하면 이번에는 그 위치를 알아내기 어렵기 때문이었다. 이것이 바로 불확실성의 원칙(uncertainty principle)이다. 이때 슈뢰딩거(Schrödinger)는 파장이론(wave theory)을 통해 전자뿐만 아니라 모든 소립자에게도 적용할 수 있는 일반이론을 만들어냈다.

그 후, 디랙(Dirac)은 하이젠베르크의 행렬구조와 슈뢰딩거의 파장역학이 근본적으로 동일하다고 보고, 맥스웰의 전자기이론이 양자역학에서도 충분히 활용될 수 있게 하는 양자전기역학을 개발해 냈다. 여기서 소립자의 형태와 그 시스템이 모든 정보를 담고 있는 시공간과 함수관계를 가지고, 따라서 전자의 위치와 운동량을 측정하는 것은 어떤 함수관계에도 적용될 수 있는 수학적 연산부호(operator)로 나타낼 수 있게 되었다. 즉 파장역학의 함수관계가 곧바로 행렬학의 함수관계도 된다는 것이다. 디랙의 전자이론이 완성되자 파장역학이론이 널리 활용되면서 여러 원자의 결합도 알아낼 수 있게 되었고, 이로 인해 원자의 결합과 그 통합체(ensemble)가 갖는 파장함수가 대칭적 속성을 가진다는 사실이 밝혀졌다. 이 같은 연구를 통해 양자역학이 전자기역학에도 연결되고, 이를 바탕으로 양자전기역학이 성립하면서 물체와 광자 혹은 방사열 사이의 관계를 설명할 수 있게 되었다. 얼마 후 파인만(Feynman)은 전기를 띤 소립자들이 상호간에 어떻게 흡수 혹은 방출되는지 그 관계를 간단한 도표로 보여주고, 이에 미시세계에 대한 이해를 한층 더 높여주었다.

한편, 원자핵이 안정된 상태에 있기 위해서는 엄청나게 강한 힘(force)이 필요하고, 소립자의 움직임과 이에 따른 힘의 작용을 에너지 보존법칙에 맞추어 설명하려고 하면 이들 외에 또 다른 새로운 소립자가 존재해야만 가능하다고 하였다. 이에 채드윅(Chadwick)은 전자와 양성자를 동시에 얽어 맬 수 있는 중성적 전기를 띤 새로운 소립자인 중성자를 발견했다. 그 후, 중성자가 붕괴되면 전자와 양성자 외에 반중성자(antineutron)가 방출되어 나오고, 또한 베타소립자가 붕괴되면 중성미자(neutrino)도 방출되거나 흡수된다는 사실을 알아냈다. 이때 전자에 전기를 가하여 두 배로 늘어나게 만들면 중성미자도 두 배로 늘어난다는 약한 힘의 작용(weak force)을 발견했다.

이후 질량과 회전이 같고 반대의 전기를 띠는 반소립자(antiparticle)와 반물질(antimatter)이 발견되었고, 이로 인해 우주공간이 많은 소립자로 가득 채워져 있다는 사실도 알아냈다. 앤더슨(Anderson)은 전자와 양성자 사이를 연결시키는 중간자(meson)를 발견하고, 이를 다른 원자핵과 충돌시키면 파이 중간자(pion)라는 새로운 소립자가 생긴다는 것도 알았다. 이들 소립자는 매우 짧은 생명을 가질 뿐 아니라 아주 높은 온도에서만 분리되어 나오기 때문에 이들을 연구하기 위해서는 빛에 접근할 수 있을 정도의 속도와 10^{-12} 초에 매우 강한 힘을 만들어낼 수 있는 초가속기(accelerator)가 필요했다. 그러나 우주방사선에서 발견되는 에너지가 10^{-15} 초 내에 만들어지는 강한 힘이기 때문에 인위적 붕괴와 흡수를 통해 새로운 소립자의 발견과 그 과정을 분석하는 데에는 한계가 있었다.

이상과 같이 실험을 통해 수많은 소립자와 반소립자가 강하거나 혹은 약한 힘의 작용(strong force or weak force)에 의해 형성된다는 사실을 알게 되었다. 그러나 이들이 워낙 많아 구별하기 어렵게 되자 속성, 시간, 회전 및 전기 등을 기준으로 하여 분류하는 방법을 고안해 냈다.

겔만(Gell-mann)은 모든 소립자가 변하지 않는 그 무엇의 이상한 속성을 가지며, 이는 약한 힘보다는 강한 힘의 작용에 의해 잘 보존될 것이라 믿었다. 이에 중소립자와 하드론(hadron) 같은 소립자들을 질량과 속성에 따라 여덟 개의 그룹으로 분류한 다음, 이들 사이를 연결시켜 줄 그 무엇의 고리를 찾고자 하였다. 그 과정에서 스칸듐(scandium)과 게르마늄(germanium)이라는 소립자와 하드론을 구성하는 세 개의 아주 작은 기본 소립자(SU(3)symmetry)가 존재한다는 사실을 발견했는데, 이것이 지금까지 발견한 물질의 구성요소 중에서 가장 작은 소립자인 쿼크(quark)이다. 이는 제임스 조이스(James Joyce)의 소설『피네간의 경야』(Finnegans Wake)에서 따온 이름이다.

수많은 소립자를 발견하고 이들을 서로 결합시키자 새로운 2세대 소립자가 나타났고, 이들 2세대를 결합시키자 또 다른 새로운 3세대

소립자가 계속 쏟아져 나와 매우 혼란스럽게 만들었다. 이에 조지(Georgi)와 글래쇼(Glashow)가 전자, 중간미자 및 쿼크 사이를 연결시킬 수 있는 새로운 대칭성(SU(5))을 찾아내고, 이를 바탕으로 전자기력과 약한 힘을 서로 연결시킬 수 있는 거대한 통일이론(Grand united theory)을 만들어내려고 했다.

곧이어, 네 개의 힘을 모두 서로 연결시키기 위해 모든 이론(Theory of everything)을 개발해 내겠다고 시도하였는데, 이는 1980년대에 들어와 슈바르츠(Schwarz)와 그린(Green)이 연구하기 시작한 초대형 끈이론(Superstring theory) 혹은 초대형 대칭성이론(Super symmetry theory)이 완성되어야 가능해질 것이라 한다.

이상과 같이 물리학은 매우 짧은 시간에 꿈의 이론이라고 하는 양자물리학을 만들어내면서 인간으로 하여금 거의 불가능한 미시세계에 접근하여 우주의 기본 법칙을 발견하게 하였다. 현재 물리학은 초대형 끈이론과 초대형 대칭성이론으로만 만족하지 않고 이들 이론을 넘어 우주의 신비를 완전히 벗겨줄 M이론(Membrane theory)을 어려운 수학모델을 통해 개발해 내고자 하는 한편, 끝없이 펼쳐진 넓은 우주공간의 그 어느 곳에 인간과 같은 생명체가 존재할 것이라고 믿으면서 그 생명체를 꼭 찾아내려는 온갖 노력을 기울이고 있다.

이 같은 원대한 꿈과 희망을 가지고 있는 물리학자에게 몸과 마음의 문제를 해결하는 것은 그렇게 흥미로운 도전이 될 수 없었다. 그래서 이제까지 인지신경과학과 신경생물학이 보인 열의와는 매우 상이하게 큰 관심을 보이지 않았다. 다만 소수의 학자만이 조금 관심을 가지고서 몸과 마음 사이의 관계를 밝히고자 연구를 하고 있다. 따라서 이곳에서는 그 동안 이들이 이룩한 연구성과를 검토해 보도록 하겠다.

1989년 록우드(Lockwood)가 처음으로 몸과 마음의 문제해결에 양자물리학적 접근이 가능한지를 검토하기 시작하였다. 우선 그는 많은 사람들이 의식 혹은 마음이 거시세계에서 볼 수 있는 현상인 데 반해 미시세계에서는 소립자의 형태에 대해서만 연구할 수 있다고 보는 것이 잘못이라고 주장했다. 그리고 일부의 사람들이 에버레트(Everett)의 다세계이론(Many-worlds theory)을 연상하면서 거시세계와 미시세계가 서로 완전히 분리된 별개의 세계로 보려는 잘못까지 저질렀는데 이는 심리철학에서 거론하는 감춰진 변수(hidden variables)를 다세계로 보는 막연한 생각에서 나오는 것이라 했다. 그래서 이들이 어떻게 서로 다른가 혹은 같은가를 자세히 검토해 볼 필요가 있고, 여기에 양자론의 포개짐이론(superposition)이 가장 적절한 접근방법론이 될 것이라 하였다.

또한, 만약 양자역학이 보편적 이론이라고 한다면 마음과 두뇌도 틀림없이 양자역학적 내용을 담거나 현상을 나타낼 것이고, 이를 분석하거나 설명할 때 양자역학적 접근이 심리철학과 비교해 어떤 장점을 가지게 되는지도 검토해야 할 것이라 했다. 그런데 양자역학적 접근을 거론하면 많은 사람들이 양자컴퓨터(quantum computer)를 생각하는데, 이는 튜링의 연산기계(Turing machine)가 확대되어 일반화된 기계에 불과하다고 하였다. 좀더 자세히 말하면, 튜링의 기계가 1과 0 사이를 반복적으로 왔다 갔다 하면서 계산하는 데 반해 양자컴퓨터는 반복보다는 포개짐 혹은 겹침의 계산을 직관적(intuitive)으로 한다는 것이다. 그리고, 이 포개짐의 직관적 계산이 환경 적응적이면서도 진화적일 때 그 과정 속에서 혹시 의식이 생겨 나오지 않을까 하는 생각을 하게 한다는 것이다.

1990년대 초에 스태프(Stapp)는 록우드와는 전혀 다르게 몸과 마음의 문제해결에 양자론적 접근을 직접 시도했다. 우선 마음을 제임스(James)의 개념에 따라 설명하는 한편 양자물리학은 하이젠베르크의 양자역학과 봄(Bohm)의 이론에 그 기초를 두고자 했다. 그 이유는 하이젠베르크가 아인슈타인의 일반이론에 따라 전통적 양자론보다 소립자의 순간적 연속을 택한 것이 더 현실적이고, 또한 봄도 소립자의 정지 혹은 휴식(rest) 상태를 가정하는 것이 하이젠베르크의 이론과 일치하면서 시각적으로 '지금'(now)을 말해 준다고 믿었기 때문이라고 하였다. 또한, 이러한 접근이 EPR의 오류(paradox)를 피할 수 있을 뿐 아니라 양자물리학이 요구하는 비지역성(non-locality) 조건도 충족시킬 수 있기 때문이라고 했다. 따라서 이러한 조건충족이 인간의 의식을 물리적 사건(event)으로 보면서 뇌신경세포의 작용에 연결될 수 있게 만들어주는 것이라 했다.

이 같은 자신의 기본 입장을 밝힌 다음 스태프는 이를 이론적으로 설명하기 위하여 하이젠베르크, 코펜하겐의 해석(Copenhagen interpretation), 그리고 여러 심리학 이론들을 상호 비교·분석했다. 이런 분석을 통해 그는 인간의 의식이 경험이면서도 두뇌의 상층부위에서 진행되는 신경세포의 작용이나 자극활동에 의해 생기는 느낌(feeling)이라고 보았다. 그리고 두뇌의 자극활동이 하이젠베르크의 순간적 연속의 사건에 맞추어 신경세포의 거시적 안정상태와 형태를 유도해 낼 때 이 형태를 상징(symbol)으로 볼 수 있다고 했다. 더 나아가, 이 상징이 여러 다른 상징들과 함께 모여 하나의 세트(set)를 만들고, 이들 상징이 세트의 구성요소가 되면서 서로 겹치거나 포개진다고 하였다. 두뇌가 중단 없이 연속적으로 진화하기 때문에 의식도 단절보다는 흐름의 형태를 가지며, 또한 느낌도 과거의 사건과 결합하면서 점착(agglutination)될 때 더욱 예리해지면서 활성화된다고 했다.

비슷한 시기에 나타난 수학물리학자 펜로스(Penrose)는『황제의 새로운 마음』(Emperor's New Mind),『마음의 그림자들』(Shadows of the Mind),『대우주, 소우주, 그리고 인간의 마음』(The Large, the Small & the Human Mind)을 통해 몸과 마음의 문제에 대한 자신의 입장을 철학적·수학적 및 양자물리학적으로 자세히 밝혔다. 우선 순서대로 보면,『황제의 새로운 마음』에서는 몸과 마음 사이의 관계를 설명하기 위해 필요한 철학, 양자물리학 및 수학을 모두 활용하며 기본적이면서도 일반적 이해를 하게 만들었다.

우선 인위적 지능(artificial intelligence)과 써얼(Searle)의 중국 사람의 방(Chinese room)에 대해 언급하면서 컴퓨터가 즐거움과 아픔을 느끼는 마음을 가질 수 있는지에 대해 강한 의문을 나타냈다. 그리고는 튜링기계를 연산에 연결시키면서 계산이 무엇을 의미하는가를 정지문제(halting problem)를 통해 설명하고자 하는 한편 수학의 추상성에 대해서도 언급했다. 다시 말하면, 수학적 계산이 복잡한 현실세계에서도 과연 얼마만큼 가능한지에 대해 많은 의문이 생긴다는 것이다. 고전물리학과 아인슈타인의 상대성이론을 설명한 다음, 양자마법과 신비 사이의 관계를 설명하면서 이를 통해 고전물리학과 차별화되는 하이젠베르크의 불확실성 이론을 부각시키고, 이를 바탕으로 심리철학자에게 몸과 마음의 문제해결에 양자물리학이 과연 얼마만큼 필요한 것인가에 대해 질문했다.

마지막으로, 두뇌가 과연 무엇인지 질문하면서 두뇌의 구조와 기능을 설명하고, 그런 다음 두뇌의 어떤 곳에 의식이 자리잡고 있는지에 대해 질문했다. 다시 말하면, 의식이 시상(thalamus)과 중간뇌 같은 두뇌의 부위 혹은 신경세포의 망형성(reticular formation)에 있는지 묻는 것이다. 이에 대해 두뇌분할(split-brain), 두뇌유연성, 그리고 시각

신경세포의 정보전달 등을 설명하면서 의식과 양자의 평행주의 (quantum parallelism) 사이에 어떤 관계가 성립할 수 있을 것이라고 주장하였다. 다시 말하면, 신경세포가 자극활동을 할 때 양자역학적 현상인 복잡한 선형 포개짐(complex linear superposition)이 형성되면 서 의식이 생겨 나오지 않을까 하는 것이다. 만약 이러한 과정을 통해 의식이 생긴다면 이 의식이나 마음이 이를 소유하는 사람에게 무엇이며, 어떤 영향을 미칠 것인가에 대해 우선 매우 궁금해진다고 했다. 그리고, 더 나아가 말로서 표현하기 어려운 사유(thought)는 무엇이며, 이것이 플라톤의 세계와 연결될 수 있는지 그 가능성에 대해서도 생각하게 만든다고 하였다.

몇 년 후, 『마음의 그림자들』에서는 『황제의 새로운 마음』에 대한 질문과 비판에 대응하기 위해 새로운 시각에서 의식을 재조명하고자 했다. 첫 번째 책의 핵심이 의식은 계산적 활동과 전혀 관계가 없다는 사실을 잠정적 가설을 통해 증명하고자 한 것인데, 그 내용의 상당 부분이 분명하지 않다고 했다. 이러한 이유 때문에 이곳에서는 더 강력하고 엄밀한 분석을 통해 결론에 도달하고자 노력했다. 즉, 두뇌의 메커니즘이 계산적 활동이 전혀 아니라는 점을 분명히 밝히고자 했다는 것이다.

의식 혹은 두뇌의 기능이 계산적이 아니라는 것을 증명하는 과정에서는 두 개의 접근법을 사용하였다. 그 첫째는 인간의 의식적 두뇌 활동이 계산적 모델을 통해 설명될 수 없다고 보는 부정적 접근이고, 둘째는 과학의 테두리 내에서 비계산적 행동을 설명해 줄 수 있는 아직까지 알려지지 않은 그 무엇의 물리학의 원칙을 찾아내는 긍정적 접근이라고 하였다. 이에 따라 앞부분에서 의식이 계산될 수 없는 그 무엇을 하게 된다는 가설을 증명시키기 위해 괴델(Godel)의 미완성

정리(incompleteness theorem)를 인용하였다. 뒷부분에서는 비계산적 행동이 물리학과 생물학의 법칙에 따라 설명될 수 있는지 그 가능성을 구체적으로 검토하면서 양자역학의 기본을 소개했다. 그리고 많은 사람들이 양자역학을 수수께끼, 신비 및 오류 등과 연결시켜 보고자 하는데 이는 잘못된 생각이라 지적하고, 이러한 잘못된 이해와 자세를 바로잡기 위해 많은 사례를 통해 비지역성(non-locality)이 얼마나 중요한 역할을 하는지 그 내용을 보여주려고 하였다.

펜로스는 이 책들의 차이점에 대해 언급하면서, 그 첫 번째가 신경세포가 고전물리학에 따라 결정적 형태를 나타내면서 신호를 전달하는 것으로 보는 데 반해 두 번째는 대단위의 일관된 양자적 형태를 갖추는 것으로 규정하고자 했다고 한다. 다시 말하면, 인간의 마음이 고전물리학보다는 비계산적 활동을 허용하는 양자역학 속에서 자신의 자리를 찾을 수 있고, 그리고 그것은 물리적 진행과는 아무런 관계없이 생겨 나오는 현상(emergent phenomenon)이라는 것이다.

얼마 후 그는 『대우주, 소우주, 그리고 인간의 마음』을 내놓았는데, 이곳에서는 마음이나 의식을 철학적 측면에서 조명하고자 했다. 우선, 그는 마음을 둘러싸고 일어나는 문제가 양자역학이 안고 있는 문제와 너무나 비슷하다고 주장한 다음, 양자역학의 비지역성과 양자적 정합성(quantum coherence)이 인간의 넓은 두뇌공간이 어떻게 일관되게 자극활동을 하는지 그 메커니즘을 알아보는 데 매우 적절한 방법을 제시해 준다고 하였다. 좀더 자세히 말하면, 양자 정합성은 전기저항이 거의 0이 되는 초전도(superconductivity)와 초유동(superfluidity) 속에서 성립하는데, 이때 이들 초전도와 초유동이 온도와 같은 외부 요인의 개입으로 인해 발생하는 양자얽힘(entanglement)이 없는 간격(gap)을 만들어준다는 것이다. 즉, 양자얽힘이 없는 시공간 속에서 소립자의 속성을 일관되게 알아낼 수 있는 양자 정합성이 성립한다는 것이다. 그런데 이 정합성이 미시세계와 거시세계 혹은 의식 사이의 연결을 곧바로 의미하는 것이 아니기 때문에 객관적 환원주의(objective reduction)보다는 비계산적 환원주의(non-computational reduction)를 주장하는 것이라 하였다.

따라서, 물리세계(physical world)와 대칭관계에 있는 것이 정신세계(mental world)이고, 이는 플라톤의 절대적 세계와 같다고 했다. 다시 말하면, 정신세계는 수학의 절대적 진리가 머무는 곳이라는 것이다. 그래서 자신은 이 우주가 물리세계, 플라톤의 세계, 그리고 정신세계로 구성되어 있는 것으로 보고 싶다고 하였다.

마지막에 가서 많은 질문과 비판을 의식한 듯 의식과 계산 사이의 관계 혹은 차이점을 한 번 더 자세히 설명하고자 하였는데, 첫째로, 모든 생각을 계산으로 볼 수 있는 데 반해 의식적 느낌과 앎은 적절한 계산을 하는 과정에서 새로이 생겨 나오는 것이라 했다. 둘째는 물리적 행동이 계산을 통해 흉내 낼 수 있는 데 반해 계산적 흉내 자체는 느낌과 앎을 유발해 내지 못한다고 했다. 셋째는 두뇌의 적절한 활동이 앎을 유발해 내는 데 반해 그 활동 자체는 흉내 낼 수 없다는 것이다. 마지막으로 앎은 그 어떤 과학적 방법으로도 설명할 수 없는 것이라 결론 내렸다.

이 무렵, 물리학자 시모니(Shimony)는 펜로스의 이론을 평가하면서 많은 의문을 제기했다. 우선, 그는 펜로스의 양자역학에서 많이 언급되는 포개짐, 얽힘(entanglement) 및 정합성(coherence)이 과연 어떤 의미로 사용되었는지 그 내용을 잘 알 수 없다고 전제한 다음, 양자이론이 갖는 두 개의 급진적 개념에 대해 설명하고자 하였다.

그 첫째가 포개짐에 관한 것이다. 이는 한 개의 시스템의 완전상태가 그 시스템이 갖고 있는 속성을 모두 수용하고도 여분을 가지는 것을 말하는데, 이 여분이 바로 잠재력(potentiality)이면서 포개짐의 원칙에 연결된다고 보는 개념이라 하였다. 좀더 자세히 설명하면, 만약 양자시스템의 속성 A와 그 상태의 벡터(vector) B가 특정 지워진다면 혹은 특정의 값이 주어진다면 벡터 B가 $\sum_i C_i U_i$로 표현될 수 있는데, 여기서 U_i는 속성 A가 특정의 값 a_i를 가지는 상태를 나타내는 단위 벡터인 데 반해 C_i는 복합수(complex number)의 합(sum)이라는 것이다. 이때 벡터 B는 복합수의 합 C_i가 속성 A의 단일값만 갖지 않는다면 벡터 U_i의 포개짐이 된다는 것이다.

둘째는 얽힘에 관한 것이다. 만약 U_i가 시스템 I 의 상태를 나타내는 단위 벡터이면서 속성 A를 가지고, 또한 V_i가 시스템 II 의 상태를 나타내는 단위 벡터이면서 속성 B를 가진다면 시스템 I과 II가 결합하여 특유의 형태를 나타내는 벡터 $X = \sum_i C_i U_i V_i$의 얽힘을 가능케 하는데 이것이 급진적 개념이라는 것이다. 따라서 얽힘이 시스템 I과 II의 잠재력을 현실화시켜 주는 것이라 하였다.

이상과 같이 시모니는, 펜로스가 다세계이론, 비정합성(decohence) 및 감추어진 변수 등에 반대하면서도 양자이론의 급진적 개념인 잠재력의 현실화를 신비스러운 것으로 받아들이면서 이를 마음을 설명하는 데 활용한 것에 동의할 수 있지만, 그 내용과 과정에서는 많은 의문이 생긴다고 하였다. 좀더 자세히 설명하면, 양자상태가 진행되는 과정에서 발생하는 포개짐과 얽힘이 붕괴했다가 또다시 생겨 나오는 사건(event)이 연속적으로 일어날 것인데, 언제, 어디에서 잠재력의 현실화가 이루어질 것인지 질문한 것이다.

더 나아가 펜로스는 잠재력의 현실화를 물리적 진행에서 발생한다고 가정했는데, 만약 여러 개의 포개짐이 에너지의 차이로 서로 다르게 지속한다면 이들이 서로 긴장하는 상태에 들어갈 것인데 이때에도 현실화가 성립할 수 있는지도 물었다. 그리고, 이러한 긴장상태를 지역(local)으로 보고, 이를 감싸 안을 마음의 포괄적 글로벌(globality)을 생각한다면 그 마음을 어떻게 볼 것인지도 물었다. 이와 같은 의문과 허점을 풀기 위해 매우 적합한 포개짐을 선택할 수 있는 초대형 선택규칙(superselection rule)이 필요한데, 이것 역시 가능한 것인가에 대해서도 의문이 생긴다고 했다.

같은 무렵, 물리학자 힐레이(Hiley)는 시모니보다 더 자세히 왜 양자물리학이 인간의 마음이나 의식을 설명하는 데 매우 적합하면서도 필요한지를 설명하고자 했다.

우선, 그는 많은 사람들이 거시세계가 완벽하여 고전물리학에 의해 설명되는 데 반해 미시세계는 막연하기(indefinite) 때문에 양자물리학만이 그 쪽에서 일어나는 모든 양자효과(quantum effect)를 설명할 수 있다고 믿는데 이는 잘못된 것이라고 주장했다. 왜냐하면, 오징어가 나타내 보이는 초전도 시스템을 거시세계에서 일어나는 양자효과로 볼 수 있기 때문이다. 그러나 양자물리학이 전자소립자(electron)를 전제로 하는데, 이때 신경세포가 전자소립자에 의해 자극받아 전파되어 나갈 수 있는지 질문할 수 있다고 한다. 이에 대해 힐레이는 비록 신경세포가 이온(ion)에 의해 자극 활동한다고 하더라도 양자역학과 연결되는 구조와 시스템을 가졌다고 가정할 수 있다고 했다. 만약 이런 가정이 옳다면 양자물리학에 마음을 설명할 수 있는 방법이 생기게 되고, 이렇게 되면 양자물리학에 그 연결방법을 설명해야 할 것이라고 했다.

이에 따라 힐레이는 세 개의 가능한 방법을 제시했다. 그 첫째는 양자역학에 있어 매우 적절한 측정을 하고자 할 때 변수의 위치와 운동량을 이미 알고 있는 것으로 가정하고 파장하수(wave function)를 측정방법으로 사용하는 것이다. 물론 이 파장함수가 양자시스템의 상태를 완전히 설명해 준다고 가정해야 하는데, 이때 만약 그런 가정이 성립할 수 없다면 누가 혹은 무엇이 들어와 설명할 것인지가 문제라고 하였다. 다시 말하면, 여러 독립된 동태적 양자변수 혹은 소립자가 서로 포개짐 상태에 있다면, 비록 이들이 전체(whole)적으로 결합된 것으로 보일 수 있을지 몰라도 실제로는 서로 분리 독립되어 있다는 것이다. 이런 상태를 파장함수의 붕괴(collapse)라고 하며, 이때 누가 분리 독립된 상태를 알아보고 판단하는지가 문제인데, 이를 의식이라 한다는 것이다.

둘째로는 이같이 포개짐으로부터 발생하는 두 개의 독립된 양자진행 혹은 양자상태를 설명해야 하는데, 이때 뉴만(von Neumann)은 그러한 진행 혹은 상태가 왜 발생하는지 그 원인을 밝혀야 한다고 했다. 그러나 그것은 간단하지 않고 원인에 원인을 찾아내야 하는 끝없는 원인분석으로 이어지는 어려움이 생긴다. 이에 대해 뉴만은 어느 시점에서 그 원인분석을 중단시킨 다음 그 시점에서 양자진행 혹은 상태를 관찰해야 한다고 했다. 이렇게 되면 중단으로 인해 양자진행 혹은 상태가 양쪽으로 나누어지거나 분리되고, 이들 중 한 쪽이 파장함수가 계속 진행되는 것을 보여주는 데 반해 다른 한 쪽은 파장함수의 붕괴를 나타낼 것이라 하였다.

이상과 같은 뉴만의 이론을 위그너(Wigner)가 이어 받아 더 많이 발전시키면서 의식의 개입 없이는 양자역학이 완성될 수 없다고 주장했다. 그는 포개짐의 양자진행 혹은 상태 속에 인간이 들여다본 다음 그것을 외부로 알리게 되면 그 진행 혹은 상태를 정확하게 파악할 수 있다고 믿었다. 위그너는 자극과 반응의 원리에 따라 그 속에 있는 의식이 작동하면 그 반응으로 파장함수의 붕괴가 발생한다는 가설도 내놓았다.

최근 봄(Bohm)과 힐레이는 위그너와 뉴만의 이론을 이어 받으면서 보어의 비존재론적 접근방법보다는 관찰 가능한 존재론적 접근방법을 택하고, 이로부터 새로운 양자잠재력을 찾고자 하였다. 이에 따라, 비록 작은 양자파장이라도 그 효과나 결과가 거시세계에서 충분히 볼 수 있을 만큼 크고, 이 파장이 정보를 활동적·비활동적·수동적 형태로 분류할 수 있는데 여기서는 소립자들 사이의 관계에 끼여들 수 있는 활동적 정보만이 필요하고, 이것이 소립자들 사이를 연결시킬 때 새로운 형태의 행동 혹은 잠재력의 현실화가 이루어지거나 생겨난다고 했다. 따라서 양자장(quantum field)이 분자집단을 만들어내어 서로 협력할 수 있는 활동을 하게 만들고, 이 활동 속에서 비지역성이 생겨 나오는데 이를 기계역학적으로는 설명할 수 없다고 하였다.

비지역적 형태의 양자자장에서 생겨 나오는 소립자는 기계역학적 속성보다는 화이트헤드(Whitehead)가 말하는 유기체적 속성을 가지는데, 이를 미시물리학을 잘 모르는 거시세계에서는 매우 신비롭고 환상적이고 순수한 정신(pure spirit)으로 볼 수 있을 것이라고 하였다. 하지만 자신들은 거시세계의 기준으로 분류할 수 없는 전혀 새로운 범주로 보고 싶다고 하였다.

1990년대 말에 스텐거(Stenger)는 『비의식적 양자』(*Unconscious Quantum*)를 통해 두뇌의 의식활동을 설명하는 데 양자론의 활용이 적합하지 못하다고 지적하면서 이제까지 개발된 양자이론으로는 두뇌의 의식활동을 설명할 수 없다고 주장했다. 이 무렵에 카파토스(Kafatos)와 나두(Nadeau)는 『의식적 우주』(*Conscious Universe*)를 통해 보어의 보완원칙(principle of complementarity)이 양자론의 비지역성(non-locality)을 통해 의식이 설명될 수 있는 잠재성을 마련해 준다고 하였다.

21세기 초에 나타난 물리학자 워커(Walker)는 물리학이 몸과 마음의 문제로 인해 생물학과 철학으로부터 바보 취급당하는 것을 매우 못마땅하게 생각하였다. 이에 그는 코펜하겐 해석(Copenhagen interpretation), 무작위 종합해석(stochastic ensemble interpretation), 상대적 상태해석(relative-state) 혹은 다세계 해석(many-worlds), 그리고 감춰진 변수해석 등 네 개로 분류되는 양자해석에서 마지막 것을 출발점으로 택하였다.

그는 의식이, 생각하는 것이나 자아반성 하는 것과 같은 지각 혹은 두뇌활동이 아니고 비물리적 영상과 같이 생겨나 존재하는 그 무엇의 총체(totality)라고 했다. 이 같은 의식에 접근하는 것은 물리적으로 가장 작은 단일 물체를 통해 가능하고, 그것은 양자역학의 진행 혹은 양자량이 될 것이다. 다시 말하면, 신경세포의 연결부에서 전자소립자가 양자역학적 통로(tunneling)를 통해 의식으로 전환되어 나올 수 있다는 것이다. 만약 이것이 사실이라면 전자소립자의 통로에 대해 많은 연구가 필요하고, 이때 RNA 분자가 가장 적합한 연구대상이 될 것이라고 하였다.

만약 의식을 양자적 현상이라고 한다면 이는 두 개의 개별적 존재로 확인할 수 있는데 그 중 하나가 기계 속에 서식하는 생명체 혹은 영혼으로 보면 될 것이라 했다. 물론 이러한 유기체적 기계가 현재 많이 거론되는 계산적 기계와는 비교할 수 없는 전혀 다른 차원에 있는 것이라 했다. 그리고 영혼의 존재확인은 양자역학의 진행이 중단 없이 계속 지속되어야 가능한데, 잠 같은 것이 생겨 그 진행을 중단시키면 존재확인에 어떤 이상이 발생할 수 있을 것인지에 대해서는 잘 모르겠다고 했다. 그러나 그 동안 진화가 기억을 만들어내어 그러한 중단을 막았고 혹은 두뇌가 그 영혼이 지속될 수 있도록 환경을 조성하거나 에너지를 공급하였기 때문에 다행이라고 하였다.

이상에서 본 바와 같이, 미시물리학은 우주의 진리를 알아내기 위해 양자물리학을 개발해 내고, 이를 바탕으로 심리철학으로부터 물려받은 몸과 마음의 문제를 해결하겠다고 도전하였다. 그러나 이들은 소립자의 이론으로 거시세계의 현상이나 상태를 설명하고자 함으로써 범주의 오류에 빠지게 되었다. 이에 물리학자들은 존재론적 접근 방법을 택하는 한편 여태까지 많은 논쟁을 불러일으켰던 지역, 비지역, 부분(part) 및 전체(whole), 포개짐 및 얽힘 등의 이론을 과감하게 활용하면서 미시세계와 거시세계 사이를 연결시키고자 하였다. 그 결과 이들이 시도한 연결은 이론적으로 설명할 수 있게 되었지만 많은 허점을 드러내어 의문을 갖게 하였다. 또한 새로운 해석을 내놓아야 하기 때문에 많은 혼란과 논쟁을 불러일으켰다.

20세기 말과 21세기 초 사이에 이 같은 미시물리학의 접근방법을 둘러싸고 많은 학자와 전문가들이 여러 갈래로 나누어져 수정보완 혹은 새로운 아이디어를 제시하거나 혹은 오류를 지적하면서 반론을 제기하였다. 이때 물리학자들보다는 철학자와 인지신경과학자들이 많은 논쟁을 벌이고, 그 초점은 양자물리학이 사용한 개념들에 집중되었다. 힐레이는 비지역성과 봄의 효과에 대해 많은 의문을 나타내는가 하면, 테그마크(Tegmark)도 두뇌활동에 있어서 양자적 비적합성(decoherence)이 왜 중요한지에 대해 의문을 보였다. 에스펠드(Esfeld)는 전체론(holism)과 비지역성이 서로 어떻게 다른가에 대해 질문하였고, 에트맨스페처(Atmanspacher)는 양자물리학의 정합성 혹은 얽힘이 마음이나 의식에 연결되는 것을 더욱 구체적으로 설명해야 할 것이라고 주장했다. 데마레트(Demaret)는 양자물리학의 지역과 글로벌(global) 사이의 관계에 대해 의문을 나타내었고, 지라르디(Ghirardi)는 미시세계와 거시세계 사이에 동태적 통합이 과연 가능한가에 대해 의문을 제시했다.

이와 같은 의문과 질문에 대해 주스(Joos)는 우선 양자측정(quantum measurement)에 관찰자(observer)가 꼭 개입해야 하기 때문에 양자물리학이 의식이나 마음을 고찰하지 않을 수 없고, 소립자의 속성을 구분하고 파악하기 어렵게 만드는 얽힘 혹은 비정합성에 대해서도 크게 염려할 것이 없다고 했다. 왜냐하면, 인지활동으로 연결되는 뇌신경의 자극활동이 $10^0 \sim 10^{-4}$ 초 간격인 데 반해 얽힘과 비정합성이 발생하는 간격은 불과 $10^{-13} \sim 10^{-20}$ 초 사이이기 때문이라는 것이다.

또 한편으로, 최근에 일부 과학철학자들은 양자물리학을 이용한 몸과 마음의 문제해결에 다시 도전하여 의식을 설명하고자 했는데, 레너(Lehner)는 포개짐 속에 들어갔을 때 어떤 느낌을 가질 것인지에 대해 연구했고, 또한 미란커(Miranker)도 의식을 양자론적으로 설명할 수 있는 모델을 소개했다. 그리고 글로부스(Globus)는 동태적 양자두뇌 속에서 자아, 인지 및 감각질 등이 어떻게 형성되어 나올 수 있는지 그 가능성을 연구하였다.

다른 한편으로, 맥파든(McFadden)과 모르호프(Mohrhoff) 같은 인지과학자들은 양자장보다는 전자기장(electro-magnetic field) 속에서 신경세포가 어떤 메커니즘을 통해 자극활동을 하는지 그 내용을 규명하고자 하면서 몸과 마음의 문제해결에 새로운 접근방법을 제시했다. 이에 반해 인지과학자 로미진(Romijn)은 의식이 전자기장보다는 가상적 광자(virtual photon) 속에 하나의 속성으로 존재하고, 그러므로 우주는 주관적 의식으로 가득 차게 되는 것이라고 주장하였다.

또 다른 일부의 과학철학자들은 스태프, 펜로스 및 힐레이의 접근 방법이 사실상 양자파장함수의 붕괴를 통한 의식의 창출을 의미하는 것으로 받아들이고 의식의 존재론적 창출을 강조했다. 또 한편, 실버스타인(Silberstein) 같은 과학철학자는 미시물리학이 절대적 환원주의를 받아들이면서도 의식이 포개짐 혹은 비분리(non-separability)에서 존재론적으로 생겨 나오는 과정을 납득할 수 있을 만큼 충분히 밝히지 않는다고 반론을 제기하면서 거시세계 속에서 의식은 분명히 창출된 존재라고 주장했다. 이와 비슷하게 굴릭(Gulick)과 뉴턴(Newton)도 비환원적 물리주의를 통해 의식의 창출을 주장하면서 창출과 환원성이 서로 완전히 독립되기보다는 겹치고(overlap), 그 겹친 부분에서 주관적 의식이 생겨 나온다고 했다.

이 무렵, 하스커(Hasker)는 대학원생과 과학에 많은 관심을 갖는 일반인들을 위해 몸과 마음의 문제에 있어 창출이 무엇을 의미하며 그리고 왜 필요한지를 자세히 설명하는 책자를 내놓았다. 이같이 창출이 많은 관심과 주목을 받게 되자 인지과학자 샤프너(Schaffner)는 유전자와 행동 사이의 관계를 설명하면서 발전적 창출주의(developmental emergentism)를 강조했다.

이상과 같이, 일부의 학자들이 양자물리학의 개념을 자세히 설명하거나 대안을 제시하고자 하는가 하면 다른 일부 학자들은 많은 의문을 가지면서 반론을 제기했다. 여기서 추가로 양자물리학의 도전에 강한 반론을 제기하는 학자들의 주장을 좀더 자세히 살펴보기로 하겠다.

우선, 과학철학자인 로센(Rosen)은 종교에서 많이 시도하는 명상(meditation)을 양자물리학이 말하는 의식에 비교할 수 있는지에 대해 의문을 나타내면서, 만약 비교할 수 있다면 양자물리학이 제시하는 전체와 종교가 권장하는 명상의 전체 사이에는 커다란 차이가 있다고 주장하였다. 다시 말하면, 종교에서의 선(禪, Zen)의 명상이 부분과 전체를 동시에 포괄하는 의미를 가지는 데 반해 펜로스와 봄의 전체는 결과적으로 나타나는 존재적 상태를 말하고 있다는 것이다.

과학철학자 헌트(Hunt)는 의식이 포개짐으로부터 생겨 나온다면 그것이 어디로부터 생겨 나오느냐고 질문한 다음, 만약 포개짐이 붕괴되거나 없어지면 의식은 어디로 사라져 없어질 것인지 반론을 제기했다. 여기서 만약 거시세계와 같이 잠재의식 혹은 내재부분(inner side)이 있다면 이것과 의식 사이의 관계는 어떻게 설명할 수 있을 것인지에 대해 질문했다. 또 한편으로 윌소(Wilso)도, 만약 의식이 부분과 전체 사이의 환원적 법칙에 의해 포개짐으로부터 생겨 나온다면 이는 물리학의 에너지 보존법칙을 어기는 것이 되고, 더 나아가 의식의 창출이 한 개나 두 개가 아니고 여러 개라면 그것이 가져야 할 에너지는 모두 어디로부터 나오는 것인지 반론을 제기하였다.

그리고 물리학자 포켓(Pockett)은 물리학이 실험을 통한 증명을 기본전제로 한다는 점을 감안한다면 양자물리학이 주장하는 의식의 창출은 어디까지나 이론적 가설에 불과하다고 주장하였다. 또한 포개짐으로부터 생겨 나오는 새로운 양자상태가 한 개 혹은 여러 개의 전체로서 한 개 혹은 여러 개의 의식으로 전환되는지가 매우 궁금하다고 하면서 앞으로 양자물리학이 해야 할 연구가 너무 많아 매우 혼잡스럽기만 하다고 했다.

마지막으로, 최근에 네이글(Nagel)이 양자물리학적 접근에 대해 의문을 나타내면서, 만약 양자장이 환원적이라면 이것이 비환원적인 마음과 어떻게 연결될 수 있으며, 또한 연결된다고 하더라도 의식이 시공간의 어디에 머물 수 있을 것인지에 대해 반론을 제기하였다. 또한 만약 이들 사이가 연결된다면, 그 연결이 인과적이어야 할 것인데 이를 어떻게 증명할 것인지 물었다. 그리고 양자물리학이 큰 착각을 하고 있는데, 그것은 일인칭 자아와 삼인칭 자아 사이를 구별 못하고 있는 점이라고 했다. 그래서 만약 두뇌 혹은 마음 속에 이들 자아가 교대로 생겨 나왔다가 사라져 없어진다면 이런 현상을 양자물리학이 어떻게 설명할 수 있을 것인지에 대해 많은 의문이 생긴다고 했다.

이제까지 본 바와 같이, 미시물리학이 양자물리학을 토대로 삼아 심리철학으로부터 물려받은 몸과 마음의 문제 해결에 도전하면서 많은 이론들을 소개하였다. 하지만, 이에 대해 제기된 반론을 검토해보면 미시물리학이 문제를 풀 수 있는 확실한 이론과 방법보다는 방향만 제시하지 않았는가 하는 의문을 가지게 한다.

더욱이 펜로스가 의식을 플라톤의 이데아(idea)에 비유하는 것과 네이글이 일인칭 자아와 삼인칭 자아 사이를 구별하지 못하고 있는 양자물리학의 혼돈을 지적한 것을 감안한다면 몸과 마음의 문제를 해결하기보다는 원점으로 다시 돌아간 것이 아닌가 하는 생각마저도 하게 된다. 미시물리학이 제시하는 이론과 방법론이 매우 타당하다고 하더라도 이를 지금 매우 심각한 문제로 대두되는 몸과 마음에 활용하기에는 너무나 요원해 보인다. 특히 포켓이 지적한 바와 같이, 미시물리학이 언제 그 많은 연구를 완성하여 실천가능한 방법론을 제시할 수 있을지가 매우 의문이다.

제 3 장

고통과 상처를 치료할 수 있을까

1
양의학과 한의학

양의학은 서구 사회에서 널리 시행되는 의학을 말하며, 이에 반해 한의학은 중국을 중심으로 동북 및 동남 아시아에서 많이 시행되는 의학을 말한다. 이외에도 지역에 따라 그곳에 알맞은 의학이 있는데, 이들은 오랜 전통과 역사를 갖지 않고 체계화되어 있지도 않다.

앞에서 이미 언급했지만, 인간은 원시시대부터 가족단위에서 씨족 혹은 부족사회로 발전하고, 그런 과정 속에서 생존과 번식을 위해 서로 협조하는 긴밀한 유대관계를 가졌다. 동물이 번식기에 상대방의 관심을 끌기 위해 구애행동을 하듯, 인간도 처음에는 그 같은 행동을 했고 사랑행위도 동물과 같이 뒤로 하는 자세를 취했다. 그러나 지능과 지혜뿐만 아니라 예민한 감각과 감정도 가지게 되자 이를 먹이사냥뿐만 아니라 사랑행위에도 활용하기 시작하였다. 인간은 감각으로부터 감정을 가지고, 이는 시간이 지나면서 자신의 가족에게 이어지면서 특별한 느낌을 가지기 시작했다. 즉, 가족 사이에 매우 가까운 친밀감, 유대감 및 배려 등이 생겨났고, 이는 시간이 지나면서 지능 및 지혜와 어우러져 더욱 깊어져 갔다.

이같이 생활하는 과정에서 깊은 감정이 마음 속으로 생겨난 데 반해 몸에는 더 많은 위험이 생기기 시작했다. 가족과 부족을 위해 더 많은 먹이를 잡기 위해 노력하면서 더 많은 위험한 일을 하게 되었고, 이에 목숨을 잃어버리거나 큰 상처를 받아야만 했다. 오랫동안 함께 살면서 많은 감정을 쌓아올린 사람이 갑작스럽게 죽는다면 이는 살아 있는 사람에게 엄청난 아픔과 슬픔이 아닐 수 없다. 슬픔과 아픔은 사랑과 애정을 준 것만큼 크고, 또한 그것에 비례하여 기억 속에 오래 남으면서 많은 아쉬움을 가지게 했다. 그래서 죽은 사람을 기억 속에 오래 간직하거나 그의 명복을 빌기 위해 가까운 좋은 장소에 땅을 파 무덤을 만들었다. 고대 이집트의 피라미드와 미라, 큰 고분 등을 보면 인간이 죽은 사람에게 갖는 슬픔과 아쉬움, 명복을 비는 기원이 얼마만큼 컸는지를 알 수 있다.

인간의 몸은 유기체이기 때문에 여러 가지 이유로 그 기능에 이상이 생기면 움직이거나 활동하기가 어렵게 된다. 사고나 사건으로 인해 상처가 생길 수 있을 뿐 아니라 과로, 감기 및 감염 등으로 병이 생기게 되면 병원에 가서 치료를 받거나 집에서 휴식을 취하여야 한다. 상처와 병으로 인해 생기는 고통과 괴로움을 아픔(pain)이라고 하는데 이는 신경세포의 C섬유(fiber)가 자극을 과다하게 받아 흥분함으로써 생기는 현상이라고 한다.

이 같은 아픔은, 생리학으로는 간단히 신경세포의 과다한 자극에 의한 것이라고 설명할 수 있을지 몰라도, 인간이 감정과 느낌을 가지기 때문에 그 아픔으로 인해 생기는 고통과 괴로움은 견뎌내기가 매

158

우 어렵다. 현대 의학에 따르면 아픔을 감각적으로 느끼는 형태는 13개 이상이라고 하며, 그 정도도 무려 14가지 이상으로 분류할 수 있다고 한다. 이 같은 다양한 형태와 정도의 아픔으로 인해 인간이 갖은 느낌도 10개 이상으로 다양하다고 한다.

이렇듯 매우 가까운 사람이 상처를 받거나 혹은 병이 생겨 많이 아프다고 호소하면 이를 옆에서 가만히 앉아 지켜보기만 하기는 어렵다. 환자 본인도 매우 아파서 견디기 어렵겠지만 지켜보는 사람의 경우는 더욱 더 고통스러우면서도 안타까운 마음을 가진다. 이때 빨리 완쾌되거나 치유되면 다행인데, 그렇지 못하고 오래 지속되면 환자는 물론 온 가족도 비참해지면서 깊은 시름에 빠진다. 그러다가 죽게 되면 모든 가족들이 슬픔 속에서 정신을 잃어버리게 된다.

인간은 생존과 번식을 삶과 생활의 가장 중요한 덕목이나 가치로 삼고, 이러한 이유 때문에 아무리 가까운 사람이 죽더라도 함께 죽기를 거부할 뿐 아니라 주위 사람들도 그렇게 하지 못하도록 막는다. 이러한 삶의 자세가 자연의 법칙이고, 이를 인간은 자연스럽게 받아들여 삶의 법칙으로 삼는다. 이에 따라 인간은 그 같은 법칙을 받아들이는 가운데서 아픔과 슬픔을 피해 나갈 수 있는 방법을 찾기 시작하였는데, 그것이 바로 죽음을 막거나 상처와 병을 치료하겠다는 것이었다.

옛날이나 지금이나 사람들은 오래 살아가는 것을 가장 큰 행복으로 받아들이고 모두가 그렇게 되기를 기원한다. 하지만 생명체가 자연의 법칙에 따라 시작과 끝을 가지게 되자 인간은 이를 원망하면서 피해 나갈 수 있는 방법을 찾고자 온갖 노력을 다 기울였다. 그러나 지금까지 그 어느 누구도 죽음을 극복하거나 피해 가지 못했고, 다만 생명을 연장하는 것으로 만족해야만 했다. 이에 따라 인간은 생명을 연장하거나 상처와 병을 치료하는 방법을 찾는 것이 절대적으로 필요하면서도 꼭 해야 할 과제로 받아들였다.

이 같은 필요성과 당위성에 따라 의학이 생겨 나오는 것은 너무나 당연했다. 죽음, 상처 및 병은 신체기능의 일부 혹은 전부가 완전히 중단되는 상태를 불러일으키기 때문에 그것을 막거나 치료하고자 한다면 우선 그 발생원인부터 먼저 찾아내야 하고, 그런 다음 그것에 상응하는 치료나 조치를 취해야 한다. 이것이 바로 의학이 해야 할 일이다.

하지만 인간의 몸은 선천적(nature)인 것과 후천적 혹은 환경적(nuture or environment)인 것으로 구성되어 있기 때문에 시공간에 따라 의학이 할 수 있는 일이 달라진다. 다시 말하면, 병의 발생원인과 그 형태가 선천적일 뿐만 아니라 환경의 변화에 따라서도 달라지고, 또한 그것에 따른 치료방법도 달라진다는 것이다. 그래서 고대 원시사회로부터 현재에 이르기까지 발생원인은 물론 그 치료방법도 계속 달라져 왔다.

이에 따라, 서구사회와 동양사회에서 옛날부터 지금에 이르기까지 어떤 병이 발생했고, 이를 치료하기 위해 어떤 방법이 사용되었는지를 알아보도록 하겠다.

우선 서구사회에 있어, 의학자 키플(Kiple)의 주장에 따르면 3백만 년 전 고대 원시사회에는 사고로 인한 상처는 비교적 많았지만 질병은 매우 적었다고 한다. 그런데 인구가 늘어나면서 사람이 모여 사는 부족사회가 형성되는 것과 때를 같이 하여 여러 종류의 많은 가축을 기르기 시작하자 물과 땅이 오염되기 시작하였다. 이로 인하여 천연두(smallpox), 풍진(measles), 말라리아, 성모충병(trichinosis), 야토병(tularemia), 파상풍(tetanus), 주혈흡충증(schistomomiasis), 렙토스피라

증(leptospirosis) 등과 같은 질병(disease)이 생겨 나와 인간을 괴롭히기 시작하였다. 그러나 질병으로 인한 죽음에도 불구하고 인구는 계속 증가하였다. 또한 양은 부족하더라도 다양한 음식을 통해 필요한 영양분을 충분히 섭취할 수 있었기 때문에 질병에 대한 면역력은 현재보다 높았다.

경우에 따라 충분한 공급확보와 영양섭취가 부족하게 되면 인구가 줄어들 수밖에 없었고, 또한 부족들 사이에서 싸움이 일어나 많은 사람들이 죽게 되는 일도 생겼다. 지금도 위생상태가 열악하거나 영양실조가 심각한 후진국에서 높은 영아 사망률을 보이듯이 그 당시도 높은 사망률이 인구증가를 억제하였다.

2만~3만 년 전 인간이 농사를 짓기 시작하면서 가축을 더 많이 기르자 공급확보가 한결 쉬워지면서 여유 있는 삶과 생활을 할 수 있게 되었다. 그러나 농업과 가축사육은 또 다른 새로운 질병을 만들어 내어 인간에게 전염시켰다. 역사학자 맥네일(McNeill)의 주장에 따르면, 이 당시 개, 소, 말, 돼지, 양 등의 가축이 모두 30가지 이상의 병충을 가졌고, 이들이 인간과 함께 생활하게 되자 질병이 인간에게 전염되는 것은 너무나 자연스럽고도 당연한 일이라는 것이다.

들쥐, 모기, 파리도 병충을 전파시키는 데 큰 몫을 하였다. 이렇듯 세균성 질병(bacteria)과 바이러스성 질병(virus)이 사람과 가축 사이에서 자유롭게 왔다 갔다 하면서 또 다른 새로운 질병을 발생시키거나 넓게 퍼져 나가게 만들었다. 그리고 시간이 지나면서 간질병(epilepsy) 같은 신경질병도 생겨나 인간을 괴롭히기 시작하였다.

질병이 발생하거나 상처가 생겼을 때 원시인간들이 할 수 있는 치료는 거의 없었다. 다만 환자 옆에 앉아 빨리 완쾌되기를 기원하면서 가다리는 것밖에 없었다. 완쾌되면 다행이고, 죽으면 슬픔 속에 빠져 많이 괴로워했다. 치료방법이 없는 가운데서 죽음이 계속 발생한다면 기원만 할 수밖에 없고, 이러한 기원과 바람이 그 누구의 힘에 의존하고 싶다는 생각도 가지게 하였다.

시간이 오래 지난 후, 인간은 상처 난 부위에 붕대를 감고, 또한 병의 증상을 관찰하면서 그 유형과 형태를 알아내고자 했다. 그리고 그것을 치료하기 위해 무엇을 먹거나 뱃속에 있는 것을 토해 내도록 하기도 했다. 이러한 행동들이 경험을 쌓게 하고, 그러면 그럴수록 질병과 상처에 대해 지식과 자신감을 가지면서 치료하고자 했다.

기원전 2000년 고대 이집트 사회에 와서는 치료방법이 크게 발달하였다. 고름을 짜내고 아픈 부위를 깨끗이 씻어주고, 그런 다음 그곳에 향을 뿌려 고약한 냄새를 막았다. 왕과 귀족의 경우에는 현재와 같이 의사가 진찰하면서 처방을 내리고, 경우에 따라서는 아픈 부위를 칼로 절개하거나 구멍을 내어 그 속에 풀잎과 씨앗으로 만든 약초(herbal)를 넣거나 나쁜 이물질을 꺼내기도 했다.

기원전 5세기 고대 그리스 시대에는 대단위의 민족이동과 싸움을 위한 군대이동이 또 다른 새로운 질병뿐만 아니라 풍토병도 전염시키면서 질병을 다른 지역으로 더 확산시켰다. 앞에서 이미 언급한 바와 같이, 고대 그리스는 철학, 자연철학 및 정치 등의 발달로 인해 질병의 치료에서도 상당한 발전을 이룰 수 있었다. 의사가 환자를 매일 검진하면서 그 증상을 기록하고, 경우에 따라서는 환자에 직접 물어보면서 아픔의 정도나 그 위치를 정확하게 알아내려고 하였다. 치료방법에 있어서는 약초를 사용하는 것은 물론 식이요법도 하고, 어려운 경우에는 절개 수술한 다음 그 속에서 농을 걷어내거나 깨끗이 씻기도 했다. 이 당시 골절상과 두뇌 상처의 경우도 수술로 치료하고자 하였다. 아리스토텔레스 시대에 와서는 좀더 완벽한 수술을 하기 위해 많은 동물실험을 하고, 이를 통해 인체의 구조를 알아내고자 했다. 이렇게 함으로서 몸 속에 혈관과 피가 흐른다는 사실을 발견하는 한편 허파에 공기가 있다는 것도 알았다.

그리스 의학의 발달과정을 좀더 자세히 살펴보면, 고대 원시사회의 전통에 따라 질병의 치료를 신에게 의존하려고 하였지만 신은 다만 적절한 처방만 가르쳐준다고 믿었다. 그리고 같은 질병인 경우에는 동일한 처방과 치료를 하지만 사람의 신체조건에 따라 그 처방이 조금 달라질 수도 있다고 생각하였다.

그 당시 유명한 의사였던 히포크라테스(Hippocrates)는 많은 문하생을 두어 의술을 가르치고 환자를 치료하였다. 특히 그는 병의 증상을 면밀히 관찰하여 기록하고, 이를 바탕으로 병의 원인을 규명하는 것은 물론 적절한 치료방법도 제시하였다. 그는 질병이 기후, 지역, 물, 바람 밀 신체적 습관 등에 의해 발생한다고 보았다. 한편 병의 완치가 불가능하다고 판단되면 치료를 중단했다. 의학교수 킹(King)에 따르면, 히포크라테스가 행한 질병의 원인진단과 그 치료방법의 개발이 실험주의를 매우 중시하는 현대의학의 발달을 가능케 하는 토대를 마련했다고 한다.

로마제국 시대에는 영토확장, 군대이동, 그리고 많은 사람들의 왕래와 교역이 이루어지게 되어 다양한 새로운 질병이 생겨나는가 하면 다른 지역으로 빠르게 확산 혹은 전염되었다. 특히 이 당시에는 천연두와 풍진이 만연하면서 많은 사람들이 죽었는데, 이는 위생시설이 미비하거나 열악한 서민과 노예 거주지역에서 많이 발생하였다. 그러나 그리스 시대보다 치료방법이 한층 더 많이 발달하여, 많은 환자들을 집단으로 수용할 수 있는 병원을 세워 효과적인 치료를 하였다.

로마시대에 가장 유명한 의사는 가렌(Galen)인데, 그는 수술, 신체

조작, 생리학, 의학사 및 약초 등에 관한 책을 펴내었고 질병에 대한 원자적 혹은 기계적 접근보다는 전체적 및 유기체적 접근을 선호했다. 그는 문하생에게 의술을 가르칠 때 실험과 관찰뿐만 아니라 논리적 추론도 함께 사용하면서 원인분석에 많은 주의를 기울였다. 왜냐하면, 자연 속에 있는 모든 사물이나 물체가 존재의 목적을 가지고, 그 구조는 그 목적에 알맞게 기능하도록 만들어졌다고 믿는 목적론적 철학을 가졌기 때문이었다. 그래서 그는 피가 우심실에서 좌심실로 돌아 들어가고, 그런 다음 그곳에는 빈 공간이 생기면서 피의 순환을 돕는다는 것을 추론했는데, 이것은 나중에 증명되었다.

또한, 가렌은 질병을 진찰할 때 비유를 하면서 유사점을 많이 찾으려 하였고, 그 결과 장의 장막(omentum)이 내장의 기관을 따뜻하게 보호해 주기 위한 기능을 하고 동맥이 피를 운반하는 기능을 하는 것으로 보았다. 그리고 호흡은 가슴속에 등불과 같은 내재적 열(innte heat)이 있어 이것이 공기를 필요로 하기 때문에 공기를 공급하는 기능을 한다고 믿었다. 가렌은 질병의 모든 증상을 관찰하면서 알맞은 처방을 내리는 한편, 신체의 구조를 자세히 분석하면서 그 기능까지도 추론적으로 설명하고자 하였다. 이로 인해 의학이 한층 더 전문화되고 발달되었다.

로마제국의 멸망 이후 기독교 시대에 와서는 신에 대한 믿음과 신앙이 깊어지면서 세속사회와 많은 관계를 갖는 의학에 대한 관심이 크게 줄어들기 시작하였다. 병이 생기거나 질병에 걸리면 이를 치료하기보다는 좋은 죽음(good death)을 갖도록 환자를 돕는 한편, 천국에서 영원한 삶을 영위할 수 있도록 하기 위해 환자로 하여금 정신적인 준비를 하게 만들었다. 그리고 병원의 환자치료에 있어서 자신들의 교인 혹은 특정의 단체에 국한시키는 제한적 조치도 취하였다.

다른 한편으로 이슬람 세계는 기독교와는 다르게 그리스와 로마의 문명과 문화를 적극 받아들이면서 가렌의˙의술도 함께 들여와 시행했다. 따라서 의학에 상당한 발전을 이루었고, 많은 시간이 지난 다음 아랍 사람들이 지중해로 진출할 때 그들의 발달된 의술이 기독교 사회에 소개되기 시작하였다. 12세기에 이르러 아랍 세계로부터 많은 영향을 받은 이탈리아는 병원을 세워 많은 환자들을 치료하고 의과대학도 설립하여 의학을 체계적으로 가르쳤다. 이 당시 의과대학에서는 동물을 해부실험의 대상으로 많이 사용하면서 인체의 구조와 기능에 대해 집중적으로 가르쳤고, 이에 자극을 받은 프랑스, 독일, 영국 등도 연이어 병원과 의과대학을 세워 도제형태를 통해 엄격하고도 체계적인 교육을 실시하였다.

14세기 들어와 흑사병(black death)이 유행하면서 많은 생명을 빼앗아 갔는데, 이로 인해 불과 3~4년 사이에 유럽 대륙의 인구가 4분의 3으로 줄어들었다. 특히 많은 사람들이 모여 사는 큰 도시가 많은 피해를 입어 도시 인구의 절반 이상이 죽었다. 이 결과 사람의 수명이 30세 아래로 크게 떨어졌고, 이에 정부가 전염병과 높은 사망률에 대응하기 위해 적절한 대책을 강구하고자 했다. 이 당시 천연두, 폐병, 설사병(diarrhoeas), 풍진, 수막염(meningitis), 발진티푸스(typhus) 등이 널리 유포된 질병이고, 이외에 소화기, 신장(kidney) 및 방광에서 발생하는 질병도 꽤 많았다고 한다. 이에 반해 암(cancer) 질환은 적었는데, 이는 대부분의 사람들이 젊은 나이에 죽기 때문에 발병할 수가 없었다. 한편 정신질환자에게는 좋은 음식과 건강체조를 비롯하여 깊은 신앙심을 통한 정신수양을 권했다고 한다.

15세기 르네상스를 계기로 의학에 대한 이해와 인식이 크게 바뀌기 시작했다. 이 무렵에 나온 파라셀수스(Paracelsus) 같은 의학철학자는 인간주의(Humanism)와 스토아 철학의 물질주의를 선호하면서 사변적 방법보다는 실험적 및 실용적 방법을 강조하고, 정신보다는 몸에 더 많은 비중을 두는 치료를 권장했다. 특히 그는 의학이 질병치료에 집중해야 하는 것은 사실이지만 그 예방과 질병을 발생케 하는 자연에 대한 연구도 매우 필요하다고 주장했다. 따라서 의사들은 연금술을 필수적으로 배우거나 익혀야 한다고 주장하였다. 다시 말하면, 질병은 나무가 자라나는 것과 같이 점차적으로 생겨 나오고, 따라서 그 성장과정과 형태를 보면 그 질병의 원인과 내용을 쉽게 알 수 있게 된다는 것이다. 또한 수은, 유황 및 염분의 합성물을 인체의 진(resin), 매연(soot) 및 주석(tartar) 등에 비유할 수 있다고 하면서 이러한 성분이 몸 속에 들어가면 질병을 유발케 하면서도 치료를 가능케할 것이라고 믿었다.

15세기 이후 파라셀수스의 실험적 및 실용적 의학이 자리를 서서히 잡아가기 시작했지만, 기독교의 영향력이 계속 남아 있어 사람들은 의학을 쉽게 받아들이려 하지 않았다. 특히, 칼뱅주의자들은 예방주사 자체를 신성한 육체에 대한 이단이라고 보면서 거부했다. 질병이 만연하면 도시의 사람들은 문을 닫아 출입을 막는 한편 시장과 오염지역을 불태웠다. 그리고 질병을 신이 인간에게 내린 죄에 대한 벌로 받아들이면서 이는 어디까지나 신앙심의 부족과 정신적 이상으로부터 나오는 것이라고 믿었다.

하지만, 17세기에 들어와 과학시대를 맞이하면서 병원이 중심이 되어 건강과 질병의 퇴치를 목소리 높여 부르짖게 되자 이에 많은 사람들이 호응하고, 이를 계기로 질병에 대해 새로운 시각을 가지면서 치료에 적극적으로 임하고자 하였다. 이때 하비(Harvey)는 가렌의 피순환 이론을 증명하기도 했다.

18세기에 접어들어서는 페피스(Pepys)와 스토크(Storch) 같은 의사들이 나와 인간의 몸을 동태적이고 유동적이라고 보면서 여러 질병과 그 특징을 더욱 세분화시키고, 이들이 어디서, 어떻게 발생하는지 그 원인을 구체적으로 밝히고자 하였다. 영국의 의사 브라운(Brown)은 자연과학으로부터 많은 영향을 받아 몸을 기계적으로 보려고 하면서 질병분류학(Nosology)을 만들어내려 했다. 또한 보에하브(Boerhaave)는 인체 내에 작은 구멍의 관이 있어 이것이 피를 운반하면서 순환기능(metabolism)을 도울 것이라는 세포이론(Cell theory)을 추론하기도 했다. 이러한 시도들은 매우 효과적인 치료방법의 개발은 물론 예방의학의 출현도 가능케 하였다.

　　이 당시 새로운 질병으로 생겨 나와 유행했던 것이 성병인데, 이는 유럽 사회를 매우 당혹스럽게 만들었다. 이로 인해 특정의 질병에 대한 사회적 편견이 생기게 되었고, 이를 인격이나 신분에 연결시키면서 외부에 밝히기를 거부했다.

　　한편, 질병에 따라 사용할 수 있는 약초를 규정하면서 표준화시키기 시작하였다. 이들 약초는 풀이나 나무뿌리로 만들어졌는데 대부분의 경우에는 외국으로부터 구입했다고 한다.

　　19세기에 와서는 이상과 같이 질병에 대한 편견이 난무하면서 윤리도덕적 문제로까지 확대되고, 특히 자살(suicide)이 유행하면서 큰 사회적 논란을 불러일으켰다. 치료기술이 크게 발달하자 병원들은 임상실험을 위한 실험실을 마련한 다음 의사들로 하여금 많은 실험을 하도록 권유했는데, 이때 스완(Schawn)이 보에하브의 세포이론을 실험을 통해 검증했다. 그리고 루이스(Louis)는 그 당시 난립하던 치료방법을 통폐합하기 위해 병원치료의 표준화를 시도하는 한편, 뮬러(Muller)는 생리학과 조직학을 완성시켰다. 19세기 후반에는 질병의 세균성 이론(Germ theory)이 나왔는데, 이는 코흐(Koch)의 세균발견과 파스퇴르(Pasteur)가 탄저균 백신(anthrax vaccine) 개발로 검증되었다.

한편 제네바에 적십자(Red Cross)가 설립되어, 이를 계기로 상호간 의학술 교류와 열대병 치료를 위한 정보교환과 관련하여 세계의학회가 모임을 가졌다. 이외에, 화학의 발달이 새로운 약의 개발을 가능케 하는가 하면 뢴트겐의 X-선이 소개되면서 뼈골절 검사도 가능해졌다. 수술기술도 크게 발달하면서 마취제(anesthesia)와 방부제(antisepsis)는 물론 아편도 사용했고, 인구증가에 따라 대형병원을 세워 많은 환자를 치료하려고 했다.

20세기에 들어와 파스퇴르와 코흐의 세균발견이 토대가 되어 미시생물학이 성립하면서 면역학(Immunology)이 나타났다. 그리고 버나드(Bernad)가 영양섭취에 대해 연구하여 내분비학(Endocrinology)이 성립하면서 호르몬, 단백질 및 효소(enzyme)에 대한 연구도 활발해졌다. 이때 췌장(pancreas), 뇌하수체선(pituitary gland), 당뇨(diabetes) 및 신장선(adrenal gland)에 대한 연구가 많은 주목을 받는 한편 노벨의학상을 받은 셰링턴(Sherrington)에 의해 신경에 대한 연구도 활발히 진행되었다.

하버드 대학을 비롯해 많은 대학들이 의학발전을 위해 많은 투자를 하는가 하면 대형병원을 세워 환자의 치료는 물론 임상실험도 적극 권장하자 신경과 심장 계통의 질환을 치료하는 새로운 진료기술이 개발되었다. 그리고 많은 학술지가 발간되어 많은 연구논문들이 발표되기 시작하였다. 즉, 의학이 실험실 연구와 임상실험을 통해 새로운 이론과 치료방법을 개발해 내면서 하나의 독립된 학문으로 발돋움한 것이다.

20세기 중반 1953년에 크릭(Crick)과 왓슨(Watson)은 DNA의 이중나선구조(double-helical structure)를 발견하였는데, 이는 1986년 인간 유전자 지도를 만드는 게놈 프로젝트(Genome project)의 기초가 되었다.

수술기술의 발달과 더불어 새로운 의료기기 및 장비가 마련되자 장기이식 수술이 시도되고, 경험이 축적되면서 심장과 신장 이식이 가능해졌다. 또한 불임여성을 위한 시험관아기(test-tube baby)의 출산이 시도되고, 여성들이 미에 대단한 관심을 가지게 되자 눈, 얼굴, 가슴 등에 대한 성형수술이 크게 유행하였다.

20세기 후반에 MRI(magnetic resonance image)와 PET(positron emission tomography) 등 영상촬영이 가능해지자 이를 모든 치료에 활용하였고, 이에 따라 더 정확한 진단과 치료를 할 수 있게 되었다. 특히 이들 영상촬영은 파킨슨(Parkinson) 병, 알츠하이머(Altzerheimer) 등과 같은 노인병의 치료에 크게 기여하였다. 그리고 게놈 프로젝트가 완성되자 유전자 조작기술(gene-engineering)이 발달하면서 유전자로 인한 질병도 치료하기 시작하였다. 다른 한편으로, 이 같은 의학기술의 발달에 맞추어 제약산업이 발달하면서 비타민(vitamin)을 개발해 부족한 영양분을 공급하고, 생화학을 바탕으로 세균에 도전할 수 있는 페니실린(penicillin)과 마이실린(mycillin) 등의 새로운 약을 개발하여 많은 생명을 구제하였다. 지금도 암과 면역결핍증(HIV) 등과 같은 난치병을 치료할 수 있는 새로운 약을 개발하고자 많은 연구를 계속하고 있다.

이상으로 양의학이 그 동안 어떻게 발달하여 왔는지 그 과정을 간단히 살펴보았고, 이제부터는 한의학에 관해 보도록 하겠다.

동양사회도 서구사회와 마찬가지로 오랜 역사와 전통을 가지며, 자연 환경적으로 서로 큰 차이는 없다. 하지만 지형적 특징으로 인해 삶과 생활의 내용과 방법이 크게 다르고, 이에 따라 기원전 6~7세기 전후로 전혀 다른 삶과 생활을 하기 시작하였다.

서구사회에는 그리스와 로마제국같이 자연철학과 문화가 매우 발달한 국가들이 나타나 학문과 과학의 기초가 되는 자연철학, 정치철학, 수학, 예술 및 윤리도덕 등을 발달시키면서 미래에 닥쳐올 삶과 생활의 형태와 내용을 결정하였다. 이에 반해 중국과 인도는 유교, 도교, 힌두교 및 불교 등의 종교를 만들어내면서 그것에 알맞은 삶과 생활을 하기 시작하였다.

이에 따라 고대 그리스 시대 이전까지는 죽음, 질병, 아픔, 고통 및 치료 등에 대한 생활자세에 있어 서로 크게 다르지 않았다. 자세히 말하면, 농업과 가축의 사육으로 인해 생기는 질병과 이를 약초를 통해 치료하는 치료방법에서 서로 거의 비슷했다는 것이다. 그런데 그 이후부터 질병의 원인을 규명하고, 그것에 알맞은 치료방법을 모색하는 데 철학과 종교가 개입하기 시작하면서 크게 달라지게 되었다.

서구사회가 철학과 과학의 발달에 맞춰 질병의 원인규명과 치료방법을 개선하거나 발전시키면서 실험적 및 실용적 접근을 선호한 데 반해 동양사회는 외부와의 교류를 차단한 다음 전통에만 매달려 개혁을 거부하였고, 이로 인해 질병의 원인규명과 치료방법이 그 동안 큰 변화 없이 그대로 전해 내려오고 있다.

중국의 경우를 보면 3천~4천 년 전에 만들어진 『황제내경』이 그대로 내려오면서 아직도 매우 귀중한 치료의 지침서로 대접받고, 이와 비슷하게 인도에서도 요가와 약초를 통한 치료방법을 계속 고집하고 있다. 그러면, 중국이 『황제내경』을 통해 질병의 원인을 어떻게 규명하면서 그것에 알맞은 어떤 치료방법을 개발했는지를 살펴보도록 하겠다.

　동서양을 막론하고 황제 혹은 왕이 막강한 권력을 행사하기 때문에 의료혜택도 당연히 최고로 받았고, 또한 그것이 권력이 지배하는 고대사회에서는 너무나 자연스러웠다. 이에『황제내경』은 질병의 원인과 그것에 알맞은 치료방법을 황제와 유명한 의사 사이의 대화를 통해 규명하고 있다. 이 책 속에는 모든 질병과 그 원인 및 치료방법이 수록되어 있는데, 이들을 이해하기보다는 암기하여 배우는 것이 한결 쉽게 되어 있다. 왜냐하면, 음양과 오행이라는 간단한 동양철학을 기본원리로 하여 모든 질병과 치료방법을 나열하거나 설명하고 있기 때문이다.

　책의 내용을 보면 두 개의 부분으로 구성되는데, 그 첫째 부분은 소문이면서 질병의 원인규명에 초점을 맞추고, 둘째 부분에서는 치료방법을 열거하고 있다. 내용을 간략하게 요약하면 다음과 같다.

　우주는 음양과 4계절로 구성되고, 이들이 서로 조화를 이루면서 균형을 지킬 때 건강하고, 이에 반해 균형이 깨어지거나 계절의 변화에 순응하지 못하면 질병이 생긴다. 우주는 천기(하늘의 기운)와 지기(땅의 기운)로 나누어지는데 이들이 조화를 이루면서 만물에 생기를 불어넣어 준다. 따라서 계절에 맞추어 양기 혹은 음기를 몸 안에 보관하거나 내보내야만 건강을 유지할 수 있다. 즉, 겨울에는 양기를 보관하고 한기(차가운 기운)가 못 들어가게 막아야 한다는 것이다.

　천지음양으로부터 오행(금, 목, 수, 화, 토)이 생겨 나오고, 또한 이들이 조화를 이루면서 균형을 유지해야만 질병이 생기지 않는다. 즉, 몸 안의 다섯 개 장기를 오행에 맞추어 분류하고, 이를 순환논리에 따라 인과관계를 설정한 다음 이에 역행하면 질병이 생긴다는 것이다. 그리고 아침에는 양기가 오는 데 반해 밤에는 음기가 오기 때문에 이제 잘 적응하면서 신체적 준비를 해야 한다.

몸의 맥박은 4계절(4경)에 따라 변하는데, 봄에는 맑고, 여름에는 높고, 가을에는 수축하고, 겨울에는 굳어진다. 따라서 이들 맥박의 상태를 오행에 맞추어 보게 되면 그 사람의 건강이 정상인지 비정상인지를 곧바로 알 수 있다. 4경과 오행에 맞추어 몸의 변화와 질병의 상태를 분류하고, 이를 기준으로 하여 질병의 원인을 규명하는 한편 치료도 할 수 있다. 또한 몸을 조직(5장기), 체질(5체), 입맛(5미), 몸이나 얼굴의 색깔(5색), 그리고 맥박(5맥) 등으로 나눈 다음, 이들을 음양과 오행에 맞추어 서로 화합하거나 거부하는 관계를 갖도록 만드는데, 이때 거부하는 관계에 맞추어 행동하거나 치료를 하면 질병이 생기거나 위독해진다.

한편, 질병의 원인을 81가지로 분류하면서 설명하고 있는데, 여기서 나타나는 특징은 질병이 모두 몸의 장기에서 생겨 나오게 되어 있다는 것이다. 다시 말하면, 장기가 외부와의 접촉에서 조화를 못 이루면 질병이 발생한다는 것이다. 이에 반해 두뇌에 관해서는 아무런 언급이 없고, 다만 몸의 변화에 따라 나타나는 증상이나 상태를 매우 중요시하면서 이를 토대로 질병의 원인을 규명하였다.

다음으로 치료방법(영구)에 있어, 첫째로 환자의 얼굴상태를 관찰하고, 둘째로 환자에게 자각증상을 물어보고, 셋째로 환자로부터 자각증상을 듣고, 그리고 마지막으로는 손으로 환자의 맥(혈압과 파동)을 짚어 보는 것이 치료방법의 기본이다. 그 다음으로 임상치료에 있어서는 침(needle)을 놓거나 뜸(moxibustion)을 뜨고, 약초로 만든 탕약을 먹이는 것이다. 침을 놓을 때 질병의 위치와 정도에 따라 그 크기가 달라지거나 그 강도도 조절되어야 한다. 물론, 침을 꽂아 놓는 시간도 달라지고, 경우에 따라서는 침을 돌리거나 좌우로 흔들어야 한다. 그 이유는 많은 자극을 주어 침의 효과를 극대화시키기 위한 조치이기 때문이다.

　침을 놓는 장소와 관련하여 몸 안에 물질이나 액체를 전달하는 통로(channel)에 신경, 피 및 림프(lymph) 외에 기(energy)를 전달하는 것도 존재한다고 믿으면서 침을 이 통로에 놓아야 한다고 주장하였다. 이 통로를 경락이라 하고 이는 경맥과 낙맥으로 분류되는데, 이들 중 경맥은 12개의 경맥과 이로부터 파생되어 나가는 작은 12개 경별, 그리고 기경팔맥으로 구성된다. 이에 반해 낙맥은 12개의 낙맥, 손낙 및 부낙 등으로 이루어진다. 그리고 이들 통로의 여러 곳에 중요한 지점이 있는데 이것이 경혈(point)이다. 따라서 침은 이들 경혈에 놓아야 하며, 그렇게 할 때 기의 흐름을 원활하게 하면서 건강을 회복하거나 질병을 치료하게 된다. 만약 다른 장소에 침을 놓게 되면 건강을 해치거나 질병을 더욱 악화시킬 수도 있다.

　『황제내경』은 몸의 구조 혹은 조직과 질병에 맞추어 경락, 경맥 및 경혈에 대해 자세히 설명하면서 경혈의 위치까지도 알려준다. 다시 말하면, 경혈이 왜 그곳에 있을 수밖에 없는지 그 이유를 질병의 발생원인에 맞추어 설명한다는 것이다. 그리고 치료방법도 질병의 원인에 맞추어 81가지로 나누면서 서로 정확한 관계를 갖도록 만들었다.

　이상과 같은 『황제내경』은 오랜 세월을 통해 전수되어 내려왔고, 그 중간에 간혹 유명한 한의사에 의해 수정 혹은 보완되었지만 그 정도는 매우 작았다.

　한국의 경우에는, 19세기에 허준이라는 유명한 한의사가 나타나 오랜 경험과 한국적 특성을 감안해 한국에 알맞은 치료방법을 제시했는데 그 방법을 담은 책이 『동의보감』이다. 이런 맥락에서 이제마는 몸의 형태에 따라 발생가능성이 높은 질병을 열거하는 사상의학(네 개의 형태)을 만들어냈다.

이제까지, 양의학과 한의학이 그 동안 어떻게 발달하면서 현재에 이르게 되었는가를 간략하게 살펴보았다. 여기서 나타난 특징은 이들이 기원전 6세기 고대 그리스 시대 이후부터 서로 달라지면서 다른 방향으로 발전해 나갔다는 것이다. 다시 말하면, 양의학이 과학적 방법론을 많이 활용하면서 그것에 따라 질병의 원인규명과 치료방법을 모색한 데 반해 한의학은 전통을 그대로 계속 이어받으면서 과학적 방법론을 외면하거나 거부했다.

현재 이 같은 이들 의학에 대해 많은 학자와 전문가들이 철학적 측면은 물론 실천적 측면에서 비판적인 평가를 하고 있다. 여기에서 이들의 평가와 평가를 살펴보도록 하겠다.

우선 양의학에 있어, 과학철학과 윤리도덕 측면에서 비판적 평가를 한 펠레그리노(Pellegrino)와 토마스마(Thomasma)의 주장에 따르면 의학이 사용하는 용어, 개념, 이론의 검증 가능성, 인과관계의 개념, 실험의 논리, 그리고 통계적 분석 등이 모두 애매모호하거나 과학철학의 기준에 크게 미달한다고 하였다. 그리고 의사의 진료나 치료가 환자를 대상으로 하는데 이때 의사가 몸에만 집중하고 마음에는 전혀 신경을 쓰지 않거나 조금도 고려하지 않는다는 것이다.

또한 몸을 기계의 부품으로 만들어진 물체로 보면서 부품을 새것으로 바꾸어 끼우면 질병이 고쳐진다고 보는 잘못된 생각을 한다는 것이다. 마지막으로 거의 대부분의 경우 진료나 치료의 목적이 분명하지 않다는 것이다. 다시 말하면, 치료가 부품을 교체하여 정상적인 활동을 하게끔 만드는 데 목적을 두는 것인지, 혹은 환자의 감정적 만족과 건강을 회복시키고자 하는 것인지를 구별하기 어렵다는 것이다. 이 같은 치료의 형태와 의사의 자세는 17세기 이후 기계주의적 가치관과 20세기의 생화학적 접근방법론이 유행하는 데서 비롯되었는데, 이는 마음을 무시하는 결과가 되어 인간주의에 역행할 뿐 아니라 윤리도덕에도 크게 위배되는 것이라고 하였다.

이에 따라 의학이 해야 할 일은 의사와 환자 사이에 충분한 대화를 통해 신뢰를 구축하면서 환자에게 책임감을 보여주는 것이 가장 필요하다고 했다. 왜냐하면, 의사의 진단에 주관적 판단이 개입되기 때문에 오류가 발생할 가능성이 매우 높을 뿐 아니라 설령 진단이 옳다고 하더라도 치료가 몸의 차이로 인해 기대한 바대로 되지 않을 수도 있다는 것이다.

또 한편으로, 의학교수 포스(Foss)의 주장에 따르면, 20세기 들어와 의학이 미시생물학을 많이 활용하기 시작하면서부터 생화학적 환원주의로 빠져 들어가고 있다고 한다. 따라서 이 같은 환원주의로의 전환이 몸에만 집중하면서 신체를 단순한 기계로 보도록 만들었다는 것이다. 하지만, 질병이 기계적 요인보다는 생물학적 구성의 불균형과 세균이나 바이러스의 감염 등으로 인해 발생한다는 사실을 감안하면 환원주의적 의학이 질병의 원인규명과 그 치료에 있어 얼마만큼 성공적일 수 있는지에 대해는 매우 회의적이라고 하였다.

따라서, 의학이 질병치료에 크기 기여하기 위해서는 인간의 심리와 이에 많은 영향을 미치는 사회환경을 많이 고려해야 하고, 특히 최근에 스트레스로 인해 발생하는 질병에 많이 주목할 필요가 있다고 했다. 다시 말하면, 생화학뿐만 아니라 생심리학(bio-psychology)도 필요한데 위약(placebo-effect)이 그 좋은 예라고 한다.

다음으로, 실천적 측면에서 비판적 평가를 한 포터(Porter)의 주장에 따르면, 현재 제약산업의 발달로 수많은 다양한 약이 생산되어 판매되는데 이의 오남용이 심각한 후유증과 불상사를 유발한다고 한다.

비록 미국과 같은 선진국에서 새로운 약의 시판을 엄격히 규제하고 있기는 하지만, 약의 장기복용이나 과다복용으로 인해 발생하는 피해가 엄청나다는 것이다. 이러한 선진국의 경우를 감안한다면 후진국이 항생제의 과다복용으로 인해 세균이나 바이러스에 대한 저항력이 크게 떨어지면서 많은 인명피해와 경제적 손실을 보게 되는 것은 놀라운 사실이 아니다. 특히 마약과 마취성 약의 중독은 인간을 파멸로 몰아넣을 뿐 아니라 사회 전체를 깊은 수렁 속으로도 빠지게 한다.

의학자 라이스만(Reisman)은 진료비용과 의료혜택으로 인해 발생하는 정치경제적 문제가 매우 심각하다고 주장하였다. 산업의 발달과 생활의 복잡 다양화로 인해 면역성 결핍증, 신종 인플루엔자 독감, 암, 사스(SARS), 백혈병, 중금속에 의한 질병, 산업재해 그리고 각종의 증후군의 새로운 질병이 쏟아져 나오면서 저소득층과 후진국을 매우 어렵게 만든다는 것이다. 특히, 첨단 바이오 기술로 개발한 신약의 경우, 그 가격이 엄청나게 높아 저소득층과 후진국들이 수입하여 복용하기는 대단히 곤란하다는 것이다. 이 같은 정치경제적 문제는 인간의 기본 권리인 생존을 위협하는 것이 되어 많은 사람들을 안타깝게 만든다.

또 한편으로, 의학생물학자 스틴(Steen)과 카멜크(Karmelk)는 최근에 급증하는 비만, 알코올 중독, 정신착란 및 자살 등의 문제를 지적하면서 이들은 현대의학이 치료하거나 예방해야 할 일 중에서 가장 어려운 과제라고 했다.

국제의료기구에 종사하는 람보(Lambo)와 데이(Day) 같은 의료 전문가는 개발도상국이나 후진국에서 빈곤으로 인해 발생하는 각종 질병과 그 치료에 따른 의료기술적 및 경제적 어려움을 지적하면서 이는 국제사회가 빠르게 해결해야 할 최대의 과제라고 하였다. 특히, 높은 영아 사망률과 유전자 질병, 그리고 유행성 전염병은 이들에게 매우 무서운 적이라고 했다.

이제까지 양의학에 대한 비판적 평가를 보았는데 이번에는 한의학에 대한 비판적 평가를 보도록 하겠다.

우선, 앞에서 펠레그리노와 토마스마가 주장한 바와 같이, 한의학의 경우도 양의학보다 더 많이 용어, 개념, 이론의 검증, 실험의 논리, 그리고 통계분석에 있어 애매모호하다. 그 예로서, 기를 지적하거나 언급할 때 학자와 의사에 따라 전혀 다른 의미 혹은 개념으로 사용하고, 경우에 따라서는 이를 에너지 혹은 피, 혹은 감정 등으로 본다는 것이다. 그리고 경맥과 경락(meridian)에 있어서도 이들은 혈관, 신경 전달의 통로, 혹은 보이지 않는 감추어진 통로 등 편의에 따라 그 의미나 사용을 바꾼다는 것이다. 또한 통계분석과 관련해서는, 치료가 개인의 직감과 경험에 크게 의존하기 때문에 처음부터 통계적 분석은 물론 귀납적 인과관계와 검증도 불가능하다.

또 한편으로는, 엘리스(Ellis)와 월(Wall) 같은 대체의학자들은 침(acupuncture) 시술을 하나의 대안으로 권장할 수 있지만 그 효과를 과학적으로 증명할 수 없어 과학적 치료방법이라고 말하기 어렵다고 하였다. 물론, 일부의 한의사가 위약효과를 언급하지만 이것 역시 엄격한 기준과 방법에 따라 시술될 때 인정될 수 있다고 하였다.

침술의 연구와 관련하여 필셔(Filshie)와 화이트(White) 같은 대체의학자들은 한의학에 있어 연구와 임상실험의 자료가 미비하거나 불충분하고, 연구논문도 인용문헌이 거의 없어 과학적 논문으로 보기 어렵다고 했다. 따라서 한의학이 과학적 의학이 되고자 한다면 과학철학에 맞추어 엄격한 개념의 설정, 인과관계의 확립, 직관과 편견의 배제, 그리고 통계자료의 체계적 수집과 축적 등이 요구된다고 했다.

이들 학자는 한의학의 약초에 대해서는 언급조차도 하지 않았다.

이상으로 고대 원시사회로부터 양의학과 한의학이 어떻게 발달해 오면서 현재에 이르게 되었는지, 그 과정과 이에 대한 비판적 평가를 모두 살펴보았다. 여기서 드러난 것은 고대 원시사회부터 기독교 시대에 이르기까지 양의학이 생존과 번식을 위해 영위하는 삶과 생활에서 나타나는 질병과 상처를 치료하면서 몸과 마음 사이에 균형이 이루어질 수 있도록 도왔다는 사실이다. 다시 말하면, 삶과 생활을 위해 몸이 마음보다 더 많은 일을 하게 되자 몸에 질병과 상처가 많이 생기고, 이에 이들 의학이 치료해야만 인간이 몸과 마음 사이에 균형을 잡으면서 안락하고도 즐거운 생활을 할 수 있다는 것이다.

특히, 고대 그리스 시대에 우주와 자연의 진리를 탐구하는 한편 엄격한 윤리도덕을 통해 안정된 사회질서를 모색하려고 노력하자, 마음이 몸보다 한층 더 건강하면서도 안정적이 되어 균형회복을 위해 몸의 발달이 요구되었다. 기독교 시대에는 몸보다는 마음이나 영혼에 더 많이 집착하여 이들 사이에 균형이 깨어지면서, 몸이 천시되어 많은 혹사를 당하고 이로 인해 만신창이가 되었다. 이 같은 몸의 천대는 안락한 삶과 생활을 불가능하게 만들고, 특히 서민과 농민들이 몸과 마음의 많은 고통과 상처를 받았다. 그러나 의학은 이들을 외면하면서 조그마한 도움도 주려 하지 않았다.

르네상스 이후 복고주의에 의해 인간 중심의 삶과 생활이 다시 강조되면서 이를 실천해 나가려 하자 몸과 마음이 서로 균형을 이루어 나가고, 이를 바탕으로 안락하고도 안정된 삶과 생활을 영위하게 되었다.

그런데 17세기에 들어와 과학의 발달에 따른 기계적 우주관과 가치관이 크게 작용하기 시작하자, 몸과 마음은 자율적 생명체보다는 어둠 속에 감추어진 신비의 마력에 의해 조정되는 기계로 전락하였다. 18세기의 산업혁명과 19세기의 산업자본주의의 대두는 마음을 몸의 부속품으로 만드는 한편 몸의 효율성만을 강조하였다. 이러한 시대적 흐름에 맞추어 의학은 몸과 마음의 균형보다는 몸의 효율성을 더 많이 높이는 데에만 집착하면서 질병의 원인규명과 새로운 치료방법을 개발하는 데 전력을 투구했다.

이 결과, 몸과 마음 모두가 정치경제학과 과학의 단순한 소모품으로 전락하고, 이를 의학이 부추겼다. 다시 말하면, 의학이 안락하고도 발전적인 삶과 생활을 위한 몸과 마음 사이의 균형을 도모하기보다는, 몸을 다시 한 번 더 사용하기 위해 필요한 기계나 부품으로 보면서 이들의 고장을 수리하거나 수선하는 데만 열중했다는 것이다. 즉, 의료기술, 신약, 기계 및 시설의 개발이 몸과 마음의 고통과 상처를 치료한 다음 이들 사이의 균형을 다시 찾도록 하기보다는 자신의 이익실현에 초점을 맞추었다는 것이다.

그래서 전쟁, 사건사고, 그리고 정치경제적 억압과 탄압으로 인해 죽거나 큰 고통과 상처를 받을 때 진정한 반성과 뉘우침보다는 그 위기를 피해 나가 자신의 이익만을 챙기려고 하였다. 또한 대형병원, 최신의 의료도구와 장비, 그리고 의료혜택이 마련되었지만 이는 정치적 목적달성을 위한 수단과 방법에 불과하고, 의학도 이러한 사업을 몸과 마음 사이의 균형보다는 이익을 챙기기 위한 기회로 삼았다. 이같이 의학이 자기 이익의 추구에만 매달리자 대형 의료사고와 부실한 치료 등으로 자기 모순의 함정에 빠지기 시작하였다.

최근에 IT와 BT의 발달로 의료기술이 한층 더 발달하면서 의학의 위상이 크게 높아졌다. 그러나 많은 의학철학자들은 환자와 의사 사이에 신뢰회복과 진정한 의료목적의 달성을 촉구하지만, 의학은 여전히 이러한 촉구를 외면하면서 더 많이 비싼 의료기기의 사용과 고가의 신약을 통해 더 많은 이익을 챙기려 하고 있다.

특히 장기이식이라는 새로운 의료기술과 치료방법을 고안해 내면서 인간의 질병치료를 낡은 자동차의 부품 교체로 보게 만들고, 몸의 도구화에 매우 익숙한 인간도 이 같은 의학의 만행을 지탄하기보다는 구원의 손으로 받아들이면서 애원하는 자기 모순에 깊숙이 빠지고 있다. 특히 인간복제마저 가능해지게 되자 몸이 마음을 완전히 정복하면서 인간을 동물보다 쓸모 없는 물건으로 만들었다.

한의학의 경우도 비슷하다. 자기 이익과 자기 권위에 악착같이 매달리면서 몸과 마음 사이의 균형보다는 이익을 챙기는 수단으로 이용하고, 또한 직관과 감정에만 집착하면서 사람들 사이의 화합과 상호 존중을 거부했다. 신경질환과 신흥 바이러스 질병에 속수무책인 한의학은 정신수양을 위해 고안된 요가에 매달리면서 무아를 강조하고, 이로 인해 몸과 마음 모두가 자신들을 완전히 상실하고 있었다.

2
교육과 교육철학

현재 교육철학이 규정한 교육의 개념과 정의에 따르면, 교육은 일정한 장소, 제도 및 조직 속에서 선생과 학생이 서로 마주 앉아 지식과 기술을 가르치고 배우는 것이다. 이러한 개념과 정의에 대해 곧장 의문이 생기는 것은 우선 왜 가르치면서 배워야 하며, 만약 그렇게 해야 한다면 어떤 지식과 기술을 가르치고 배워야 하는지이다. 이 같은 의문에 대해 많은 교육자, 철학자, 정치인 및 기업인 등이 나름대로 다양한 의견을 밝히고 있다. 그러나 이들의 의견은 서로 대립하거나 상충하면서 많은 혼란을 불러일으키고, 이로 인해 교육의 참된 의미를 잃어버리게 만들고 있다.

여기서는 교육이 고대 원시사회로부터 지금에 이르기까지 발전하면서 몸과 마음의 고통과 상처를 치료하기 위해 무엇을, 어떻게 가르치고 배우게 됐는지 살펴보면서 왜 의견의 차이로 서로 충돌할 수밖에 없는지 그 이유도 알아보도록 하겠다.

고대 원시사회는 소규모 단위로 언어도 없이 살아갔기 때문에 단순한 목소리와 몸짓 외에는 의사소통을 할 수 없었다. 그러나 가족이나 부족이 함께 살아가기 위해서는 협조와 협력이 절대적으로 필요했다. 즉, 남자는 밖에 나가 먹이를 잡아오고 여자는 집에 남아 집안일을 하는 분업형태의 생활을 하고, 이를 원만하게 꾸려 나가기 위해서는 서로의 의사전달과 협조가 꼭 필요했다는 것이다. 그래서 이들은 간단한 목소리와 몸짓으로 의사전달을 하면서 협력하고, 이때 협조가 잘 되면 원만한 삶과 생활을 할 수 있게 되었다. 물론 처음부터 의사전달이 잘 되어 좋은 협력을 가졌던 것은 아니고, 오랜 경험을 통해 상대방의 뜻을 정확하게 알아내는 방법을 찾아내게 되자 가능해졌다.

이같이 어른들 사이에는 목소리와 몸짓으로 의사전달을 할 수 있지만 어린 자식에게 어떻게 의사전달을 해야 할지가 매우 어려운 문제였다. 다행히 유아기간이 오래였기 때문에 부모가 아이들에게 의사를 전달하는 방법을 찾아내는 것은 어려운 일이 아니었다. 부모가 얼굴표정과 몸짓을 반복하면서 의사전달을 시도하고, 아이들은 이를 계속 지켜보면서 부모가 어떤 의사를 전달하고자 하는 것을 점차적으로 알게 되었다. 그리고 어느 정도 성장한 다음에는 일정한 행동을 하도록 유도하기 위해 부모가 시범을 보이면서 그대로 따라하게 하고, 만약 잘 못하면 시범을 반복하면서 올바른 행동을 할 때까지 계속한다. 이러한 시범행동이 바로 초보적인 기본교육이다.

최근 신경생물학자들의 주장에 따르면, 인간은 다른 동물과 비교할 수 없을 정도로, 눈으로 보고 그것을 그대로 따라 하려는 모방신경이 매우 발달하였다고 한다. 그래서 지금도 보여주고 따라하게 하는 것이 가장 정확하고도 빠른 가르침과 배움이라고 한다.

이 같은 교육은 가족과 작은 규모의 부족사회에서는 원만하게 이루어지면서 삶과 생활에 큰 도움을 주게 된다. 그러나 많은 사람들이 모여 함께 살아가는 큰 규모의 부족사회가 상호간의 단결과 협력을 요구하게 되면 이에 알맞은 가르침과 배움이 개발되어 나와야 하고, 이에 소리와 기호의 언어가 생겨 나왔다. 비록 이들이 매우 초보적인 언어라고 할지라도 얼굴표정과 몸짓보다는 발달된 의사전달의 수단이었고, 따라서 삶과 생활에 많은 도움을 주었다.

하지만 이들 수단을 어린아이에게 가르치거나 배우게 할 때에는 종전보다 더 어려웠고, 이에 따라 더욱 효과적으로 가르치거나 배울 수 있는 방법을 개발해 내어야만 했다. 여기서, 효과적인 방법이라는 것은 쉽고도 빠르게 가르치거나 배우는 방법을 의미하지만 많은 아이들이 모여 함께 하기 때문에 교육이 복잡해지지 않을 수 없었다.

언어학자와 전문가들이 이미 지적한 바와 같이, 언어사용은 인간의 지능과 지혜를 높였고, 지능이 높아지면 질수록 상승효과를 통해 지능이 더 발달하게 되었다. 이제까지 교육이 필요에 따라 가르치고 배우는 것이었다면, 지능과 지혜의 발달은 인간으로 하여금 꼭 필요하지 않더라도 삶과 생활에 조금이라도 도움이 된다면 그 무엇이라도 가르치거나 배우게 만들었다. 이러한 교육에서 앎 혹은 지식이라는 것이 생겨 나오고, 이에 많은 것을 알면 알수록 지식의 깊이와 폭이 넓어지면서 공급확보에 큰 도움이 되었다.

따라서 지능과 지혜는 물론 많은 지식을 가진 사람이 그렇지 못한 사람보다 경쟁력을 가지면서 더 많은 이익을 챙길 수 있게 되었다. 하지만 지능과 지혜보다 지식을 가르치고 배우는 것이 한층 더 어렵고도 복잡하였다. 그래서 종전보다 더 쉽고도 빠르게 가르치고 배우는 새로운 방법을 찾아내야 했고, 그렇게 하기 위해 원시사회는 많은 노력을 기울였다.

그 결과, 시간이 지나면서 원시인간은 점차적으로 더 나은 도구를 만들어내어 공급확대에 큰 도움이 되도록 했고, 지식을 배워 활용하면 매우 좋은 도구를 만들 수 있다는 자신감도 가졌다. 이 같은 노력과 자신감이 원시사회를 구석기시대에서 신석기시대로, 그리고 신석기시대로부터 청동기와 철기시대로 접어들게 하면서 더욱 편리하면서도 풍요로운 삶과 생활을 하게 하였다. 다시 말하면, 비록 초보적인 교육이라고 할지라도 이를 통해 공급부족으로 고통받던 몸과 비교적 여유를 갖던 마음 사이의 불균형을 해소하면서 안락한 삶과 생활을 도모할 수 있게 되었다는 것이다.

고대 그리스 시대에 많은 자연철학자들은 우주와 자연이 무엇이며, 그리고 이들이 어떻게 구성되었는지를 탐구하였다. 또한 인간이 무엇이며, 어떻게 삶과 생활을 영위해 나가는 것이 올바른 것인지에 대해 많은 생각을 하였다. 탈레스(Thales)는 역사책을 처음으로 집필해 내면서 문자언어를 통해 역사를 가르치거나 배우게 하였다. 소크라테스(Socrates)는 어릴 적부터 수업료를 지불하면서까지 개인교사로부터 언어, 문학, 음악 등을 배우는 한편, 체육과 운동경기에 대해서도 배우면서 몸을 단련하였다. 나중에는 자신이 직접 아이들을 모아 놓고 수학과 천문학을 가르쳤고 그들이 우주와 자연의 진리를 배워 더 많은 지능과 지식을 갖는 성숙한 이성적 인간이 되기를 원했다. 특히 소크라테스는 문답식으로 가르치면서 변증법적 추론을 강조했다. 이러한 교육방법은 제자인 플라톤에게 대화식으로 철학을 가르친 데서 잘 나타나고 있다.

이 무렵, 그리스 사회에서는 소피즘(Sophism)이 유행하면서 자연철학보다는 사람들 사이의 대화를 자신의 이익을 보호하거나 쟁취하는 쪽으로 유도해 가는 대화의 논리 혹은 수사학을 강조하고, 이를 가르치거나 배우도록 권장했다. 이에 대해 소크라테스는 그 같은 수사학의 교육은 인간의 진리탐구에 해로울 뿐 아니라 정의를 실천해야 할 실제생활에도 전혀 도움이 되지 않는다고 했다. 다시 말하면, 인간이 수사학에 많이 의존하면 마음보다는 몸을 중시하는 이기주의에 빠지게 된다는 것이다.

소크라테스는 교육의 목적이 합리적 추론(reasoning)과 정신적 성숙에 있고, 이를 달성할 때 지능이 발달은 물론 올바른 도덕적 행동도 할 수 있다고 믿었다. 그리고 윤리도덕의 덕목이 신이나 성직자보다는 지식으로부터 나오고, 그래서 많은 지식을 배워 가질 때 덕목이 잘 지켜지는 것은 물론 몸과 마음의 고통과 상처도 줄일 수 있다고 보았다.

플라톤은 스승의 철학을 이어 받으면서 영혼을 매우 강조하고, 자연의 진리와 이에 대한 이해를 촉구했다. 그는 스승과 마찬가지로 많은 제자들을 두면서 자연의 진리와 생활의 옳고 그름을 가르쳤다. 그 뒤를 이어 아리스토텔레스가 나왔는데, 그는 스타지라(Stagira)로부터 아테네로 와서 플라톤의 제자가 되면서 스승의 학교에서 자연의 진리와 정치철학을 배웠다. 그는 인간이 지식을 가짐으로써 깊은 추론을 할 수 있고, 그렇게 할 때 동물보다 월등히 나은 존재가 된다고 믿었다.

아리스토텔레스는 지식을 갖기 위해서는 사물을 잘 관찰하고, 그런 다음 귀납적 추론을 통해 진리를 규명하는 것이 중요하다고 하였다. 그가 제시한 삼단논법(syllogism)은 논리(logic)의 시작이었다. 그도 역시 학교를 세워 아이들에게 진리를 가르쳤고, 교육을 통해 윤리도덕적 질서가 확립되면서 안락하고도 질서 있는 삶과 생활을 할 수 있게 된다고 주장하였다. 다시 말하면 인간이 지식과 윤리도덕적 덕목을 챙길 때 몸과 마음의 균형을 유지시켜 나갈 수 있는 지혜와 능력을 가진다는 것이다. 나중에는 마케도니아의 알렉산더 대왕의 스승이 되어 그에게 우주와 자연의 진리와 윤리도덕을 가르쳤다.

이상과 같은 철학자 외에 견유학(Cynics)과 쾌락주의(Hedonism)가 유행하면서 사람들에게 자기 수양, 욕망의 억제, 몸과 마음의 즐거움, 마음의 안정 등이 안락한 삶과 생활을 위해 꼭 필요한 덕목이라는 것을 가르치려고 했다. 그리스 사회는 이 같은 진리와 덕목 외에 건강한 몸의 미에도 많은 관심을 가져, 몸을 단련시키고 이를 올림픽 경기를 통해 나타내 보이고자 했다. 그리고 예술과 미에도 관심이 많아 아름다운 조각과 웅장한 신전을 세우면서 이에 대해 많이 교육하려고 하는 한편, 여러 신들에 대한 믿음도 많이 가지면서 서정적인 시를 많이 쓰고, 이를 많은 사람들로 하여금 정신적으로 음미하게 하였다.

로마 시대에는 그리스의 문명과 문화가 그대로 전수되면서 학교에서 언어, 문학, 역사, 우주론, 음악, 수학, 기하학 등을 가르쳤다. 그리고 로마제국이 등장하면서 강인한 몸이 요구되고 이를 바탕으로 강력한 군대를 가지면서 영토확장을 시도했다. 특히, 키케로(Cicero)는 스토아 철학을 받아들여 단정한 행동, 의무와 복종, 윤리도덕의 덕목 등을 강조하고, 이를 로마 시민과 아이들에게 가르쳤다.

이 시기에, 루크레티우스(Lucretius)와 퀸틸리안(Quintilian)은 자연의 지리와 법에 대해 연구하면서, 학교가 가정교사보다는 장점을 많이 가지며 특히 우수한 선생을 모실 때 그 혜택이 대단하다고 보았다. 왜냐하면, 학생들로 하여금 공부에 관심을 갖도록 하면서 자신의 특기를 나타내도록 하고, 경쟁을 통해 성취욕을 불어넣을 수 있기 때문이었다. 또한 학생들을 엄격히 평가함으로써 좋은 행동을 하도록 유도할 수 있고, 그렇게 할 때 지식의 습득은 물론 자아발전도 도모할 수 있다고 했다. 로마의 교육은 진리탐구와 덕목을 강조하면서도 한편으로 몸의 단련에 더 많은 비중을 두면서, 이를 몸과 마음의 고통과 상처를 스스로 치료할 수 있는 능력을 높이기보다는 정치의 목적 달성에 활용했다.

로마제국의 멸망과 기독교 시대 사이에 그리스 문화를 활성화시키기 위해 이집트의 알렉산드리아를 중심으로 헬레니즘(Hellenism)의 문화가 형성되었다. 이에 많은 문헌과 책을 모아 도서관을 세우게 되자 많은 지식인들이 모여들어 그리스 문화를 연구하고, 그런 다음 자신의 고향으로 돌아가 배운 지식을 가르치고자 했다.

중세기 기독교 시대는 로마의 교황을 중심으로 하여 기독교의 신앙을 전파하는 것을 목적으로 삼았다. 이에 때문에 신약성서를 펴내면서 교리를 가르치거나 배우게 하는 한편 이를 신앙의 기본 틀로 삼으려고 했다. 하지만 플라톤의 철학을 받아들인 다음 이를 토대로 교리를 세우는 한편, 성서를 만들어내는 것뿐만 아니라 우수한 성직자를 양성하는 것도 결코 쉬운 일이 아니었다. 이에 교회 내에 학교를 세워 훌륭한 성직자를 키우기 위한 강단철학(Scholastism)을 실시하였다. 학생으로는 고위 성직자와 귀족의 자제들을 받아들였고, 강의는 플라톤의 철학, 신학, 수사학, 변증법 및 음악 등을 가르쳤다.

이 당시 유명한 성직자이면서 강단철학의 학자였던 이들은 샤를마뉴(Charlemagne), 알쿠인(Alcuin), 에리우게나(Eriugena), 보에티우스(Boethius), 길버트(Gilbert), 살리스버그(Salisberg), 안셀무스(Anselm) 및 빅토르(Victor) 등이었다. 그러나 12세기를 지나면서 신의 존재를 둘러싼 논쟁이 벌어지자 강단철학의 교육이 플라톤의 철학으로부터 아리스토텔레스의 존재론 쪽으로 기울어지고, 이에 맞추어 강의도 천문학, 수학, 기하학 등 자연철학에 관한 학문을 가르치면서 전환기를 맞이했다. 그 결과 신의 존재를 통해 새로운 방향을 모색하면서 강단 철학을 이끌어 간 학자 아우베르너(Auvergne), 알렉산더(Alexander), 보나벤투라(Bonaventure), 알베르트(Albert) 및 아퀴나스(Aquinas) 등이 나왔다.

이들 중 아퀴나스는 신의 존재를 증명하고자 했고, 이러한 시도는 그 후 15세기에 베이컨(Bacon)의 실험주의가 나타날 수 있는 계기를 마련하였다. 다시 말하면, 교육의 초점이 형이상학으로부터 실험을 통해 존재를 확인하는 쪽으로 옮겨가면서 인간의 진리를 신보다는 자연으로부터 찾아내야 한다는 당위성이 확립되었다는 것이다. 즉, 인간이 몸과 마음의 문제 혹은 고통과 상처를 신보다는 자신의 능력으로 해결하거나 치료하려고 했다는 것이다.

이상과 같이 서구사회의 교육이 생활에 필요한 지능과 지혜의 개발, 진리탐구를 통한 지식습득, 그리고 신을 통한 우주의 진리발견 등으로 옮겨져 가는 동안에 동양사회에서는 고대사회 초기에 형성된 교육이 그대로 계승되어 내려오고 있었다. 중국의 경우, 인과 예의를 중시하는 유교철학을 가르치는 데 열중하는 한편 도교에 따라 자연의 질서에 순응하는 생활을 가르치려고 했다. 물론, 학교를 세워 가르쳤지만 그 체계와 조직은 상당히 허술하여서 서구사회와 비교할 수 없을 정도였다.

15세기에 들어와 종교개혁과 르네상스 전후로 서구사회에서는 교육에 큰 변화가 일어나기 시작하였다. 교황청의 부패와 횡포에 반항하는 한편 그리스 문화를 복원시켜 새로운 삶과 생활의 토대로 삼자는 열망이 인간주의를 강하게 강조하였다. 이러한 흐름에 맞추어 교육도 인간주의에 초점을 맞추면서 지리, 문학, 예술, 언어, 작문, 문법,

건축, 회화, 음악, 수학 및 천문학 등 생활과 직접 연결되는 여러 학문들을 모두 가르치는 데 집착했다.

이 당시 이러한 교육을 선도한 지식인이나 학자는 이탈리아의 메디치(de Medici), 보카치오(Boccaceio), 미라돌라(Miradola), 독일의 그루테(Groote), 로이힐린(Reuchlin), 에라스무스(Erasmus), 그리고 영국의 초서(Chaucer), 그로신(Grocyn), 모어(More) 등이고, 이들의 지식 수준은 대단했다.

16세기에 인간주의를 바탕으로 한 새로운 정치철학이 형성되는가 하면 종교개혁도 유럽 대륙의 전역으로 확산되고, 대서양의 진출을 통해 신대륙을 발견하는 것과 때를 같이 하여 인도양까지도 진출하게 되자 자연을 새로운 시각에서 보면서 이로부터 삶과 생활에 더 많은 도움을 줄 수 있는 지식과 경험을 배우거나 얻고자 했다. 이에 홉스는 자연권을 주장하고, 베이컨은 귀납적 방법론을 제시하였으며, 몽테뉴(Montaigne)와 데카르트(Descartes) 같은 철학자들은 기독교 시대에 많이 무시되었던 몸의 존재를 인정하면서 인과관계를 연역적으로 볼 것을 주장하였다. 다시 말하면, 몸과 마음이 서로 대등한 관계에 있다는 사실을 지적했다는 것이다. 또한, 루터와 칼뱅 같은 종교개혁자도 기독교의 제도보다는 인간 중심의 신앙을 강조하면서 건전하고도 성실한 삶과 생활을 당부하였다.

이 같은 학자와 종교지도자의 생각과 주장은 그 당시 사람들이 안락한 삶과 생활을 영위해 나가는 데 필요한 새로운 방향을 제시하였다. 특히 루터와 칼뱅은 알림 소식지를 통해 자신의 생각과 주장을 알리는 것만으로 만족하지 않고 학교 교육을 통해 젊은 세대에게도 배우도록 해야 한다고 주장했다.

루터는 참된 신앙심을 갖기 위해 교육이 절대적으로 필요하고 그렇

게 하기 위해서는 초등학교로부터 대학교에 이르기까지 많은 학교가
세워져야 한다고 주장했다. 봉건시대에 교육이 귀족과 성직자만을 위
해 존재한 것은 잘못된 것이고, 따라서 모든 사람들에게 개방되어 자
유롭게 가르치고 배우도록 해야 할 것이라고 강조하였다. 그리고 교
육의 내용도 확대되어 학교에서는 음악, 역사, 수학, 자연과학, 체육,
지리 등 다양한 분야의 학문을 배우게 하고, 가정에서는 무역과 가사
에 도움이 되는 실질적 기술을 배우게 해야 한다고 하였다. 특히 대
학교에서는 법률, 의학 및 우주론 등을 가르치게 하는 한편 교수들도
전문지식을 가지고 강의해야 할 것이라고 했다.

칼뱅의 경우도 비슷한데, 그는 윤리도덕 교육에 많은 무게를 두면
서 논리학, 수사학 및 언어 등을 많이 강조하고, 학교 운영에 교회와
지방자치단체가 많은 지원을 해야 한다고 주장했다.

이들 외에 로욜라(Loyola), 멀캐스터(Mulcaster), 밀턴(Milton), 라트
케(Ratke) 같은 성직자와 교육가들이 나와 학교제도, 운영 및 과목설
정 등에 대해 많은 관심을 가지고서 이를 시대의 흐름에 맞게끔 수정
혹은 보완해 나가야 된다고 강조했다.

17세기에 나온 로크는 자연권(natural right), 재산권(property) 및 자
유를 매우 강조하면서 이를 보호하기 위해 시민들이 군주에게 대항할
수 있는 당위성과 정당성을 확립시켰다. 특히, 그는 지능과 지식의 습
득이 선천적인 것이 아니라 교육을 통해서만 가능하고, 교육이 형이
상학보다는 현실을 보고 느끼면서 판단하는 감정에 의해 결정되기 때
문에 이를 위해 건전하고도 질서 있는 삶과 생활이 매우 필요하다고
주장했다. 이러한 삶과 생활을 갖도록 어릴 때부터 가르치고, 잘못을
저지를 경우 벌을 주는 것은 당연하며, 그렇게 할 때 아이들이 자신
의 잘못을 뉘우치는 기회를 갖게 된다고 하였다. 이와 비슷하게, 선생

도 아이들의 의견과 개성을 존중하고, 올바른 추론과 행동을 할 때는 칭찬하고 잘못할 경우에는 그것을 지적해야 한다고 했다.

이를 위해서는 선생, 학생 및 학부모 사이에 서로 확고한 신뢰를 가지면서 이를 바탕으로 솔직하고도 정확한 의견을 교환해야 하고, 이러한 신뢰와 의견교환이 가능해질 때 학생의 지식습득은 물론 생활자세도 매우 바람직하게 된다고 했다. 특히 그는 생활의 올바른 자세와 성격이 지식습득보다 더 중요하다고 강조했다.

18세기에 루소(Rousseau)는 홉스와 로크의 교육철학에 반대하면서 어린이의 교육을 매우 강조하고, 교육이 기본적으로 자연에 순응하면서도 개인의 필요에 따라 이루어져야 한다고 주장하였다. 왜냐하면, 인간이 태어날 때 이기적 본능만을 가지고 나오는 것은 아니며, 타인을 배려하고 동정심을 가지는 착한 마음도 가지기 때문이라는 것이다. 따라서 부모는 자녀의 교육을 자신의 목적보다는 아이의 특성에 맞추어야 하고, 미래를 위한 준비보다는 즐거운 삶과 생활을 영위하기 필요한 것이 무엇인가를 배우는 기회로 교육을 제공한다고 보아야 할 것이라고 했다.

이에 부모가 직접 가르치기보다는 아이들이 따라 할 수 있도록 항상 모범적인 행동을 하고, 이렇게 할 때 아이들은 경험을 통해 스스로 배우게 된다고 했다. 아이들에게 자아실현과 실천을 가르치기 위해서는 그 아이들로 하여금 먼저 자신의 신체적 및 지능적 능력과 더불어 사회적 필요성을 알게 하는 것이 우선되어야 하고, 그렇게 할 때 아이가 스스로 판단하면서도 실천하게 된다고 하였다.

마지막으로, 칸트(Kant)는 루소의 교육철학을 그대로 받아들이면서 자율성을 매우 강조하였다. 그는 인간이 자신의 뜻에 반하여 외부의 압력에 의해 강압적으로 배우게 되면 자율성을 상실하면서 자신의 행동에 도덕적 책임을 지지 못하게 된다고 주장하였다. 그래서 인간은 높은 지능과 지식의 습득뿐만 아니라 타인의 복지와 안녕에도 많은 관심을 가지고 자율적 판단을 할 수 있도록 능력을 키워야 한다고 했다.

이렇듯 15세기부터 18세기에 이르기까지 많은 철학자와 교육자들은 교육이 나아갈 새로운 방향을 제시하였고, 이에 맞추어 많은 학교들이 세워지면서 이를 실천해 나갔다. 다시 말하면, 교육이 몸과 마음의 고통과 상처를 스스로 치료하면서 이들 사이의 균형을 회복시킬 수 있는 능력을 키우는 데 초점을 맞추고 이를 실천해 나갔다는 것이다. 이어 19세기에 들어와 이러한 목적을 달성하기 위해 어떤 교육이 시도되었는가를 살펴보도록 하겠다.

앞에서 이미 언급한 바와 같이, 중세기에 교회가 학교를 세워 가르쳤고, 15세기 이후에는 교회가 강의내용을 바꾸어 가면서 계속했다. 그리고 국가나 지방단체들도 학교를 세워 여러 분야의 학문과 기술을 가르치기 시작하였다. 이 당시 자연에 대해 많은 관심을 가지면서 새로운 지식습득을 강조하게 되자 어릴 때부터 배워야 한다는 교육철학이 지배적이었고, 이에 나이와 지식수준에 맞추어 초등학교, 중등학교, 고등학교 및 대학교 등으로 나누어지는 한편 그 내용도 그것에 알맞게 구성되었다. 초등학교와 중등학교에서는 일반적 지식을 가르치고, 대학교에서는 전문지식을 습득시키는 데 초점을 맞추면서 자연과학, 논리, 의학, 수학 및 법률 등을 가르쳤다. 물론, 종교 계통의 학교는 기독교의 성서와 언어를 강조하면서 이를 집중적으로 가르치기도 했다.

한편, 신대륙의 발견과 교역의 증대가 많은 사람들을 도시로 모여들게 하였고, 이로 인해 도시의 인구가 빠르게 늘어나면서 대도시로 탈바꿈했다. 그리고 가내공업과 역내교역도 발달하게 되자 많은 새로운 도시도 생겨나면서 인구집중을 가속화시켰다. 이 같은 인구집중, 인구증가, 그리고 대도시의 출현은 교육의 수요를 증대시키고, 이는 곧바로 많은 교육의 공급을 요구했다. 이에 따라 15~17세기 사이에 유럽 대륙의 모든 도시에 대학교가 세워져 그 숫자만도 100여 개를 넘었다. 17세기 말부터 18세기 사이에는 재정난과 대학교의 특성, 그리고 새로운 방향의 모색 등으로 인해 대학교의 통폐합이 이루어지면서 구조적인 변화가 일어났다.

리더-시모엔스(Ridder-Symoens), 반데르미어츠(Vandermeersch) 같은 역사학자의 주장에 따르면, 그 당시의 대학교들은 도서의 구입과 보관, 열람실의 확보, 교수의 지위와 권위 확보, 학위의 종류, 교수의 지적 능력, 강의내용, 강의방법 등을 끊임없이 검토하고, 그런 다음 문제가 있다고 판단되면 이를 곧바로 시정했다고 한다.

이 당시 대학교육의 일반적인 특징은 기독교의 영향력이 막강했기 때문에 비록 대학교라는 거대한 조직과 제도를 마련하여 가르친다고 하더라도 교육의 여러 곳에서 기독교의 흔적을 많이 찾아볼 수 있었다. 그런데 18세기 접어들면서 산업발달과 경제성장이 이루어지자 사회가 다양한 전문지식을 가진 사람을 필요로 하고, 또한 많은 학생들이 자신의 목적에 알맞은 전문지식을 배우기를 원하자, 대학교도 이러한 추세에 맞추어 변신하여야만 했다. 따라서 독일부터 시작하여 영국과 프랑스의 큰 대학교들은 정부와 교회의 통제로부터 벗어나 자신의 특성에 맞는 교육을 실시하였다. 다시 말하면, 시대와 사회가 요구하는 다양한 인재를 자유로운 분위기 속에서 가르치고, 그런 과정 속에서 전문지식과 기술은 물론 인격도 갖춘 인재를 양성했다는 것이다. 이에 따라, 대학교들이 다양한 과목을 개설하는 한편 전문지식을 가르치는 데도 열중했다. 특히 영국의 케임브리지와 옥스퍼드 같은 대학교들은 내실 있는 교육을 하기 위해 개별지도의 교수제도(tutor)를 실시하였다.

19세기에 들어와 산업자본주의가 본격화되면서 대량생산과 대량소비가 요구되자 분야별로 전문인력이 더 많이 필요하고, 이에 대학교들도 그런 인재를 배출시키기 위한 교육을 하지 않을 수 없었다. 따라서 큰 대학교들은 더 다양한 교과과정을 개설하는가 하면 그 분야의 전문지식을 더 많이 가르치려고 하였다. 하지만 이것으로도 부족하게 되자 분야별로 특정의 지식을 배우고 경험까지 쌓을 수 있는 교육을 목적으로 하는 특수 대학교들이 우후죽순 식으로 많이 세워지기 시작하였다. 특히 공학, 화학, 토목, 건설 및 운송 등에 초점을 맞추는 공학기술(polytechnic) 대학이 많이 세워졌다.

또한, 이 당시 지식과 기술을 보충하고 보완한다는 측면에서 성인교육, 여성교육 및 개인교습이 매우 유행하였고, 산업화에 따른 범죄, 자살 및 가정파괴 등이 급증하면서 사회적 혼란을 불러일으키자 왜 그런 현상이 나타나는지 그 원인을 규명하고자 하는 심리학도 프랑스와 영국에서 유행하였다.

미국의 교육을 살펴보면 그 역사가 식민지 시절로 거슬러 올라간다. 콜럼버스의 신대륙 발견과 식민지 무역으로 많은 유럽 사람들을 미국으로 이주하여, 이민 초기에 미 대륙 동부 해안에 집결하면서 거주하기 시작하였다. 영국의 청교도들은 보스턴 근방에 거주지를 마련하여 도시를 세웠고, 뉴욕, 펜실베이니아 및 버지니아에도 많이 모여들면서 큰 도시들을 만들었다. 이에 따라, 정부보다는 교회가 학교를 세운 다음 모국의 교육전통에 따라 아이들을 가르치는가 하면 부유층은 모국으로부터 교사를 초빙하여 자녀에게 유럽식 교육을 시켰다.

18세기에 식민지 지배로부터 벗어나 연방정부가 세워지자 연방정부와 주정부(state government)가 함께 나서 공교육을 실시하였는데, 이와 때를 같이하여 대학교들이 세워지면서 전문지식을 가르쳤다. 미국은 영국으로부터 정치, 경제, 법, 의학 및 문화 등에 걸쳐 많은 영향을 받았기 때문에 영국의 교육전통이 그대로 옮겨져 왔다.

18세기 말과 19세기 초 사이에 유럽 대륙과의 무역이 활발해지면서 많은 사람들이 모여들게 되자 도시인구가 급증했고, 이에 교육의 수요가 대폭 증가하면서 공급증대를 요구했다. 이 당시 미국은 독립의 기쁨과 앞으로의 희망을 위한 빛과 자유(light & liberty)를 외치면서 인간주의와 이성(reason)을 많이 강조하였고, 잔혹함과 비굴함을 싫어했다. 이 같은 정서와 분위기에 따라 고등교육에 대한 열망이 높아지고, 이에 많은 대학교들이 세워지기 시작하면서 명문대학들이 나오게 되었다. 교과과목도 인문학을 넘어 의학, 법률, 공학, 상업, 신학 및 농학 등으로 넓혀 나가면서 신분과 재산에 상관없이 다양한 학생들을 받아들이기 시작했다.

미국은 건국이념이 자유였기 때문에 정부가 교육에 직접 관여하기보다는 연구기관을 세워 교육문화사업을 실시했는데, 주정부나 개인이 대학교를 세워 유능한 인재를 키워 내는 학교설립법과 교육법을 의회에서 통과시켰다. 이에 따라 주립대학이나 사립대학은 외부로부터 찬조금과 기부금을 받아야 했고, 이를 위해 주지사나 총장이 발벗고 나서 모금운동을 벌였다. 이러한 운동은 대학교 사이에 치열한 경쟁을 불러일으키고, 그러면 그럴수록 대학교들은 대학의 위상을 높이면서 시민들로부터도 높은 평가를 받기 위해 많은 노력을 해야만 했다. 위상을 높이기 위해 대학교들은 관리 측면에서 더욱 체계화·조직화되어야 했고, 분야별로 의과대학, 법과대학 등과 같은 단과대학을 세워 교육의 전문화를 시도하면서 사회와의 연결을 강화시켜 나가고자 하였다. 이러한 시도는 자연스럽게 여성교육에도 적용되면서 여성을 위한 대학교를 세우게 하는가 하면 대학교의 학생활동도 매우 자유로워져 교수와 학생 사이의 관계가 유럽과는 다르게 평등해졌다. 다시 말하면, 학생들이 대학 당국과는 상관없이 자율적으로 조직이나 모임을 만들어 전공과목과는 전혀 관계가 없는 비학술적인 활동을 했다는 것이다.

이렇듯 대학 당국과 교수가 결합하는 조직과 학생과 동창회가 연합하여 만든 조직이 서로 양립하는 이중구조를 가지면서 서로 충돌하거나 대립하기도 했다. 이런 관계는 전문 및 일반교육의 부실을 초래케할 뿐 아니라 총장으로 하여금 등록금보다는 외부의 찬조금이나 기부금으로 대학교를 운영해야 하는 큰 부담을 안겨주었다.

19세기 중반을 넘어서면서 산업화가 크게 이루어지고, 이에 대형도시와 주변을 에워싸는 도시화(urbanization)가 진행되면서 큰 규모의 대학교 설립을 요구되었다. 대형기업들은 대학교로부터 지식과 인재를 공급받으려고 하면서 그 대가로 엄청난 규모의 찬조금과 기부금을 선뜻 내놓고, 이에 응하여 대학교들도 규모를 확대시키면서 기업형태의 조직화를 시도했다.

역사학자 테린(Thelin) 교수의 주장에 따르면, 이 같은 대학교의 기업화와 대형화는 진리탐구와 가치를 중시하는 유럽의 전통교육과는 상반되어 지식의 상업화에 초점을 맞추면서 지식의 효율성과 활용성을 강조했다고 한다. 이에 대학교육이 진리탐구를 위한 학술연구보다는 지식의 실용성과 전문성에 더 많은 무게를 두기 시작하였다. 이 결과, 기업에 더 많은 도움이 되는 실용성을 갖춘 교과과목이 많이 개설된 데 반해 인문과학과 같이 실용성 없는 과목은 취소되고, 이를 바탕으로 대학교는 기업으로부터 더 많은 찬조금과 기부금을 받아 도서관 확장, 교수 증원, 그리고 스포츠 교육의 활성화 등을 위해 사용했다.

이 같이 대학교육이 본래 목적으로부터 벗어나 경제발전에 필요한 실용성과 직업성만 추구하게 되자, 프린스턴 대학의 윌슨(Wilson) 총장은 대학교육의 변질을 개탄하면서 이를 개혁하고자 학생과 동창회에 압력을 가했지만 실패했다. 그는 후에 미국 대통령이 되어 대학교의 과다한 팽창을 규제하였다. 그러나 버틀러(Butler), 몬로(Monroe), 손다이크(Thorndike) 같은 교육학자는 대학교육이 현실에 적응하면서 다음 세대에 최상의 것을 전달하는 것이 목적이자 과제라고 반론을 제기했다. 그리고 이들은 진리탐구보다는 최상의 교육방법(pedagozy)을 모색하기 위해 세워진 콜롬비아 대학의 사범대학에 적극 찬동하였다.

이상과 같이 19세기에 와서 시행된 교육은 17~18세기에 많은 철학자와 교육자가 제시한 새로운 방향과는 정반대로 가게 되었고, 비록 이러한 교육이 산업화에 크게 기여했다고 하더라도 몸과 마음의 고통과 상처를 치료하기보다는 더욱 악화시키면서 이들 사이의 균형회복을 더욱 더 어렵게 만들었다.

20세기에 들어와 지식의 상업성과 직업성이 더욱 강조되고, 이렇게 되면 될수록 다양한 주의주장(ism)이 난무하면서 이를 옹호하는 여러 학파들이 나오게 만들었다. 교육철학자 존슨(Johnson)의 주장에 따르면, 그 대표적인 학파는 진보주의(progressivism), 항존주의(perennialism), 본질주의(essentialism), 재건주의(reconstructionism) 등이다. 이들은 데카르트의 합리주의와 베이컨의 실험주의를 바탕으로 교육에는 이상과 체험만이 중요하다고 역설하면서 더욱 더 실천적이고 분석적인 접근을 강조했다.

이에 듀이(Dewey)가 나와 이들 주의주장이 몰고 올 오류와 함정을 지적하면서, 사전에 특정의 이념을 설정한 다음 이에 맞추어 교육을 시행한다면 한 쪽으로 기울어지는 편견과 편파가 발생할 것이라고 주장하였다. 이러한 오류와 함정을 피하기 위해서는 이를 주의주장을 참고로 하는 정도에 그치고, 이들 외에 다른 주의주장을 포함시켜 종합적으로 검토한 다음 교육의 목적에 알맞은 그 무엇을 찾아내야 한다. 이렇게 하려면 넓고도 깊은 지식과 강의기술을 모두 가져야만 가능한데 어느 누가 그 같은 능력(great minds)을 가질 수 있는지가 의문스럽다고 하였다.

이 같은 듀이의 지적에도 불구하고 지식의 상업화와 직업화는 계속되었다. 그리고 이는 중산층이 확대되면서 사회적 지위나 부를 더 많이 추구하게 되자 더욱 가속화되기 시작하였다. 제 1, 2 차 세계대전을 거치면서 기업의 대학의존도가 심화되자 지식의 상업화와 직업화는 모든 사람들이 아무런 비판 없이 무조건 받아들이는 삶과 생활의 기본 덕목과 가치가 되었다.

1950년대에 아이젠하워(Eisenhower) 대통령도 이런 추세에 맞추어 과학발달에 따른 과학기술자의 확보가 절대적으로 필요하다는 것을 인정하고, 정부가 과학기술 개발에 막대한 연구비 지원을 할 것을 허락했다. 곧이어 케네디(Kennedy) 대통령이 나와 교육의 불균형과 전통교육의 위기를 지적하면서 이를 시정하기 위해 흑인교육과 교육의 균등화에 연구비를 대폭 늘리는 한편 진리탐구의 중요성도 강조했다.

이 무렵에 철학자 로티(Rorty)는 과학에 많이 의존하는 교육과 지식인을 비판하면서 이제까지 과학이 인간의 마음을 위해 무엇을 얼마만큼 했느냐고 질문했다. 그리고 그는 인간의 발전이 형이상학적 진리와 과학적 분석보다는 사회의 화합과 통합에 의해 이루어지고, 이는 실천적 이득이 보장될 때 가능하다고 했다. 곧이어 롤즈(Rawls)와 바버(Barber) 같은 철학자들도 나와 절차적 정의(procedural justice)를 강조하면서 합리적 대화를 가르쳐야 할 것이라고 하였다.

한편, 1960～1970년대에 베트남전쟁이 일어나고, 학생들이 이를 규탄하기 위해 대규모의 데모를 벌이자 대학교 교육은 큰 혼란 속으로 빠지면서 완전 마비되었다. 그리고 젊은이들이 저임금을 이유로 초등, 중등 및 고등 교사직을 기피하자 교육의 수준과 질이 추락하기 시작하였다. 이러한 위기를 극복하기 위해 대학교들은 동창회를 통한 기부금과 정부 프로젝트를 통한 연구비 지원을 물색하는 한편 많은 학생을 모으기 위해 학위취득의 조건을 대폭 완화하거나 간소화시켰다. 또한, 지식의 직업화를 통해 학교수익을 높이기 위해 기업이 매우 선호하는 MBA 과정을 신설하는가 하면 실용성이 높은 의학대학과 법학대학의 교육을 신축적으로 운영했다.

최근에는 IT와 BT 산업과 그 기술이 각광을 받으면서 이에 대한 정부지원과 기업투자가 급증하자 전자공학과 생물공학이 유행하면서 이에 대한 교육을 강화시켜 나가고 있다. 따라서 많은 젊은이들이 높은 급여와 벤처를 통한 고수익에 매료되어 그 쪽으로 뛰어 들어가겠다고 야단이다.

이상과 같은 미국교육의 목적과 그 진행과정은 세계의 모든 국가들이 모방하고자 하는 이상적 목표가 되었다. 특히 유럽 대륙은 경제성장과 발전이 국가발전에 크게 기여한다는 점을 깊이 인식한 나머지 미국교육을 적극적으로 받아들이면서 공학과 경영학 교육을 장려하고 있다. 일본, 한국, 중국 및 인도 등을 비롯한 신흥공업국과 개발도상국들도 미국교육과 그 철학을 적극적으로 수용하면서 교육의 기본 목표로 삼고 있다. 이에 많은 젊은이들이 미국과 유럽으로 건너가 첨단과학은 물론 그들의 생활방식도 배워 오겠다고 야단이다. 최근에 경제발전의 중요성을 뒤늦게 인식한 중국은 그들의 전통교육과 철학을 포기하면서까지 서구의 과학기술을 배우겠다고 유학생을 대량으로 보내고 있다.

이제까지, 그 동안 유럽과 미국의 교육이 어떻게 발달해 왔는가를 간략하게 살펴보았는데, 이에 대해 많은 학자, 전문가 및 일반인들이 나름대로 평가와 비판을 하면서 문제점을 지적하였다.

여기서 이들의 평가와 비판을 차례대로 보면, 우선 일반인의 경우 이들은 기업이나 고용주가 요구하는 분야의 학위를 소지하지 않으면 취업할 수 없는 것이 교육이 안고 있는 문제라고 지적했다. 좀더 자세히 말하면, 개별 개인이 어느 분야에서 교육받고 학위를 받으면 취업을 할 수 있는지를 사전에 예측할 수 없을 뿐 아니라, 설령 알 수 있다고 하더라도 치열한 경쟁 때문에 그 학과 혹은 그 대학교에 입학하기 어렵다는 것이다. 또한 경제적·인종적·사회적 차별로 인해 처음부터 교육의 기회가 주어지지 않기 때문에 능력이나 의욕이 많아도 필요한 교육을 받을 수 없는 것이 문제라는 것이다.

다음으로 교육가들의 평가와 비판에 있어, 이들은 재정빈곤, 교과과목의 비현실성, 관리소홀, 교사의 자질부족, 그리고 시설부족 등으로 모든 사람들에게 충분한 교육을 마련하지 못하는 것이 문제라고 지적하면서 정부로부터 많은 재정지원이 필요하다고 주장했다.

정치인들의 평가와 비판에 있어, 이들은 아무리 좋은 교사와 충분한 시설을 마련한다고 하더라도 사회가 혼란과 폭력으로 타락하면서 젊은이들로 하여금 배움을 기피하게 만든 것이 문제라고 지적하였다. 그래서 결손가정으로 인한 학업의 중도포기, 어려운 공부보다는 즐거움을 가져다주는 환락과 선정성의 선호, 복잡한 것보다는 간단하고 쉬운 것, 고통보다는 마약에 의한 쾌락 등을 선호하는 현상이 만연하면서 올바른 교육을 어렵게 만든다고 주장하였다.

학자들의 경우를 보면, 교육학자 엘리아스(Elias)는 이상과 같은 교육의 문제는 근본적으로 자본주의 체제 속에서 생겨 나오는 것일 뿐 아니라 서구사회의 문명과 문화적 모순에도 기인하는 것이라고 하였다. 다시 말하면, 자본주의 사회에서 발생하는 불평등과 불균등을 외면하면서 사회적 효율성만을 교육의 기본 목적으로 삼기 때문에 교육이 위기에 직면하게 되었다는 것이다.

한편, 그리핀(Griffin) 같은 학자는 현재 서구사회가 직면하고 있는 교육의 위기는 이데올로기의 갈등에서 비롯되었다고 주장하였다. 좀 더 자세히 보면, 계몽주의와 합리성에 대한 신뢰성 상실, 시장 중심의 소비문화, 지식과 규범보다 기술의 우선, 그리고 전통이성에 대한 포스트모더니즘(Postmodernism)의 반발 등이 교육을 위기로 몰고 간다는 것이다. 특히 포스트모더니즘이 규정하는 인간의 본질이 너무나 애매모호하여 사람에 따라 전혀 다른 해석과 의미를 가지게 한다는 것이다. 또한 비록 이들이 자기 앎이나 의식(self-aware)을 거론하고 있지만 이를 일인칭 자아보다는 분석의 대상이 되는 삼인칭 자아로 보고 있다.

또 한편으로, 에벨(Ebel) 같은 교육철학자는 지금 학교들이 무엇을 위해 존재하는지 그 이유를 전혀 모르겠다고 전제한 다음, 사회, 학부모 및 학생 모두가 학교의 참된 목적과 기능을 정확하게 이해하지 못하기 때문에 교육이 위기에 몰리게 되었다고 주장하였다. 좀더 구체적으로 말하면, 첫째로 대부분의 사람들은 학교를 불량하고도 저능한 아이들을 데려다 놓고 이들을 교화시키거나 올바른 행동을 하게끔 가르치는 조직과 제도로 본다는 것이다. 둘째로 학생들은 학교가 자신의 문제를 해결할 수 있도록 돕는 한편 즐거운 시간도 갖도록 하는 여가선용의 장소를 마련해 주는 조직으로 본다는 것이다. 마지막으로 학교는 사회가 안고 있는 복잡한 문제를 풀어 나갈 수 있는 해결방안을 찾아주는 연구기관으로 본다는 것이다.

　이상과 같이 많은 학자와 전문가들이 자신들의 견해에 따라 교육 혹은 학교가 직면한 위기와 문제점을 지적하면서 이에 대한 해결방안도 제시하였다. 이를 요약하면, 첫째로 교육과 학교의 목적과 기능에 대해 서로 다른 견해와 이해관계를 가질 수 있기 때문에 독단적·분석적·정치적 합의보다는 상호간의 합의를 통한 실질적 이득을 얻을 수 있는 방향으로 교육개혁이 필요하다고 했다. 둘째로 지식과 인성이 강조되는 교육이 바람직하고, 이를 위해서는 성적보다 인지능력, 감동보다는 냉정, 체육보다는 도덕, 정보보다는 지식, 그리고 암기보다는 이해에 초점이 맞추어지는 교육이 권장되어야 한다고 했다. 셋째로, 교육철학자 브라운(Brown)은 교육이 인문학, 자연과학 및 예술 등 모든 분야를 똑같이 중시하면서 학생들의 지적 능력뿐만 아니라 감성적 능력도 갖도록 가르치고, 또한 학생들이 자기 성장, 자유 및 독립에 대해 충분한 이해와 실천을 할 수 있는 능력을 갖도록 해야 할 것이라고 했다. 마지막으로, 미국의 전대통령 클린턴(Clinton)은 현재 미국이 정보사회로 진입하면서 많은 지식을 요구하고, 모두 많은 지식을 습득할 때 국제경쟁력을 가지면서 한층 더 나은 생활, 교육 및 건강을 가질 수 있기 때문에 교육이 이에 초점을 맞추어야 한다고 주장했다. 그렇게 하기 위해서는 개방된 분위기 속에서 정보사회가 요구하는 지식을 배워야 하고, 이에 맞추어 학교도 그런 지식을 가르쳐야 한다고 했다.

이제까지 교육과 교육철학이 고대 원시사회로부터 현재에 이르기까지 그 사이에 어떻게 발전해 왔는지를 간략하게 살펴보는 한편 이에 대한 평가와 비판도 아울러 보았다. 여기 나타난 특징은 교육과 교육철학이 시대의 변화에 맞추어 수동적으로 적응하거나 타협하면서 발전해 왔다는 사실이다. 다시 말하면, 고대 원시사회에서는 삶과 생활이 필요로 하는 지능과 지혜, 고대사회에는 우주와 자연의 진리 탐구와 인간의 본질에 대한 모색, 중세기 기독교 시대에는 신과 그에 대한 신앙과 믿음, 15세기 르네상스 시대에는 인간 자신을 다시 찾는 탐구, 17세기 이후의 과학시대는 신의 디자인(design)과 기계적 구도, 그리고 19세기와 20세기 산업사회에서는 상업성과 효율성의 극대화 등이 강조되자 이를 더욱 발전시켜 나가기 위한 방법을 모색하는 데 교육의 초점이 맞추어졌다는 것이다. 즉 교육과 교육철학이 그 시대의 이데올로기를 젊은이들에 주입시키는 데 열중하고, 따라서 지식과 경험이 부족한 젊은이들이 대안 없이 그것을 그대로 받아들이거나 배울 수밖에 없었다는 것이다.

이 결과, 교육과 교육철학이 정치경제와 과학으로 인해 발생한 몸과 마음의 고통과 상처를 치료할 수 있는 능력을 배우거나 가르치기보다는 마음에서 몸으로, 몸으로부터 다시 마음으로, 그리고 또다시 마음에서 몸으로 옮아가 자신의 이익만 챙기는 수단과 방법을 가르치거나 배우게 하는 데 몰두하였다. 이로 인해 몸과 마음의 고통과 상처가 더욱 악화되면서 생존마저도 위협하고 있다. 다시 말하면, 몸과 마음이 상호간에 유기적 관계를 가지며, 그렇기 때문에 이들 사이에 균형이 필요한데 교육과 교육철학은 고통과 상처를 치료하는 능력은 물론 균형을 회복시킬 수 있는 능력도 전혀 가르치거나 배우지 못하게 했다는 것이다.

제 4 장
고통과 상처를 예방할 수 있을까

1
미학과 예술철학

예술이라고 하면 곧장 음악, 회화, 조각 등을 연상하면서 베토벤, 피카소, 고흐, 쇼팽 등의 예술가들을 생각한다. 음악회에 가서 피아노 연주나 심포니 오케스트라의 연주를 들으면 거의 대부분은 차분한 감정 속에 빠져들면서 그 아름다운 선율에 따라 환상에 빠지게 된다. 전시회에 가서 좋은 그림을 보게 되면 부드러우면서도 날카로운 선과 색상에 자신도 모르게 감탄한다.

그러나 음악을 얼마만큼 감상했다거나 그림을 얼마만큼 음미했다는 것은 그것에 대해 얼마나 지식과 경험을 가지고 있는지에 따라 달라진다. 전문가들은 어떤 연주나 그림이 훌륭했다고 평가한다. 이에 반해 아마추어의 경우에는 내용을 잘 모르기 때문에 전문가의 평가에 따라 좋다, 나쁘다라고 생각한다. 하지만 한 가지 분명한 사실은 좋은 연주를 듣거나 그림을 볼 때 자신도 모르게 마음속 깊이 무엇인가 와

닿는 느낌을 가질 때가 있다는 것이다. 그리고 이러한 느낌은 다른 사람에게 설명하거나 표현하기가 여간 어렵지 않다는 것이다.

우리는 색이 화려한 꽃을 볼 때 이를 매우 아름답다(beauty)는 말로 표현한다. 그리고 사람의 발길이 전혀 닿지 않은 자연을 볼 때도 이를 신비스러우면서도 아름답다라는 말로 표현한다. 음악과 그림에 있어 아름다움은 인간이 만들어내지만 꽃과 풍경을 볼 때 생기는 아름다움은 신이 만들어낸다고 한다. 그리고 음악과 그림이 매우 좋은 경우에는 신이 만들어낸 것보다 더 아름답다, 혹은 신기에 가깝다라는 표현을 사용한다. 따라서 전문가는 물론 아마추어들도 신기에 가까운 예술작품들을 감상하려고 비싼 돈을 들이는 것이다.

이같이 예술(art)을 사랑하는 사람은 음악이나 그림의 아름다움과 같이 매우 부드럽고도 깨끗한 마음을 가졌을 것이라 생각한다. 이러한 생각은 예술가에 대해서도 마찬가지다. 즉, 아름다움을 창조해 내는 사람이기 때문에 그 사람의 몸과 마음이 아름다울 수밖에 없다는 것이다. 일반적으로 사람들은 아름다운 것으로부터 아름다움이 나오고, 이와 마찬가지로 나쁘거나 더러운 것으로부터는 나쁜 것, 더러운 것밖에 나오지 않는다고 믿는다.

이에 따라 아름다움 자체뿐만 아니라 이를 만들어내는 예술가와 이를 사랑하는 애호가들도 모두 아름다우면서도 깨끗할 것이라 생각하고, 이러한 생각과 믿음을 갖기 때문에 만약 아름다우면서도 깨끗한 사람이 되고 싶다면 사람들은 연주회에 가서 음악을 많이 듣거나 전시회에 가서 아름다운 작품들을 많이 보라고 권한다. 다시 말하면, 아름다운 음악과 그림이 고통에 시달리면서 더러워진 몸과 마음을 깨끗하게 씻어주고, 계속 듣거나 보면 아름답고도 깨끗한 몸과 마음을 항상 갖도록 해준다는 것이다.

예술철학자인 셰퍼드(Sheppard)는 연주회나 전시회에 가는 것은 물질적인 것과 비교할 수 없는 아름다우면서도 즐거운 감정을 갖게 하기 때문에 가는 것이라 주장하였다. 하지만 그는 그 아름다움과 즐거움이 무엇이며, 또한 그것을 어떻게 설명하고 표현할 수 있는지에 대해 의문을 나타냈다. 이러한 의문에 대해 그는 특정의 음악이 깨끗한 멜로디를 가지고, 또한 특정의 그림이 명암의 효과를 잘 나타내어 즐거우면서도 상쾌한 마음과 느낌을 가지게끔 하기 때문이라고 답하고 있다. 그렇다면, 셰퍼드에게 예술가는 무엇 때문에 예술작품을 열심히 만들어내느냐고 질문을 해볼 수 있다. 이에 대해 셰퍼드는, 예술가는 자기 자신뿐만 아니라 관객에게도 즐거움과 아름다움을 주기 위해 예술작품을 창조해 내며, 또한 그렇게 하는 것이 예술가의 의무이면서도 책임이라고 하였다.

여기서, 만약 셰퍼드의 주장이 옳다면, 예술가는 자신은 물론 관객을 위해 예술작품을 창조해 내는 것이고, 관객은 예술가의 작품으로부터 즐거움과 아름다움을 받기 위해 연주회나 전시회에 가게 된다. 이렇게 되면 예술은 어려운 삶과 생활로 인해 많은 고통과 상처를 받은 몸과 마음을 달래주거나 위로해 주고, 더 나아가 항상 즐겁고도 아름다운 몸과 마음을 가지면서 다시 고통과 상처 속으로 빠지지 않도록 막아도 주게 된다.

이 같은 생각과 소망이 현실로 나타나게 된다면 매우 다행스러운 일일 것이다. 따라서 이러한 인간의 소망이 실제로 이루어졌는지 그동안의 역사와 과정을 알아볼 필요가 있다. 그러나, 예술이 오래 전부터 있어 오면서 인간에게 많은 아름다움과 즐거움을 가져다주었는데도 불구하고, 현실에서는 몸과 마음이 즐겁고 아름답기보다는 오히려 더 많은 고통과 상처를 받으면서 엄청난 괴로움에 시달리고 있다. 이에 만약 예술이 가져다준 즐거움과 아름다움이 부족하거나 작았다고 한다면, 왜 그같이 될 수밖에 없었는지 그 이유에 대해서도 많은 의문을 가지게 된다.

앞에서 양의학과 한의학이 몸과 마음의 고통과 상처를 치료하겠다고 많은 노력을 하였음에도 불구하고 그렇게 하지 못하고 우왕좌왕하면서 자가당착 속에 빠진 것을 보았다. 여기서는 예술과 예술철학이 아름다움을 통해 몸과 마음의 고통과 상처를 치료하고 예방해야 할 책임을 가졌음에도 불구하고, 그렇게 하지 못하고 오히려 고통과 상처를 더욱 악화시키는 자기 모순에 빠져 있지 않은지를 살펴볼 것이다. 따라서 앞에서 하였던 바와 같이 고대 원시사회로부터 미와 예술이 인간의 삶과 생활에 있어 무엇이며, 어떤 영향을 미치면서 오늘에 이르게 되었는가를 먼저 검토할 것이다.

먼저 아름다움 혹은 미가 어떤 의미를 가지면서 현재에 이르고 있는지를 살펴보겠다. 고대 원시인들은 가까운 사람이 죽으면 매우 슬퍼하면서 그 시신을 가까운 동굴이나 언덕에 묻거나 돌로 쌓아 올렸다. 이는 시체를 동물의 먹이로부터 보호하기 위한 측면도 있지만 죽은 사람에 대한 슬픈 감정을 오래 간직하기 위한 표시이기도 했다. 신석기시대에 이르러서는 죽은 사람이 평소에 사용했던 도구나 물건을 함께 묻거나 죽은 사람을 닮은 흙 인형을 만들어 무덤 위에 두기도 했다.

이러한 행동과 관습에 대해 폴리(Foley)와 터지(Tudge) 같은 인류학자는 예술과 아름다움의 시작이라고 주장하였다. 슬픔을 자신의 마음속에만 간직하기보다는 죽은 사람과 주변의 사람들에게 나타내 보이고, 그들로부터 같은 감정의 반응을 받고자 한 것이다. 이때 보내는 슬픈 감정과 받는 슬픈 감정이 비슷하고, 이에 모두가 그 감정에 공감하면서 서로 따뜻하고 순수한 감정을 공유해 나가고자 했다.

고대 이집트 사회에서 만들어진 피라미드와 스핑크스 같은 것은 서로 슬픈 감정을 공유하기 위해서라기보다는 죽은 사람의 위대한 통치와 업적을 칭송하는 한편 이를 오래도록 간직하였다가 후대에 보여주기 위한 간절한 마음에서 비롯되었다. 그래서 권력을 가진 왕은 화가나 조각가에게 가장 아름답고도 웅장한 무덤, 그림 및 조각 등을 만들어내도록 명령하였다. 이때 화가와 조각가가 자신의 작품 속에 담고자 한 것은 미(beauty), 선(goodness), 진리(truth)이고, 이때 미는 물건이나 사물이 갖는 속성 자체가 얼마나 아름다운가라는 배타적 의미, 그리고 그 물건이나 사물이 인간의 덕목, 성격, 자연 및 고귀함을 얼마만큼 함축하고 신의 세계에 받아들여질 수 있는지의 포괄적 의미를 동시에 담고 있었다.

고대 그리스 시대에 와서 자연철학이 발달하자 인간의 마음속으로 느끼는 미에 대해 매우 궁금하게 생각하면서 그것을 규명하고자 하는 한편 그것을 어떻게 밖으로 나타내 보일 것인가에도 많은 관심을 가졌다. 그러나 지능의 발달과 더불어 자연에 대해 많은 지식을 갖기 시작하자 미를 표현하는 방법보다는 그 의미에 더 많이 집착했고, 따라서 미 자체가 이를 표현하는 것보다 우선하면서 삶과 생활에 큰 의미를 가지는 것으로 보았다. 이에 따라 미의 의미를 규명하는 데 매달리면서 이를 선과 신성함(divine)으로 보기 시작하였다. 시간이 지나면서는 미를 완벽함(perfection), 고귀함(nobility), 가치(worth)와 같은 것으로 보았고, 이러한 생각은 인간, 자연 및 신 사이를 더 가깝게 연결시켜 주는 결과가 되었다. 이같이 인간이 자연 및 신과 연결될 때 그 가치를 양적으로 측정할 수 없는 무한한 선이 창출되어 나오는 것으로 믿었다.

기원전 4세기 플라톤은 미를 절대적이면서도 영원하고, 그리고 지식과 진리의 원천이라고 했다. 다시 말하면, 미는 인간의 감각과는 상관이 없는 선이라는 것이다. 그리고 정신적 미가 육체적보다 우선하며, 이것이 바로 영원히 존재하는 무형의 형태(form)로 표현되는 것이라 하였다. 한편, 플라톤은 감각의 세계에서 볼 수 있는 사물의 미에 대해 많은 관심을 가지면서 그것이 질적으로 단일하거나 순수하면 미를 가지게 된다고 보았다. 이러한 생각은 숫자(number)들이 모여 우주의 화합(harmony)을 이룬다고 보는 피타고라스 철학(Pythagorean)으로부터 큰 영향을 받으면서 생기게 되는데, 이는 인간이 만들어내는 소리나 음악, 시보다는 보기 좋고 듣기 좋은 자연사물의 형태, 속성, 질서, 비율, 대칭 및 화합 등으로부터 예술적 미를 찾게 만들었다.

이러한 이유로 인해 그리스 사회는 인간이 만들어내는 것이 예술(poiēsis)이고, 이는 기술(techne)과 모방(mimēsis)의 의미를 동시에 가지는 것으로 보았다. 다시 말하면, 기술은 무엇을 만들어내어 형태를 갖기 때문에 목적달성이 되고, 모방은 실재나 추상의 사물 혹은 인간을 모방하여 다시 만들어낸다는 의미를 가진다는 것이다. 이 같은 그리스 사회의 생각과 관행이 현대예술의 시작이면서 출발이다.

아리스토텔레스는 미의 개념을 종전과는 조금 다르게 크기, 화합, 대칭, 기능, 적절성, 그리고 목적달성 등에 국한시키면서 이들 중 질서, 외모, 모양, 기능, 탁월성, 효율성 등을 매우 강조하였다. 시간이 지나면서 그는 행복이 가장 아름다우면서도 즐거운 것이고, 그것이 실천될 때 효용이 크게 증가하는 것으로 보았다.

그 후 로마제국 시대에 와서 스토아 철학은 미를 선과 덕목에 연결시키면서 같은 것으로 보았고, 이들이 서로 화합을 이룰 때 인간을 포함하여 세상의 모든 것이 아름다워진다고 하였다 곧이어 키케로는 미를 남녀 사이의 관계에 비유하면서 존엄(dignity)과 미모(comely)로 나누고, 여성의 미를 욕망의 대상으로 보았다.

3세기에 와서 롱기누스(Longinus)는 미를 장엄함(sublimity)으로 보았고, 플로티누스(Plotinus)는 대칭과 화합뿐만 아니라 부분들이 모여 만들어낼 수 있는 정신적 이상(ideal)이라고 하였다. 5세기에 아우구스티누스(Augustine)는 규칙성과 단순성으로 보면서 빛, 색깔, 탁월함(brilliance), 광휘(radiance), 명료함 등을 강조하고, 이들이 신의 단일성(unity)을 잘 나타내어 보여준다고 했다.

12세기에 그로스테스테(Grosseteste)와 보나벤투라(Bonaventure)는 빛이 어두운 세상을 밝혀주기 때문에 미의 원천이라고 하였다.

13세기에는 아퀴나스가 나와 여러 의미를 가지는 미를 통합하여 일관되게 하면서 미는 신의 존재와 영원성보다는 사물 자체와 그 형태가 주는 체험적 즐거움과 선이라고 했다. 따라서 미가 양적이면서도 목적과 연결되어 부분이 모여 만들어내는 단일성과 그 속성의 본질이 된다고 했다. 그리고 14세기의 기베르티(Ghiberti)와 15세기의 알베르티(Alberti)는 미를 질서, 측정 및 형태로 보았다.

르네상스 이후 16세기에 홉스는 질서와 신의 완벽성으로 보았으며, 데카르트도 신의 완벽성과 연결시켜 보려고 했다. 이들 철학자는 과학의 발달에 맞추어 인간과 자연 사이를 분리시킨 다음 이제까지 미를 자연과 인간 사이의 관계에서 보아 오던 관행으로부터 벗어나 인간에게만 국한시키려고 했다. 이에 따라 미가 이성(reason)보다는 인간의 감정과 경험 쪽으로 기울어지면서 이들의 작용에 따라 형성되거나 만들어져 나오게 되었다.

18세기에 와서도 이 같은 미와 예술의 의미가 계속되었다. 이때 나타난 허치슨(Hutcheson), 홈(Home), 알리슨(Alison), 흄(Hume), 버크

(Burke), 아담 스미스도 미와 예술이 화합, 규칙, 비율보다는 주관적이면서도 마음속으로부터 솟아 나오는 생명력과 표현, 기호(taste), 느낌, 즐거움 등이라고 했다. 특히 흄은 기호의 섬세함(delicacy)과 미의 판단이 사람에 따라 달라질 수 있을 뿐 아니라 사람이 그것을 어떻게 생각하거나 음미하는지에 따라서도 달라진다고 하였다. 다시 말하면, 자연에 대한 지식이 객관적인 데 반해 미와 선은 마음속에서 생겨 나오는 주관적 느낌이라는 것이다.

곧이어 나타난 바움가르텐(Baumgarten)은 흄의 개념에 따라 느낌에 의해 생기는 미를 미학(aesthetics)이라는 새로운 용어로 사용하기 시작했고, 그 결과 미가 전통적 의미의 미와 새로운 의미의 미학으로 나누어졌다.

그 후에 나온 칸트(Kant)도 이러한 의미와 개념을 더욱 발전시키는 측면에서 미를 예술의 가치와 자율성을 반영시키는 기준으로 보았다. 또한 그는 미를 과학과 윤리적 의미로부터 벗어나 이들과는 아무런 이해관계(disinterest)를 갖지 않는 일반적인 즐거움, 그리고 목적을 갖지 않는 무개념의 의미와 기호로 보았다.

이에 따라 미가 이익과 욕망의 대상이 되는 선으로부터 분리되면서 그 상징으로만 남게 되었다. 더 나아가 아름다움과 장엄함(sublime) 사이를 구분하면서 미를 기호의 만족, 질서 및 화합 등으로 보는 데 반해 장엄함을 매우 뛰어난 감정, 재능, 측정이면서도 즐거움과 단순한 재생산을 넘어서는 생산적 상상력이라고 하였다. 그러나 미학과 기호가 자유를 수반할 때는 이들이 장엄함과 재능을 능가하게 된다고 하였다.

칸트 뒤를 이어 나타난 낭만주의와 인식론이 서로 분리되면서 이들 중 한 쪽이 생산적 상상력, 장엄함, 추상성을 강조한 데 반해 다른 한 쪽은 철학적으로 이해하기 어려운 속성을 가진 것이 미와 미학이라고 하였다. 이에 따라 미학이 예술을 평가하고 판단하는 기준이나 잣대가 되는 것은 물론 이론도 되었다.

19세기에 쇼펜하우어(Schopenhauer)는 기호보다는 주관적 명상을 더 많이 담는 미학을 더 많이 강조하면서, 이는 아름답기 위해 무엇이 꼭 존재해야 한다는 조건을 요구하지 않는다고 보았다. 따라서 이는 사람이 느끼는 미학적 의식만을 필요로 하고, 이것이 생길 때 미가 생겨 나오게 된다고 하였다. 다시 말하면, 미학적 의식이 존재하거나 생겨 나와야만 미와 예술이 성립할 수 있다는 것이다. 이런 미학적 의식은 지식적 의식과는 구별되면서 마음의 힘이 강하게 작동하거나 움직일 때 생겨 나오게 되는 데 반해 마음속에 오래 머물지는 않는다고 했다.

20세기에 들어와 미학이 계속 강조되는 가운데, 미에 대한 관심을 가지고 일부의 학자들은 미의 중요성을 부각시키려고 했다.

예술철학자 디키(Dickie)는 미학을 세 개의 형태로 나누면서 그 발전을 설명하였다. 그 첫째는 벌로(Bullough)가 소개한 정신적 거리(psychical distance) 개념인데, 이는 인간의 작품보다는 자연의 현상과 상태에 대해 가지는 느낌이라고 했다. 따라서 이는 인간의 이해관계나 과학기술이 개입하게 되면 사라져 없어진다고 했다. 이에 인간과 자연 사이에 일정한 거리가 유지되면서 자연에 대해 정신적 느낌을 가질 때 미학이 성립하게 된다는 것이다.

둘째로 미학이 이해관계와 상관없는 주목(disinterested attention)에 초점을 맞추는데, 이는 자연과 예술에 이해관계 없이 순수하게 접근할 때 미학적 의식과 앎(awareness)을 가지게 만든다고 보는 것이다. 이러한 형태와 접근을 예술철학자 스톨니츠(Stolnitz)는 미학적 자세

(attitude)로 표현하였다.

마지막으로 알드리치(Aldrich)가 창안해 낸 미학적 지각(perception)인데, 이는 사물이나 예술작품을 볼 때 이들이 보여주는 것을 그대로 보는 지각이 바로 미학이라는 것이다.

디키는 이들 미학이론이 인간의 심리, 대상, 그리고 이에 따른 경험에 초점을 맞춤으로써 가치와 평가, 비판과 관련된 이해관계의 문제로부터 벗어날 수 없었다고 주장하였다. 또한 예술철학자 비어즐리(Beardsley)도 그 같은 이론들에 반대하면서 미학의 대상보다는 미학을 만들어내는 주체(화가와 연주자)가 중요하며, 이들이 어떻게 지각하느냐에 따라 미학이 생겨 나오게 된다고 주장하였다.

다음으로 미의 발달과 관련하여, 19세기 사회의 산업화는 인간으로 하여금 그때까지 가졌던 추상적이고도 순수한 느낌으로부터 벗어나 경험적·실용적 측면에서 미를 보게 만들었다. 다시 말하면, 미를 경험적 즐거움과 사물의 사용가치뿐만 아니라 전통적 개념의 선, 신성함 및 자연과 더불어 하이데거(Heidegger)와 아도르노(Adorno)가 주장하는 자유 및 진리와 리오타르(Lyotard)의 포스트모더니즘이 강조하는 다양성, 이질성 및 장엄함 등도 포함하는 다양한 의미로 보게 했다는 것이다.

이제까지 고대 원시사회로부터 현재에 이르기까지 인간이 마음속으로 느끼는 아름다움이 무엇이며, 이것이 시대의 흐름에 따라 어떻게 변하거나 발전하여 왔는지를 살펴보았다. 이러한 미와 미학을 고통과 상처에 연결시켜 보면 이제까지 인간이 미와 미학을, 고통과 상처를 치료하고 예방하기보다는 신이나 자연을 동경하면서 자기 자신을 순간적으로 즐겁게 만드는 수단으로 활용해 왔다는 사실을 알 수 있게 된다. 따라서 미와 미학이 인간으로 하여금 고통스러운 삶과 생활로부터 안락하고도 즐거운 삶과 생활로 유도해 갈 수 있는 능력을 키우기보다는 순간적인 환상 속으로 빠져 자기 자신마저도 완전히 상실하게 만들었다.

다음으로, 이상과 같은 미와 미학을 어떻게 표현하면서 밖으로 드러내 보이려고 했는지를 살펴보도록 하겠다. 이미 앞에서 본 바와 같이 그리스 사회는 인간이 무엇을 만들어낸 다음 그것을 밖으로 드러내 보이는 것을 예술이면서 모방이라고 했다. 이에 따라 이러한 예술이 그리스 시대로부터 현재에 이르기까지 어떻게 발달하여 왔는가를 검토할 것이다.

그렇게 하기 앞서 예술과 예술철학에 대한 정확한 이해가 필요한데, 최근 예술철학자 캐롤(Carroll)이 예술철학이 무엇인지를 비교적 자세히 설명하여 주었다. 고대 그리스 시대에서 현재에 이르기까지 예술철학의 개념은 그 시대의 철학과 문화의 변화에 맞추어 여러 형태로 바뀌어 왔다. 그러나 자연과학이나 인문학과는 상이하게 새로운 이론과 개념이 소개되면 그때까지의 이론과 개념이 완전히 폐기되거나 필요 없어지는 것이 아니고 그 기본은 계속 유지된다. 그 이유는 오랜 역사 속에서 특정의 시대에 유행한 예술과 예술철학이 다양한 속성이나 측면을 가지는 예술의 일부를 계속 잘 나타내 보여주기 때문이다. 따라서 예술은 철학과 문화로부터 많은 영향을 받으면서 변화하고, 그런 과정 속에서 다른 시대와 비교되는 차별화된 미의 특징을 나타내 보인다. 그래서 예술과 예술철학을 어느 측면에서 보느냐에 따라 많은 속성 중의 일부가 그 시대의 특징으로 나타나 유행하고, 그렇게 되면 그때까지 유행했던 속성이나 미의 특징이 뒤로 조금 물러서면서 그 자리를 새로 유행하는 속성이나 미의 특징에게 내어주는 것이다.

이러한 특징을 감안하면, 예술과 예술철학이 시대의 변화에 따라 그 본질보다는 그 바깥 모습만 바꾸면서 새롭게 나타내 보인다는 사실을 알 수 있게 된다. 또한 주목해야 할 것은 특정의 형태가 유행한다고 하더라도 예술가나 관객에 따라 새로운 형태보다는 옛날 것을 계속 고집한다는 사실이고, 이렇게 되면 여러 형태의 예술과 예술철학이 서로 공존하는 현상이 발생하게 된다.

캐롤 교수가 분류한 시대별로 유행된 예술의 형태를 보면, 모방예술(mimēsis 혹은 representation), 표현예술(expression), 형식예술과 신형식예술(formalism and neoformalism) 등의 순서이다.

첫째, 모방예술은 고대 그리스 시대부터 시작한 것으로서 플라톤은 시와 드라마에 많은 관심을 가지면서 이들은 어디까지나 현실이나 사실을 모방하여 나타낸 것에 불과하다고 하였다. 왜냐하면, 이들이 현실과 이상적 상태(ideal state)로 크게 벗어날 뿐 아니라 시민들을 정신적으로 흥분시키면서도 선동하기 때문이다. 그 후 아리스토텔레스는 플라톤의 생각이 조금 과장된 것이라 보면서 비록 드라마가 관객을 자극하여 흥분시킨다고 하더라도 모든 드라마가 그런 것은 아니라고 하였다. 비극적 드라마가 공포와 동정을 유발시키지만 이는 감정을 정화(catharsis)시키는 데 그 목적을 두기 때문에 크게 우려할 바는 아니라고 하였다. 더 나아가, 인간은 모방적 드라마를 통해 삶과 생활에 대해 무엇이 옳고 그른가를 배우고, 이러한 배움을 통해 즐거움을 가지게 된다고 했다.

그림에 있어서도, 이들 철학자는 사물이나 사람을 거울과 같이 비추어 보여주는 것이 그림이라 보았다. 그래서 그 당시 그리스 사람들은 사실에 가까운 혹은 잘 묘사해 주는 그림을 좋아하고 칭찬을 아끼지 않았다. 또 한편, 춤과 음악에 있어 이들은 드라마에 따라 오는 것으로 하나의 독립된 예술이라기보다는 드라마의 한 부분, 즉 예속되는 것으로 보았다.

한편, 고대 그리스 사회는 예술을 현재와는 전혀 다르게 전문기술을 가지고 무엇을 만들어내는 작업으로 보면서, 의학도 이에 포함되는 것으로 보았다.

이같이 플라톤과 아리스토텔레스로부터 시작한 모방예술은 18세기까지 계속 이어져 내려왔으나, 19세기에 낭만주의가 유행하면서 그때까지 지속되어 온 모든 모방예술에 의문을 나타내었다. 이들은 외부로 나타나는 현상이나 모습보다는 마음속에서 생기는 주관적 경험이 더 중요하다고 보았으며, 이를 외부로 잘 표출시켜 내보이는 것을 예술의 큰 과제로 보았다. 이것이 표현예술의 시작이었다.

이 당시 워즈워드(Wordsworth) 같은 문학가는 시가 폭발적 느낌을 밖으로 분출시키는 것이고, 이에 따라 시인은 다른 사람의 감정을 거울같이 모방하기보다는 자신의 느낌을 잘 정리하여 표출시키는 데 주력해야 할 것이라고 주장했다. 그래서 시인이 아름다운 자연을 볼 때 그것을 묘사하기보다는 그것에 대한 자신의 감정적 반응을 나타내 보이게 되는 것이라 했다.

이같이 표현예술이 유행하기 시작하자 그때까지 유행했던 모방예술이 조금 뒤로 물러서게 되었다. 그런데 표현예술이 인간의 내면세계에 과다하게 집착하자 사람들은 이를 그 당시 유행하던 과학과는 어떻게 비교할 것인가에 대해 많은 의문을 나타내었다. 이에 만약 과학이 자연을 거울같이 잘 드러내 보이는 것이라면 표현예술도 주관적 느낌과 경험을 거울같이 드러내 보이는 것에 불과하지 않느냐라고 질문을 했다. 이런 질문에 대해 톨스토이(Tolstoy) 같은 대작가는 표현예술이 감정을 전달하는 커뮤니케이션이 아니냐고 답했다.

20세기에 들어와 많은 비판들은, 표현예술이 자신의 느낌을 사람들에게 전달하는 데 목적을 둔다면, 이 예술이 처음부터 그런 의도를 가지고 감정을 만들어내면 사람들도 그런 감정을 그대로 받아들일 것인지가 의문이라고 하였다. 특히 레이너(Rainer)와 팩스턴(Paxton) 같은 안무가는 무용이 느낌의 전달보다는 관객으로 하여금 생각하게 만드는 데 목적을 두어야 한다고 반론을 제기했다. 왜냐하면, 사람들은 자신들의 특유한 가치관과 인생관을 가지고서 공연이나 연주회에 올 것인데, 어떻게 단순한 감정적 호소만으로 그들의 마음을 사로잡을 수 있을 것인지가 의문스럽기 때문이라 하였다.

이와 같은 모방예술과 표현예술의 허점과 이에 대한 비판을 감안하면서 그 대안으로 나온 것이 형식예술이었다.

이것이 근대예술의 시작인데 이는 큐비즘(Cubism)과 미니멀리즘(Minimalism)을 포함하면서 예술의 추상성에 초점을 맞추었다. 다시 말하면, 형식예술은 세상을 그대로 그리거나 표현하기보다는 이미지를 통해 그 형식, 구조 및 디자인을 나타낸다는 것이다.

이러한 추세는 20세기에 들어와 사진이 유행하기 시작하자 세상을 표현하는 것보다 그 방법에 매달리면서 형태, 공간, 선 및 색깔을 통해 느낄 수 있는 경험적 감정을 강조하였다. 그리고 이들 형식예술은 모방예술을 미 혹은 미학을 나타내는 하나의 방법으로 인정할 수 있지만 이는 어디까지나 일시적이고, 자신들만이 예술활동과 예술작품의 근본 속성이라고 주장했다. 또한 많은 예술비평가들도 형식예술이 이제까지의 예술보다 더 많은 장점을 가지며 예술의 속성을 거의 모두 함축하고 있다고 평가했다.

그러나 일부의 비평가들은 형식예술에 대해 문제를 제기하고, 자연이 어떤 형식을 스스로 가지기보다는 인간이 자연에 특정한 형식을 부여하면서 그 어떤 의미를 가지고자 노력하는데 그것이 과연 가능한 것이냐고 물었다. 다시 말하면, 모든 사람들이 보편적으로 받아들일 수 있는 특정의 형식이 과연 존재할 수 있는지, 만약 그것이 존재한다면 그것은 어디까지나 공식예술의 일방적 주장에 불과하지 않은지 의문을 나타낸 것이다.

이러한 비판으로 인해 형식에 내용을 포함시키는 신형식예술이 나타나 형식을 비롯해 세상 혹은 사물의 생기와 활기를 강조하기 시작하면서 형식과 내용 사이의 조화를 잘 표현하는 데 목적을 두고자 하였다. 좀더 자세히 말하면, 시각, 청각 및 리듬을 서로 적절히 결합시켜 관객으로부터 시선을 끄는 한편 이들에게도 감동과 즐거움을 준다는 것이다.

이에 대해 일부의 비판가는 모든 형식예술의 그림과 음악이 관객으로 하여금 반성적 혹은 통각적(apperceptive) 생각과 자세를 갖게 할 수 있는지 그 가능성에 대해 많은 의문을 나타냈다. 즉, 형식예술의 대부분이 목적과는 다르게 단순한 흥미와 미를 자극하는 데 그치고 있으며, 또한 신형식예술이 적절성을 거론하지만 이를 어떻게 측정하고 규정할 수 있을 것인지가 문제라는 것이다.

더 나아가, 형식예술이 관객으로부터 평가받는 것을 전제로 한다고 하지만 구체적 내용이 없는 추상적 형식만으로 그 내용에 대해 아무런 지식이나 정보를 갖지 않은 관객으로부터 정당한 평가를 어떻게 받아낼 수 있을 것인지도 의문이라고 하였다. 다시 말하면, 예술이 본래의 목적을 충실히 이행했는지 혹은 하지 못했는지도 모르면서 그 기능과 디자인을 어떻게 평가할 수 있느냐 하는 것이다.

이제까지 미와 미학에 이어 예술이 그 동안 어떤 의미와 내용을 가지면서 발전하여 왔는가를 살펴보았다. 앞에서 지적한 바와 같이 예술도 시대의 흐름에 따라 철학과 과학으로부터 많은 영향을 받으면서 발전해 왔다는 사실을 알 수 있다.

그런데 최근에 와서 학문뿐만 아니라 예술에서도 몸과 마음의 고통과 상처를 둘러싸고 많은 논쟁이 벌어지고 있다. 특히 20세기 초 논리적 실증주의가 유행하면서 과학철학이 대두하여 그 동안 많은 변화를 통해 그 개념이 애매모호해졌다는 이유를 내세워 예술을 공격하기 시작하자, 많은 예술철학자들은 예술을 체계적으로 분석하면서 미학과 예술이 과연 무엇이며, 어떤 조건이 충족될 때 보편적 의미를 갖고 일반인들이 쉽게 이해할 수 있게 만들 수 있을 것인지를 둘러싸고 많은 논쟁을 벌이고 있다.

또 한편으로 헤겔(Hegel)과 니체(Nietzsche)로부터 시작하여 푸코(Faucault)를 거쳐 리오타르와 데리다(Derrida)에서 그 모습을 완전히 드러낸 포스트모더니즘이 전통적 이성에 많이 의존한다는 이유를 내세워 근대예술에 강하게 도전하면서 큰 변화를 불러일으키자, 많은 예술철학자들이 긴장하면서 이러한 도전에 어떻게 대항할 것인지를 놓고 많은 고민을 하면서 대책 마련에 총력을 기울이고 있다. 이에 따라, 여기서는 현재 예술철학자들이 어떤 예술철학을 만들어내려 하고 포스트모더니즘이 도전하면서 불러일으킨 변화와 이에 대응하는 모더니즘의 대책부터 먼저 보도록 하겠다.

프랑스 철학자인 푸코, 데리다, 리오타르 등은 서구의 자본주의와 합리주의가 합리성, 권위, 상업성 등을 강조하면서 자본가, 엘리트, 귀족들의 이익을 보호하는 데 반해 저소득층의 사람들은 사회로부터 소외시키거나 배제시켰다고 비난하였다. 이러한 소외와 배제가 억압과 탄압을 몰고 오면서 제도권 밖에 혹은 주변부에 있는 사람에게 많은 고통과 상처를 안겨 주었다고 했다. 이에 따라 포스트모더니즘은 모더니즘을 해체한 다음 사회에 다양성, 지역성 및 대중성 등을 바탕으로 하여 평등하고도 자유롭게 살아갈 수 있는 삶과 생활이 마련되도록 해야 하고, 이러한 시도는 예술과 문학에서부터 시작해야 할 것이라고 주장하였다.

예술철학자 호이센(Huyssen)의 주장에 따르면, 1960년대 유럽과 미국에서 연주되거나 전시되는 음악회와 드라마에서 근대인간(modern man)이 항상 영웅으로 등장하여 세상을 지배하거나 통제하고, 근대예술이 사회를 발전시켜 나가는 원동력이라는 점을 과다하게 묘사한 데서 근대예술의 위기가 비롯되었다고 했다. 또 한편으로, 근대예술이 대학교, 미술관, 화랑 및 대형공연장 등을 완전 장악한 다음 자신들의 이익만을 증대시키는 방향으로 미와 미학을 오남용하는 한편 자신들의 고급예술(high art)만을 일반시민들이 받아들이도록 강요한 것도 크게 작용했다고 한다.

그 결과, 대중예술과 고급예술 사이에 갈등과 충돌이 발생하고, 이러한 마찰은 고급예술에 대한 반발과 저항을 불러일으키게 되었다고 하였다. 다시 말하면, 고급예술에 대한 반발과 저항이 포스트모더니즘이 대두하게 만들면서 근대예술을 타파하거나 개혁하는 프로그램 혹은 프로젝트를 내놓게 했다는 것이다. 즉 이제까지 고급예술과 고급문화가 누리던 특권을 빼앗은 다음, 이들을 대중문화 및 대중예술과 동등한 위치에 놓겠다는 것이다.

이 같은 포스트모더니즘의 프로그램 혹은 프로젝트를 좀더 구체적으로 살펴보면, 1960~1970년대에 예술가 뒤샹(Duchamp)이 나와 소변기를 거꾸로 돌린 다음 이를 '샘'(fountain)이라는 예술작품으로 만들었다. 이러한 시도는 소변기가 실제로 제작된 것은 1917년이지만 그 위치만 조금 바꾸면 얼마든지 예술작품이 되면서 미학적 가치도 가질 수 있다는 사실을 보여주는 데 그 목적을 두었다. 다시 말하면, 예술과 미학을 아무런 의미와 가치를 갖지 않는 중립적인 것으로 만들려고 하는 데 그 목적을 두었다는 것이다.

뒤샹의 소변기 경우는 그 당시 급변하는 사회의 모습을 보여주는 단순한 사례에 불과하고, 이 외에 일반대중이 매우 즐기는 팝(pop) 음악과 춤이 유행하면서 형식 없는 개방된 분위기와 그 속에서 자신의 느낌을 그대로 자유롭게 표출시키고자 하는 사회 분위기가 팽배해졌다.

이 같이 급변하는 예술과 문화를 지켜본 예술철학자 단토(Danto)는 예술이 드디어 그 종말에 왔다고 선언했다. 물론 그가 모든 예술이 중단되어 인간사회로부터 영원히 사라져 없어지는 것을 의미하지 않았고, 다만 고대 그리스 시대로부터 이어져 오던 맥이 끊기고, 그 자리에 새로운 형태의 예술이 지금 막 생겨 나오고 있다는 사실을 지적한 것이었다. 다시 말하면 쿤(Kuhn)의 패러다임 이동(paradigm shift)과 같이 새로운 패러다임의 예술이 탄생하고 있다는 것이다.

그 이유로는 근대예술과 19세기 정치적 동기를 가지고 시작한 미학이 대학 강단, 박물관, 대형 공연장 및 대형 화랑 등을 오랫동안 장악하게 되자 이들이 발전보다는 권력과 권위에 과다하게 욕심을 내고, 그렇게 함으로써 부패는 물론 깊은 침체와 위기에 빠졌기 때문이라고 하였다. 또한 예술가와 예술애호가들도 경제적 이익을 얻기 위한 예술 상업화에 과다하게 집착했기 때문이라고 했다.

더 나아가, 단토는 이 같은 근대예술의 부패와 위기가 철학으로 하여금 플라톤이 이미 언급한 것과 같이 예술이 단순히 모방하는 기술에 불과하다고 보게 만드는 원인으로 작용하게 되었다고 주장하였다. 이 같은 근대예술에 대한 철학의 멸시는 예술이 감당하기 어렵고, 이러한 천대와 멸시로부터 벗어나기 위해서는 무엇인가를 꼭 해야 하거나 찾아내야 한다고 했다. 그것이 바로 칸트가 제시한 이해관계가 없는(disinterest) 즐거움이고, 이는 철학적 이론보다는 느낌을 단순히 주고받는 표현을 통해 이루어질 수 있을 것이라 했다.

이와 같이, 위기에 빠진 예술에 대해 단토가 개탄하면서 새로운 방향을 제시하자 이에 대해 많은 예술철학자들이 호응하며 나름대로 새로운 방향을 모색하고자 하였다. 이때 제시된 방향을 요약하면 세 가지로 압축할 수 있다. 첫째, 단토가 강조한 헤겔의 변증법에 따라 자아의 정체성 발견과 이를 통해 본래의 자아로 돌아가야 한다고 주장하는 신표현주의(Neoexpression)이다. 좀더 자세히 말하면, 예술이 자아의 느낌을 모든 사람들이 알 수 있게 해야 할 뿐 아니라 그런 느낌을 모든 사람들에게 표현하는 데도 많은 노력을 해야 한다는 것이다. 그리고 복잡 다양한 사회문화 속에서 사람들이 서로 주고받을 수 있는 그런 느낌은 헤겔의 역사적 변증법에 따라 의식의 인지와 혁신을 통해 점진적으로 형성되어 나온다고 했다.

둘째는, 예술철학자 비어즐리가 주장한 예술의 메타비평(meta-criticism)이다. 그는 예술이 왜 위기에 빠지게 되었는지 그 이유를 우선 찾아낸 다음 그것에 상응하는 적절한 해결책을 마련해야 한다고 했다. 그렇게 하기 위해서는 예술이 무엇이며, 누구를 위해 존재하며, 그리고 미학이 무엇이면서 윤리도덕 혹은 문화와는 어떤 관계를 가지는지를 자세히 분석해야 할 것이라고 하였다. 좀더 자세히 말하면, 예술과 미학이 사실(is)과 당위성(ought to) 사이에서 많은 혼란을 불러일으키면서 모든 사람들로 하여금 잘못된 이해를 하게 만든다는 것이다. 왜냐하면, 일부의 사람들이 예술과 미학을 좋다 혹은 나쁘다라는 윤리도덕 측면에서 보려고 하는가 하면 이에 반해 다른 일부는 자기 자신을 중심으로 하여 예술은 예술을 위해 존재한다는 극단적인 생각도 하기 때문이라고 했다. 따라서, 앞으로는 예술과 미학이 자기 중심의 느낌으로부터 벗어나 관객이나 애호가를 배려하고, 그들이 긴장, 억압 및 갈등으로부터 벗어나 정신적 안정, 상호이해 및 동정 등을 갖도록 돕는 데 초점을 맞추어야 된다고 했다.

이 같은 비어즐리의 주장에 대해 예술철학자 슈스터만(Shusterman)과 엄슨(Urmson)은 이제까지 미학이 많은 논쟁의 대상이 된 것은 그 의미와 개념이 막연하거나 모호했기 때문이라고 지적하고, 이를 제거하기 위해서는 분석적 접근을 통해 더 간단하면서도 분명해지도록 만들어야 할 것이라 했다.

마지막으로, 예술철학자 루크마커(Rookmaaker)와 바레트(Barrett)가 주장한 포스트모더니즘이다. 이들은 현재 세계가 동질성, 획일성, 남성우월 및 보편성으로부터 벗어나 다양성, 이질성, 복잡성 및 주변성 등으로 옮겨가고 있는 사실을 감안한다면 예술과 미학도 낡은 형태의 모더니즘으로부터 벗어나 새로운 방향을 제시하는 포스트모더니즘 쪽으로 나아가야 할 것이라고 했다. 다시 말하면, 개별적이면서도 분산된 다양한 자아를 찾는 한편 이를 잘 표현하여 나타내 보여주는 방향으로 가야 한다는 것이다.

이상으로 예술과 미학이 포스트모더니즘의 도전에 대응하기 위한 해결책을 마련해 놓은 것을 보았다. 이제부터는 과학철학의 도전에 대해 어떤 대응책을 마련하는가를 살펴볼 것이다.

그 첫째가 예술철학자 데이비스(Davies), 스파쇼트(Sparshott) 및 캐롤이 주장하는 예술철학(philosophy of art)이다. 이들의 주장에 따르면, 형식에 초점을 맞추는 근대예술이 꼭 해석을 해야만 그 작품을 이해할 수 있게 만드는 것이 예술이나 미학의 목적, 작가의 의도와 속성, 그리고 미학적 경험(aesthetic experience) 등을 둘러싸고 많은 혼란과 논쟁을 불러일으킨다고 한다. 좀더 자세히 말하면, 예술작품, 예술과 미학의 속성 혹은 특성, 그리고 예술가나 관객의 자세와 태도 등이 사람에 따라 전혀 다르게 해석되거나 이해되면서 이들의 본래 의미가 모호해져 큰 혼란을 불러일으킨다는 것이다.

이에 따라 많은 사람들이 다른 사람이 전혀 이해할 수 없는 작품을 미학적 가치를 가진 예술작품이라고 우겨도 그것이 과연 예술작품인지 아닌지를 판단하기 어렵다고 했다. 따라서 일정한 필요충분조건을 만들어 이를 충족시키는 작품만을 미학적 가치를 가지는 예술작품이라고 보아야 한다고 주장하였다. 즉, 만약 그러한 조건을 충족시키면 그 작품이 예술작품이 될 수 있는 기본 조건을 갖춘 것이고, 그렇게 되면 해석으로 인해 발생하는 혼란과 오해로부터 벗어나 모든 사람들이 수긍할 수 있는 보편적 의미를 갖는 예술작품이 된다는 것이다.

이 무렵에, 오스본(Osborne), 웨이츠(Weitz), 디키(Dickie), 멘델바움(Mandelbaum), 슐츠(Schultz), 레빈슨(Levinson), 스톨니츠(Stolnitz), 슬레이터(Slater), 버드(Budd) 등과 같은 유명한 예술철학자들도 나와 예술과 미학의 개념이 분명하지 않아 많은 혼란을 불러일으키면서 근대예술을 위기로 몰아넣었다고 주장하면서 나름대로 대응책을 마련하였다. 이들이 제시한 방안을 유형별로 보면 신비트켄슈타인주의의 공개개념(open concept), 제도이론(Institutional theory), 그리고 역사주의 등이다.

첫째로 웨이츠가 주장한 공개개념을 보면, 이는 예술과 비예술 사이를 구별할 뿐 아니라 예술가와 관객 사이의 공통된 이해도 도출해 낼 수 있게 해준다고 하였다. 하지만 그렇게 하기 위해서는 비트겐슈타인이 설정한 분석철학의 기준에 맞추어 예술의 개념을 새롭게 만들어야 한다고 했다. 그리고 개념의 필요충분조건은 가족유사성(family resemblance)인데, 이는 일정한 조건을 만족시키는 작품이 곧바로 예술작품이 되는 한편 그 조건도 새로운 변화를 얼마든지 수용할 수 있도록 개방적이어야 한다고 하였다.

둘째로는 디키와 멘델바움이 주장한 제도이론이다. 이들의 주장에 따르면, 우선 공개개념의 가족유사성 이론이 너무 과다하게 공개적이면서도 일반적이 되어 모든 작품이 모두 예술작품이 되는 허점을 가진다고 비판하면서, 예술작품의 판단은 적절한 사회적 관행과 권위 있는 제도가 면밀히 심사한 다음 결론을 내려야 한다고 하였다.

마지막으로는 레빈슨과 캐롤이 주장한 역사주의이다. 이들은 우선 예술작품의 판단을 제도와 형식에 맡기면 불공정과 편견을 불러일으킬 가능성이 많다고 비판하면서 이는 매우 비민주주의적이라고 했다. 따라서 특정의 형식과 기준보다는 이제까지 이어져 내려오는 역사적 관행과 지식에 따라 결정하는 것이 매우 타당하다고 했다.

이들 외에, 최근에 예술철학자 빈클리(Binkley), 살츠(Saltz) 및 포터(Potter) 등이 제시한 디지털 이미지 예술(digital image art)이 있다. 이들의 주장에 따르면, 최근 IT 산업과 컴퓨터의 발달은 많은 사람들을 가상공간과 그 속에서 나오는 영상(image)에 매우 익숙하게 만들고, 여기서 형성되는 디지털 표상(digital representation)이 사물을 숫자형태로 전환시키는 한편 그 과정에서 특이한 미학적 느낌도 가지게 한다고 하였다. 즉, 디지털 미디어(digital media)가 사물을 추상적 개념으로 전환시키거나 전자의 파동을 멜로디로 만든다는 것이다. 따라서 디지털 영상에서는 서로 다른 이해로 인해 발생할 수 있는 혼란을 막을 수 있으면서도 미학적 느낌을 함께 가지게 된다고 했다.

이제까지 미, 미학 및 예술이 고대 원시사회로부터 현재에 이르기까지 어떻게 발전하여 왔는가를 간단히 살펴보았다. 여기서 나타난 사실은 옛날부터 인간은 예술과 미에 열중하면서 이들을 어떻게 이해하고 설명할 것인가를 둘러싸고 많은 논쟁을 벌였다는 것이다. 또한 이런 논쟁 속에서 예술과 미학으로부터 자신만을 위한 즐거움과 만족감을 얻어내려고 많은 노력은 하지만 이들이 삶과 생활에 어떤 의미를 가지면서 몸과 마음의 고통과 상처를 치료하거나 예방하는 데 어떤 도움을 주는지에 대해서는 전혀 생각하지 않았다는 것이다.

이 결과 인간은 예술과 미학으로부터 인한 즐거움과 만족감에 빠지면서 예술과 미학에 맹목적으로 복종하는 추한 모습을 보였다. 좀더 구체적으로 말하면, 고대 원시사회에서 인간이 미와 예술을 통해 그리움과 아쉬움을 달래고자 한 데 반해 고대 이집트 시대에 와서는 권위와 권력을 칭송하거나 과시하는 데 활용했다는 것이다. 그리고 고대 그리스 사회에 와서는 미와 예술을 자연이나 신으로부터 찾고자 하는 한편 그 가치도 인간의 지능으로 헤아릴 수 없는 그 무엇의 추상적 개념 혹은 효율성에서 모색하고자 했다.

13세기까지 이러한 생각과 자세가 계속되어 오다가 르네상스를 맞이하면서 예술과 미를 자신의 삶과 생활 속에서 찾고자 했다. 그러나 미는 생활 속에서 느끼는 단순한 즐거움으로 바뀌고, 또한 예술도 이를 충실히 표현해 주는 수단으로 전락하고 말았다.

18세기에 칸트는 인간이 아무런 이해관계 없이 자신의 기호만을 챙길 때 미를 느끼게 되는 것으로 보고, 이와 비슷하게 쇼펜하우어도 미를 주관적 명상에서 찾으려고 했다. 그러나 이러한 생각은 이해관계 혹은 이기주의를 둘러싼 분쟁을 매우 두려워한 나머지 예술과 미를 삶과 생활로부터 완전 분리시킨 다음 몸과 마음의 고통과 상처를 치료하고 예방하기보다는 밖으로 내팽개쳐지면서 인간 자신과는 아무런 상관을 갖지 않는 거추장스러운 일로 돌렸다.

예술과 미의 가치가 주관적 판단에 의해 결정되자 포스트모더니즘의 물결이 반발하면서 예술과 미학에 큰 변화를 불러일으켰다. 이에 사람들의 반응과는 아무런 상관없이 오로지 자신의 주관적 가치판단에 따라 기성품(ready made)이 미학가치를 가지는 예술작품으로 둔갑하는 기만과 사기까지도 나타나게 되었다.

이와 같은 미, 미학 및 예술의 발전, 그리고 모더니즘과 포스트모더니즘 예술 사이의 논쟁은 다음과 같은 의문을 갖지 않을 수 없게 만든다. 첫째로, 예술과 미학이 몸과 마음의 고통과 상처를 치료하거나 예방하는 데 필요한 안정감, 평온함, 생동감 및 정신적 활력 등을 마음속으로 불어넣어 주기보다는 자신의 이익을 챙기거나 혹은 순간적 쾌락을 즐기는 수단으로 전락하지 않았나 하는 것이다.

둘째로는 미학이 주장하는 이해관계의 굴레로부터 벗어난 즐거움이 몸과 마음의 균형을 회복시키기보다는 몸 쪽에 더 많이 집중하면서 몸의 즐거움만 더 많이 추구하고, 이런 불균형이 악의 순환고리에 얽혀 결국에는 몸과 마음을 모두 망가트리는 비극 속으로 빠트리게 하지 않는가 하는 것이다.

마지막으로 예술철학이 느낌을 서로 주고받을 수 있게 하는 예술과 미학이 바람직하다고 하지만 이는 심리철학의 물리주의가 주장하던 동일이론과 인지신경과학이 주장하는 인조지능 혹은 기능과 어떻게 다른가를 보여줄 수 있는가 하는 것이다. 여기서 만약 예술과 미학이 강조하고 싶은 주관적 느낌이 물리주의가 말하는 삼인칭 자아 혹은 의식이라고 한다면 이들은 기계적으로 생산해 낼 수 있는 즐거움과 미학적 느낌에 사로잡혀 일인칭 자아 혹은 의식을 완전히 상실하게 되는 것이다.

2
종교와 종교철학

　종교라고 하면 기독교, 불교, 이슬람교 및 토속신앙을 연상하게 된다. 그리고 이들 종교에게 사람들이 가장 먼저 해야 할 일이 무엇이냐고 물어보면 서슴없이 무조건 믿는 것이라고 답한다. 특히 기독교의 경우에는 하느님을 믿어야 천당에 간다고 강하게 주장한다. 신은 전지전능하면서도 영원하고, 자신을 믿는 사람에게는 축복을 내리며 천국으로 갈 수 있도록 인도해 준다는 것이다.

　불교의 경우에도 크게 다르지 않다. 부처님 앞에 가서 경건한 마음으로 절을 하면서 소원을 말하면 그것을 들어주신다고 한다. 다만 일상생활 속에서 살상을 하지 않는 것은 물론 훔치거나 거짓말을 하지 않는 사람의 소원을 더 많이 들어준다고 한다. 토속신앙도 비슷하다. 큰 산에 산신령이 있어 소원을 간청하면 들어준다고 하거나, 하늘에 하느님이 계셔서 좋은 일을 하면 상을 내리고 나쁜 일은 하면 벌을 내린다고 한다.

그래서 사람들은 개인 혹은 집안에 큰 걱정거리가 생기거나 식구가 중병에 걸려 눕게 되면 곧장 교회나 절로 달려가 신이나 부처에게 빌면서 모든 일이 잘 해결될 수 있게 해달라고 소원을 말하며 기도한다. 이같이 기도하면서 그 동안에 많은 죄를 짓고 잘못을 했다고 생각하는 사람은 크게 뉘우치면서 앞으로는 그 같은 잘못된 일을 반복하지 않겠다고 맹세한다. 이에 반해 무엇을 잘못했는지를 미처 생각해 낼 수 없거나 깨닫지 못하는 사람의 경우는 무조건 잘못했다고 빌면서 용서를 구한다.

이같이 신 혹은 부처 안에 가 자신의 잘못을 뉘우치면서 앞으로는 절대로 하지 않겠다고 맹세하는 것은 매우 바람직한 일이라 할 수 있겠다. 왜냐하면, 우선 자신의 맹세를 지키거나 실천하게 되면 많은 사람들이 함께 살아가는 사회 속에서 범죄는 물론 조그마한 말다툼도 발생하지 않게 되어 모두가 편안한 몸과 마음을 가지면서 안락한 삶과 생활을 할 수 있기 때문이다.

이와 같이 신과 부처를 믿어 삶과 생활 속에서 즐겁고 편안한 몸과 마음을 가질 수 있다면 이는 매우 다행스러운 일이라 하지 않을 수 없다. 만약 그렇게 되면 질병은 물론 사회범죄도 크게 줄어들 것이고, 또한 많은 대형 의료시설과 제도는 물론 많은 공권력도 필요 없게 될 것이다. 더 나아가, 이런 현상이 세계적으로 확산되어 나간다면 크고 작은 전쟁도 없어지면서 모두가 함께 어울려 평화롭게 살아갈 수 있을 것이다.

그러나, 앞에서 이미 지적한 바와 같이, 이 지구에 인간이 나타나 살아가기 시작하면서부터 많은 질병, 범죄 및 전쟁 등이 일어나거나 생기고, 인구가 늘어나면 늘어날수록 이러한 것들이 급속히 증가하고 있다. 현재 사회가 복잡 다양해지자 살인, 강도, 강간, 사기와 부정부패 등이 난무하거나 급증하면서 삶과 생활을 매우 고통스럽게 만들고, 또한 이름 모를 질병이나 난치병도 계속 생겨 나와 생명 자체도 크게 위협받고 있다. 그리고 세계적으로는 엄청난 파괴력을 갖는 핵폭탄을 만들어 지구의 모든 생명체를 한순간에 말살시켜 버리겠다고 야단이다. 또 한편으로 급속한 산업화로 인해 환경이 크게 파괴되거나 오염되면서 인간의 존재 자체마저도 거부하기 시작하였다.

신과 부처가 나와 인간이 몸과 영혼을 구제하겠다고 약속하고, 이에 맞추어 인간도 신과 부처의 말씀대로 착하고 선한 행동만 하겠다고 맹세하였음에도 불구하고, 질병, 범죄, 전쟁 등과 같은 나쁜 일들이 왜 계속 발생하여야만 하는지 그 이유에 대해 많은 의문을 가지게 한다. 다시 말하면, 이제까지 언급한 의학, 교육, 예술보다도 종교가 몸과 마음 사이의 불균형을 해소시키는 것은 물론 이들의 고통과 상처를 치료하고 예방할 수 있는 능력을 가졌는데 불구하고, 왜 치료 혹은 예방을 하지 않으려고 하는지가 매우 의문스럽다는 것이다. 이에 여기서는 종교가 고대 원시사회에서 생겨 나와 그 동안 인간의 삶 및 생활과 더불어 어떻게 발전하면서 현재에 이르게 되었는지를 살펴본 다음, 몸과 마음의 고통과 상처를 치료하고 예방하지 못하는 이유를 검토해 볼 것이다.

앞에서 이미 언급한 바와 같이, 인간은 오랜 진화과정 속에서 두뇌의 발달로 인해 높은 지능을 가지기 시작하고, 이에 따라 도구와 언어를 사용하는 한편 추상적 의미를 담는 그림과 조각품도 만들어냈다. 이런 가운데서 사물이나 자연현상을 보고 느끼면서 생각하고, 그것에 맞추어 행동하거나 혹은 하지 않으려고 했다. 그 같은 행동을 하는 이유는 그것이 자신의 삶과 생활 혹은 생존과 번식에 위험하거나 이득을 가져다주기 때문이었다. 따라서 이득을 가져다주는 것은 계속 생기거나 일어나기를 기대하게 되고, 이에 반해 위험이 되는 것은 적극 피하거나 멀리하고자 했다.

이런 행동과 생각이 생활 속에서 반복되자 이를 관행과 믿음으로 받아들이면서 꼭 해야 할 행동과 하면 안 될 행동 사이를 구분하기 시작했다. 이러한 구분이 후손으로까지 계속 이어지면서 풍습이 되자 그 사물과 현상에 대해 두렵거나 성스러운 신비감을 가졌다. 더 나아가, 그것들이 상상을 초월하는 대단한 위력을 발휘하여 보여줄 경우에는 자신의 생명을 빼앗아 가거나 혹은 생명을 다시 돌려 줄 수도 있다고 믿기 시작하였다. 이 같은 믿음을 고대 원시인간들이 모두 똑같이 가졌던 것은 아니고, 지역과 환경에 따라 큰 차이를 나타내었다. 그리고 이 당시는 매우 두렵거나 혹은 성스럽게 보이는 사물과 현상이 인간과 같이 생명을 가지면서 죽음을 초월하여 영원히 존재하는 것으로 보았다. 따라서 그 당시의 믿음은 매우 다양하면서도 복잡했다.

이러한 복잡 다양성 속에서 여러 지역과 종족을 통해 거의 공통적으로 큰 힘을 갖고서 인간에게 엄청난 위력을 나타내 보일 수 있다고 믿었던 사물과 자연현상은 하늘, 태양, 달, 땅, 산, 바위 및 바다 등이었다. 이들 사물과 현상에 대한 믿음은 신석기시대가 끝날 무렵까지 계속 이어졌고, 그 후 기독교, 불교, 유교 등과 같은 고급종교가 나타나 이들 믿음과 혼합되거나 혹은 이들을 몰아내면서 새로운 믿음의 대상이 되기 시작하였다. 물론, 이때 이들 토속신앙이 완전히 사라져 없어진 것이 아니고, 지역에 따라서는 고급종교와 공존하면서 지금까지도 내려오고 있다.

여기서는 현재 많은 사람들이 믿는 기독교, 불교, 유교 및 이슬람교에 대해 조금 알아보도록 하겠다. 우선 기독교에 있어, 예수 그리스도에 의해 기독교가 시작한 시점을 기준으로 하여 기원전(BC)과 기원후(AD)로 구분하는 한편, 성경의 경우도 그 이전을 구약성서(Old Testament)라 하고 그 후의 것은 신약성서(New Testament)라고 한다.

기원전 1500년 전후로 팔레스타인 지역에서 이스라엘 종족이 이웃 종족과 마찬가지로 자신들만의 믿음을 가졌는데 그것이 유대교(Judasim)이었다. 이 종교에는 다른 종교와는 다르게 모세(Mose)와 같은 많은 예언자들이 있었는데, 이들이 예언한 말들을 모아 담은 것이 구약성서이다. 이스라엘 종족은 여호와를 높이 평가하면서 신으로 모시고, 그 다음의 왕들도 여호와 신의 뜻을 따라 계속 자연질서의 보존과 정의의 실천에 주력하는 한편 노약자의 보호와 비옥한 땅을 만들기 위한 토지개량에 열중하였다.

그 후 기원전 1200년경에 사울(Saul)이 나와 왕이라 자처하고, 곧이어 여호수아(Joshua)의 지도에 따라 모세가 이집트로부터 탈출한 다음 소수의 사람들을 이끌고 가나안(Canaan)으로 돌아왔다. 이때 모세는 여호수아에게 사울과 그의 군대는 물론 가나안 종족의 침입에 대해서도 두려워할 것이 없다고 안심시켰다. 그렇게 한 것은 그가 여호와 신의 힘을 빌려 하늘에서 큰 우박이 쏟아져 내리게 하거나 땅을 요동치게 하여 적을 물리칠 수 있다고 믿었기 때문이었다. 이 같은 모세의 주장에 따라 여호와 신이 가나안 종족의 신들보다 더욱 막강한 신으로 받아들여지고, 이러한 사실이 확고한 믿음으로 이어지면서 여호와 신은 더욱 더 신성화되었다. 하지만 이스라엘과 가나안 사이의 대립과 갈등이 오랫동안 지속되면서 많은 다툼과 싸움이 일어났다.

기원전 1000년경에는 엘리야(Elijah)와 엘리사(Elisha)라는 두 예언자가 나왔으며, 그 후 이사야(Isaiah), 예레미야(Jeremiah) 및 아모스 (Amos) 등의 예언자들이 계속 나와 왕의 폭정과 탄압에 맞서 백성들을 보호하는 한편 살인, 강간, 절도 등과 같은 범죄를 저지르지 않도록 했다.

기원전 6세기경에는 정치적·도덕적으로 부패한 이스라엘이 바빌론에 의해 멸망되면서 신전들이 파괴되거나 불태워졌다. 이때 많은 이스라엘 사람들이 이웃나라로 도망가거나 피난을 하는 한편 여호와 신에 대한 믿음도 포기하면서 정복자의 신을 받아들여 믿었다. 마지막 예언자인 에제키엘(Ezelkiel)은 추종자를 데리고 바빌론에 정착하는 한편 이스라엘 사람들을 위로하고 희망을 주기 위해 여호와 신의 존재를 계속 강조하고, 그가 곧 새로운 삶과 생활을 할 수 있도록 해줄 것이라고 예언했다. 특히 에제키엘 예언자는 신에게는 불가능이 없고, 그렇기 때문에 해골과 뼈가 살을 다시 찾으면서 생명도 가지게 된다고 주장하였다.

그 후 이스라엘 종족은 다시 국가를 찾게 되었는데, 이에 솔로몬 (Solomon) 왕이 시온(Zion) 산의 언덕에 신전을 세우고 여호와 신을 다시 모셨다. 이 신전이 세계의 중심이 되면서 성역화되었고, 이에 맞추어 여호와 신에 대한 숭배가 한층 더 높아지면서 국가종교로 발돋움했다.

이같이 유대교가 성립하고 구약성서도 세상과 인간이 7일만에 창조되어 나오는 과정을 설명해 주었다. 최초의 인간 아담과 이브가 신과의 약속을 어기게 되자 최초의 죄(the original sin)를 저질렀는데, 열매를 따먹은 다음 자신들도 신이 되겠다고 한 행동이 신에게 도전하는 가장 큰 죄악(the greatest sin)이 되었다. 이 같은 죄악을 범하게 되자 이 땅에서 낙원이 사라져 없어지는 한편 삶과 생활의 조건도 나

빠져 수치심과 악마가 생겨 나오게 되었다.

기원 후 1세기에 세례 요한(John the Baptist)이 요르단 지역을 지나면서 사람들에게 죄에 대한 용서를 구하기 위해 세례받을 것을 크게 외치는 한편 다른 사람들에게 따뜻한 동정심과 생활의 덕목을 갖도록 설교했다. 이 같은 요한의 설교에 많은 이스라엘 사람들이 열광하고, 이때 갈릴리(Galilee)의 나자렛(Nazareth)에 사는 예수(Jesus)가 다가와 요한으로부터 세례를 받았다. 그 즉시 요한은 예수가 구세주라는 사실을 알았다. 이같이 세례를 받게 되자 예수는 하늘에 계신 신의 아들이면서 신의 정신도 가지고, 세상에 내려와 인간을 구원하는 신이 되었다.

그 후 예수는 설교와 세례를 주는 한편 병든 사람을 치료해 주거나 어려운 사람에게 도움과 음식을 나누어주었다. 이로 인해 마법사나 광신자로 오해받고, 또한 많은 군중들이 그를 뒤따르면서 예언자 왕이라고 숭배하기 시작하자 로마제국으로부터 많은 의심을 받으면서 십자가에 못 박혀 죽게 되었다.

이같이 신의 아들로서 구원을 주기 위해 이 세상에 나온 예수 그리스도가 죽자 그의 제자 바울(Paulus)과 베드로가 그의 뜻과 복음을 전파하기 시작하고, 이에 많은 사람들이 귀를 기울이면서 믿으려고 했다. 특히 베드로는 이스라엘 사람들에게 자신과 동료들이 예수 그리스도의 부활을 목격했다고 증언하면서 그것은 하늘에 계신 신에 의해 이루어진 것이라고 하였다. 모든 사람들이 자신의 죄를 용서받기 위해 예수 그리스도의 이름으로 세례를 받으면 성스러운 정신을 선물로 받게 될 것이라고 주장하였다.

이같이 복음을 전파하는 과정에서 엄격한 율법과 예식을 강조하는 것을 유대적 기독교 신앙이라 하고, 이에 반해 다소 느슨한 율법과 예식을 권하는 쪽은 헬렌주의자(Hellenist)라 했다. 그리고 바울 사도와 같은 적극적인 기독교인들이 로마사회 속으로 깊숙이 파고 들어가 선교활동을 하기 시작하자 수많은 추종자들을 모을 수 있을 뿐 아니라 확고한 신앙의 기반도 구축하게 되었다.

기독교는 10세기를 넘어서면서 스콜라 철학에 의해 더욱 체계화되었는데, 이 철학은 마음이 모든 사물의 근원이고 이로부터 영원한 세계가 펼쳐진다고 믿었다. 13세기 교황 그레고리 4세와 아퀴나스가 아리스토텔레스의 자연주의 사상을 받아들이자 인간의 이성보다는 진리가 더 중요한 것이라 믿기 시작하고, 이를 찾기 위해서는 경험과 지혜가 필요하다고 보았다. 따라서 경험과 지혜가 전제로 될 때 자율성은 물론 믿음도 더욱 깊어진다고 했다.

이렇게 천 년이라는 오랜 세월을 통해 기독교는 확고한 기반을 구축하였고, 또한 절대적 영향력을 행사하면서 세계적인 종교로 발돋움하였다.

다음으로 불교에 대해 살펴보면, 이 종교도 세계적 신앙으로서 그 영향력이 대단하다. 특히, 최근에 서구사회가 불교에 대단한 관심을 가지기 시작하자 그 내용이 더욱 자세히 알려지면서 깊은 신앙심을 갖는 사람도 크게 늘어나고 있다.

기독교가 예수 그리스도를 전지전능한 신으로 모시면서 왕과 귀족의 독재와 탄압으로 도탄에 빠진 이스라엘 종족을 구원해 달라고 기도를 드린 데 반해 불교는 험악하고 혼란한 생활 속에서 많은 고통을 받는 사람들이 자신의 감정을 억제하거나 극복하는 방법을 가르쳐주었다. 따라서 기독교가 집단 혹은 공동체의 의미를 담고 있는 데 반해 불교는 개별 개인의 감정과 그 속에 담긴 고통을 억제하거나 조절하는 데 초점을 맞추는 종교이다. 이에 공동체와 개인이라는 점에서 보면 이들 신앙이 서로 다르지만, 육체적 및 정신적 고통으로부터 벗어나고자 노력하는 측면에서는 비슷하다.

불교가 형성되는 데 많은 영향을 미치고 그 토대가 된 것은 인도의 원시신앙이다. 기원전 12세기 유럽 대륙으로부터 이동해 온 아리안 종족은 토착민을 억압하고 통제하며, 자신들의 생활과 관습에 동화되어 오도록 적극 유도했다. 이에 따라 처음에는 공존이 필요했고, 그런 다음에는 상호간의 결합을 위한 종교적 의식과 행사가 필요해졌다. 이때 이들이 많이 숭배하던 것은 하늘이다. 이는 높은 곳에 있고 밝았기 때문에 초월적이면서도 막강한 창조적 힘을 가졌다고 믿었다.

시간이 지나면서, 하늘 외에 태양, 물, 바람 등을 신으로 모시기 시작하고, 이들 신을 숭배하기 위해서는 노래와 춤을 통해 자신들의 의사를 전달해야 한다고 보았다. 그렇게 되면 신이 축제에 참석하여 인간과 더불어 즐긴다고 믿었다. 그 후 축제 때 신에 대한 숭배로서 부른 노래와 춤이 관행화되면서 신에 대한 의식으로 받아들여졌다.

그 후 아리안 종족은 남쪽으로 계속 밀고 내려가면서 영토를 확대했고, 토착민과 공존하기 위해 신앙과 생활양식이 서로 결합되도록 노력했다. 이것이 결실을 맺게 되면서 아리안 종족의 침입이 성공적으로 끝나게 되자 베다 시대(Vedic age)가 열리면서 베다 경전(Veda)도 만들어져 나왔다. 그러나 시간이 지나면서 하늘을 신으로 숭배하던 신앙이 사라져 없어지고, 그 대신 여러 신들 중에서 바루나 신이 들어와 우주를 관장하는 최고의 신이 되었다.

신들 사이에서 최고의 자리를 쟁취하기 위한 싸움이 계속되고, 이에 데바스(Devas)가 권력을 잡으면서 새로운 최고의 신이 되자 바루나 신은 왕의 모습으로 변하면서 지구와 인간만을 관장하게 되었다. 이 당시 바루나 신 외에 아그니, 인드라, 소마 및 미트라 등과 같은 여러 신들이 서로 공존하면서 인간과 관계를 맺고 있었다.

기원전 7세기에 이상과 같은 브라만(Brahman) 시대와 문화에 큰 변화가 일어났는데, 이때 인간이 자신을 쳐다보면서 느끼는 자아와 생활을 통해 느끼는 고통이 무엇인가를 생각하기 시작하면서 이 고통으로부터 자유로워지는 방법을 찾고자 했다. 이에 고통의 발생원인을 우주 차원에서 찾으려는 우파니샤드(Upanisad)의 범신론이 나타났고, 이들은 강한 정신력만 가지면 어떤 고통이나 곤경도 극복할 수 있는 힘을 가진다고 믿었다. 그리고 이러한 힘을 가지면 인간은 스스로 행복해지면서 다른 사람에게 동정을 줄 수 있는 마음도 가진다고 보았다.

이들이 주장한 핵심은 우주가 브라만의 마술적 힘에 의해 창조되고, 이 마술의 힘이 바로 인간을 아무것도 모르게 되는 무지 속으로 몰아넣으면서 장님으로도 만들었다는 것이다. 따라서 마술적 힘이 바로 무지이며, 이는 바깥세상을 꿈과 같은 환상적인 것으로 보이게 만든다고 하였다.

기원전 4세기에 승려 스베타스바타라(Svetasvatara)가 나타나 상키야(Sankhya) 학파와 요가(Yoga) 학파에 대한 원리를 설명하면서 고통으로부터 벗어날 수 있는 방법은 정신이 어떤 상태에 있느냐에 따라 결정된다고 주장하였다. 이에 상키야 학파는 지식을 강조한 데 반해 요가 학파는 명상의 기술을 내세웠다. 하지만 이들 학파는 세상의 여러 현상이나 형태가 자아가 자기 자신을 모르거나 망각할 때 나타나거나 형성되고, 이것이 바로 고통이라고 했다. 이때 이 고통으로부터 자아가 구출될 때 창조가 원초적 본질 속으로 돌아갈 뿐 아니라 자아도 세상의 사물과 생활로부터 벗어나면서 그것에 대해 무관심해진다고 했다. 다시 말하면, 자아가 자아로 돌아갈 때 정신이 감정적 욕구와 욕망뿐만 아니라 의식으로부터도 자유로워진다는 것이다.

여기서 원초적 본질(primary substance)은 정신과 같이 영원하면서도 역동적·창조적 에너지를 가지고, 이 에너지가 객관적 사물, 주관적 감각, 그리고 의식 및 지능 등을 동시에 만들어낸다고 하였다.

이들 학파는 인간이 이 같은 원초적 본질과 그로부터 파생되어 나오는 정신 사이의 관계를 정확히 알지 못하면서 이에 대해 착각을 일으킨다고 주장하였다. 이에 따라 감각적 자아 혹은 정신으로부터 그 근본이 되는 원초적 본질을 찾아내는 것이 중요한데 그렇게 하려면 큰 각성(awakening)이 생겨야 가능하다고 했다.

이 무렵에 태어난 석가모니는 카필라 왕국을 떠나 고행의 길로 들어섰고, 6년이 지나는 동안 상키야의 철학과 신앙, 그리고 요가의 기법을 비롯하여 참선마저도 통달하였다. 그는 숲 속의 보리수나무 밑에 앉아 깊은 참선 속에서 여러 유혹과 고통을 이겨내고, 그런 가운데서 본질과 정신 사이를 연결시켜 주는 고리 혹은 진리를 발견하는 큰 각성을 했다. 그 후 석가모니는 자신의 깨달음을 알리기 위해 여러 곳으로 돌아다녔는데, 이에 많은 추종자들이 모여들어 깨달음의 진리를 배우면서 이를 또 다른 사람에게 전파하기 시작하자 불교가 탄생하게 되었다. 이에 따라 불교(Buddhism)는 깨달음을 가장 높이 평가하는 신앙이 되었고, 부처(Buddha)는 깨달은 사람을 의미하게 되었다.

석가모니 부처는 이 세상에 존재하는 모든 것은 다섯 개의 범주 혹은 집합(Skandhas)으로 나눌 수 있다고 보았다. 그 첫째는 감각적 물질의 전체이고, 둘째는 육체적 감각이며, 셋째는 지각과 인지적 현상이라 하였다. 넷째는 의식적 및 무의식적·심리적 작용이고, 다섯째는 감각과 정신을 통해 만들어지는 지식과 사유라고 했다.

다음으로 유교, 도교 및 오행을 보면, 우선 이것이 종교다, 아니다 를 둘러싸고 많은 논쟁이 벌어지고 있다. 신앙으로 볼 수 없다는 주 장에 따르면, 유교가 거의 대부분의 종교들이 가지는 신이나 창조주 와 같은 믿음의 대상을 갖지 않을 뿐 아니라 그 내용도 인간의 행동 과 사람들 사이의 관계에 집중되어 있다는 것이다. 이에 반해 종교로 보는 견해는, 유교가 시간이 지나면서 도교 및 불교와 융합하여 종교 적 색깔을 나타내기 시작했다고 주장하였다. 여기서는 이 같은 논쟁 과는 상관없이 마음의 작용으로 나타나는 믿음과 신앙의 측면에서 살 펴보도록 하겠다.

기원전 15세기에 중국은 하, 은, 주라는 국가가 세워지면서 시작되 고, 황하와 양자강을 끼고 넓은 평야를 가지게 되어 일찍부터 농업 위주의 생활을 했다. 따라서 옛날부터 내려오는 관습과 전통이 매우 중시되는 한편 가족을 기초단위로 하는 부족공동체가 필수적이었다. 이에 가족 혹은 부족의 우두머리가 삶과 생활의 안전에 책임을 지는 데 반해 구성원들은 그의 지시에 복종하면서 따라야만 했다. 이 같은 생활 속에서 가족 혹은 부족의 손윗사람에 대한 공경심이 대단하고, 시간이 지나면서 이것이 숭배로 발전하면서 생활에 결정적인 역할을 하기 시작했다.

한편으로, 해, 달, 별 등을 비롯하여 산, 강, 그리고 천둥번개 등과 같은 자연의 사물과 현상에 대해 많은 두려움을 가지면서 이들이 큰 힘을 가진 매우 신비스러운 존재라고 믿었다. 다시 말하면 이들이 큰 힘을 가지고서 인간의 삶과 생활에 좋거나 나쁜 일이 일어나게 할 뿐 아니라 자신들을 신으로 모시면서 숭배하면 항상 좋은 일만 일어나게 해준다고 믿었다는 것이다.

이같이 하늘에는 상제라는 최고의 신이 있고 이를 숭배하는 신앙이 발달하자, 왕이 나와 백성과 제후들을 슬기롭게 다스리겠다는 자신의 맹세를 나타내 보이는 뜻에서 하늘에 대해 제사를 지냈다. 얼마 후에 선조의 위령을 크게 받드는 한편 이들로부터 가호를 받기 위해 종묘를 세워 제사를 지내고, 큰 산과 큰 강에도 제사를 지냈다. 그 후 진나라 때에 와서 왕을 황제하고 부르는 한편 천자라고도 했는데, 이는 하늘에 최고의 신인 상제가 있고 땅에는 그의 아들인 천자가 있다는 의도를 나타내 보이기 위해서였다. 이같이 왕이 천자로 자칭하면서 상제에 대한 숭배를 강화시켜 나가자 하늘에 대한 믿음과 신앙은 한층 더 깊어져 갔다.

이런 가운데서 중국 사람들은 세속적 삶과 생활을 초월하기 위해 조용히 앉아서 사색을 하는 한편 물질적 욕망을 억제하려고 하였다. 이렇게 하기 위해서는 정신적 결심이 필요한데 이는 초인간적 존재자로부터 도움을 받을 때 가능하다고 보았다. 이러한 믿음을 신앙으로 끌어올린 것이 신선사상 혹은 도교(Toaism)이고, 그 후 불교가 전래되면서 많은 영향을 받아 체계화되었다.

또 한편으로, 하, 은, 주 시대에 오행에 관한 사상이 나타났다. 이는 하늘에 다섯 개의 기(오행)가 있고, 따라서 땅 아래에 있는 사람은 이들의 움직임에 순응하여 살아가는 것이 좋다는 믿음이다. 오행은 목, 화, 토, 금, 수의 순서로 이루어지는데, 만약 이 순서에 변동이나 이상이 생기면 이들 상호간에 충돌이 일어나면서 인간의 삶과 생활을 어렵게 만든다고 믿었다. 이에 반해 그 순서가 잘 지켜지면 건강은 물론 운세도 좋아진다고 했다.

노나라에서 태어난 공자는 제후들 사이의 싸움을 막는 한편, 왕에게 충성을 바치기 위해 모든 사람들로 하여금 자신의 삶과 생활 속에서 인(仁)을 실천하면서 이를 최고의 덕목으로 삼을 것을 권유했다.

이같이 인의 필요성을 강조하였지만 공자는 인의 의미에 대해 구체적으로 언급하지 않았고, 그 대신 이를 실천하는 방법에 대해서는 많은 설명을 하였다. 얼마 후 공자의 제자와 추종자들이 설교의 내용에 따라 친애, 지성, 무차별적 구제, 그리고 이타적 행위 등 네 개의 의미로 압축시켰다. 그리고 이것이 증자, 맹자, 순자, 묵자로 이어지면서, 인간이 태어날 때부터 선하다거나 혹은 악하다는 상반된 견해도 나오기 시작하고, 묵자는 서로 미워하기보다는 사랑해야 한다는 겸애(兼愛)를 주장했다.

기원전 2세기와 기원전 7세기 사이에는 인(仁), 예(禮), 지(智)의 교리와 사상을 발전시키기보다는 유학자들이 서술한 경전을 탐독하고, 또한 국가도 학교를 세워 경전에 대해 많은 연구를 하게 하였다. 이후 학자는 경전에만 몰두하는 학자와 정치에 개입하는 학자로 나누어지게 되었고, 왕충 같은 경전학자는 유물론을 믿으면서 세상의 만물이 음양의 기가 서로 결합할 때 만들어지고 사람이 죽으면 그 영혼은 육체와 더불어 영원히 사라져 없어진다고 했다.

9세기 송나라 시대에 와서 큰 변화가 일어나면서 맹자의 가르침으로부터 새로운 원리를 찾고자 하고, 이에 이기설(理氣說)이 나왔다. 그러나 이는 불교를 인용하여 유교에 우주론을 접목시킨 것에 불과하였다. 이에 정호, 정이 및 주희 등과 같은 유학자들이 나와 태극론을 개발하고, 태극에 음과 양이 있는 한편 세상의 만물이 기(氣)로 구성되지만 그 출발은 이(理)로부터 시작하는 것이라 했다.

14세기 명나라 시대에도 유교에 대한 연구가 활발히 진행되면서 송나라의 유심론에 대한 비판이 거세어졌다. 호거인과 같은 유학자는 마음보다는 육체적 존경이 더 중요하다고 하였고, 얼마 후 왕수인이 나타나 불교와 도교로부터 많은 영향을 받으면서 양명학을 일으켜 세였다. 그는 형이상학적 주자학보다는 현실적인 것을 더욱 중시하면서 천지일원기를 주장하였다. 즉 우주가 나의 마음이고, 나의 마음이 곧 우주라는 이기합일론을 내세우면서 모든 것이 마음 밖으로 나가면 존재하지 않게 된다는 주장을 한 것이었다.

마지막으로 이슬람교의 경우를 보면, 기원전 6세기 이래 중동의 아랍 지역에서는 베텔(Bethel), 하람베텔(Harambethel) 및 아라트(Arat) 등과 같은 여러 신들을 숭배하고, 메카에 있는 사원에는 권력과 돈을 가진 상류층 사람들만 들어가 예배를 보게 하였다. 그리고 성직자는 성스러운 사람으로 추앙되면서 미래에 대해 예언을 할 뿐 아니라 잃어버린 낙타와 물건을 찾아주는 역할도 했다. 이들 성직자 중에서 상당수가 기독교로부터 많은 영향을 받았지만 기독교가 강하게 주장하는 종말론에 대해서는 무관심했다.

6세기에 태어난 마호메트는 수차례에 걸쳐 신비스러운 경험을 하게 되었다. 그 첫째가 깊은 밤의 허공 속에 강한 힘을 가진 사람이 나타나 가까이 다가와 '나'를 모실 것을 명령하고, 둘째로 그가 또다시 나타나 명령을 하자 그가 위대한 신이라는 것을 알았다고 한다. 마지막으로 그가 말로서 명령한 것을 계시록(revelation)으로 받아들이면서 코란(Quran)이라는 성전을 만들었다는 것이다.

그 후 3년 동안 마호메트는 자신이 경험한 사실을 부인과 가까운 사람에게만 알리고, 그러다가 여러 사람들에게 널리 알려지면서 주변으로부터 놀림을 받기 시작하였다. 이에 신이 또다시 나타나 마호메트에게 용기를 불어넣어 주면서, "나는 너를 놀리면서 당황하게 하는 사람들을 미워하지 않는다"라는 말과 "내가 너에게 말한 것을 모두 여러 사람들에게 알려라"라는 말을 했다고 한다. 이에 용기를 얻은 마호메트는 제자가 될 것을 결심하면서 사람들에게 신의 위대함과 자비를 설명하였다.

마호메트는 최후의 심판이 임박했다는 것과 죽은 사람이 다시 소생할 것이라는 말을 하면서 나팔이 울리는 날이 매우 고통스러운 날이 될 것이라고 했다. 만약 이를 믿지 않으면 엄청난 대가를 받을 것이고, 또한 하늘이 두 쪽으로 나누어진 다음 그 곳에 큰 빈 공간이 생길 때 사람들은 그를 직접 만나게 될 것이라 예언하였다. 이때 그가 오른손에 계시록이 담긴 책을 가지고서 사람들을 반갑게 맞이해 줄 것이고, 이에 반해 책을 뒤로 감추면 파멸과 파괴밖에 없을 것이라는 예언도 했다.

이같이 이슬람교는 지옥과 천국을 말하면서 교리보다는 알라신만을 강조하고, 사람들로 하여금 그만을 숭배하도록 강요했다. 경우에 따라서는 알라신이 사람들에게 먹을 것을 많이 가져다주어 배고픔으로부터 벗어나게 할 뿐 아니라 위험으로부터도 보호해 준다고 했다. 이 같은 설교를 통해 마호메트는 알라신을 숭배하는 것이 진정한 종교이고, 그것이 바로 이슬람교(Islam)라 하였다. 여기서 이슬람은 복종(submission)을 의미한다.

마호메트가 죽은 지 얼마 지나지 않아 이슬람교가 세 개의 종파로 나누어졌는데, 이들 중 시터(Shiiter)가 이끄는 수니파(Sunnie)가 주도권을 잡으면서 무력을 통한 영토확장을 계속 시도했다. 그러나 8세기 비잔틴 제국 및 프랑크 왕국과의 전쟁에서 크게 패하게 되자 쇠퇴하기 시작하면서 마호메트의 성전이 갖는 의미도 크게 줄어들었다.

이제까지 고대 원시사회로부터 인간이 깊은 신앙심을 가지고 믿어오는 여러 종교들이 어떤 목적과 역할을 하면서 현재까지 발전하여 왔는가를 살펴보았다. 여기서 드러난 공통된 특징은 모든 종교들이 초인간적 힘과 능력을 가지면서도 영원히 존재한다는 그 무엇의 신비스러운 존재로부터 출발하고 있다는 점이다. 즉 불교는 원초적 본질을 내세우는가 하면 유교와 도교는 그 당시 사람들로서는 이해하기 어려운 우주의 상태와 현상에 초인간적 힘을 부여하려고 했다. 그리고 기독교의 경우는 인간의 모습을 가진 인간화된 신을 내세워 사람들에게 더 가까이 접근하려고 시도했다.

이러한 종교들이 신의 계시록을 내 보이거나 혹은 마음의 정화와 믿음을 통해 그 당시 많은 고통과 상처를 받은 몸과 마음을 치료하고 예방하겠다고 노력한 것은 매우 바람직하면서도 정당하다고 보인다. 그러나 그렇게 하기 위해서는 모든 사람들이 신의 계시록을 같이 받아들이면서 실천에 옮겨야 하는데 그렇게 되지를 못했다.

처음 시작할 때는 왕을 비롯해 신을 모시는 사제나 성직자들이 보통사람들과 똑같이 행동하였기 때문에 그 효과가 대단했다. 그런데 시간이 지나면서, 왕이 예외가 되면서 계시록을 무시하거나 통치수단으로 이용하고, 곧이어 사제와 성직자들도 왕과 더불어 같은 행동을 하게 되자 그 효과가 점차로 줄어들기 시작했다. 그런 가운데서 인간의 지능과 지혜가 발달하자 그 신비의 허구성이 밝혀지고, 과학의 발달로 신비의 허구성이 검증되자 종교의 목적이 의심받기 시작하면서 그 기능도 상실하게 되었다.

그럼에도 불구하고, 왜 많은 사람들이 깊은 신앙심을 가지고 종교를 계속 가지는지 질문한다면 그 답은 극히 간단하다. 인간이 몸과 마음의 고통과 상처를 치료하고 예방할 수 있는 방법으로 아직까지 종교보다 더 나은 것을 찾지 못했기 때문이다. 그래서 인간은 마음과 행동에 관한 문제는 종교를 통해 해결하려고 하는 데 반해 몸에 관한 문제는 과학에 의존하는 이중적 자세를 가지고, 이로 인해 몸과 마음 사이에 모순과 충돌이 일어나면서 균형을 잃어가고 있다.

최근에 와서 인간의 지능과 과학이 발달하면 할수록 이들 사이의 모순과 충돌이 확대되고, 그러면 그럴수록 균형을 더 크게 잃으면서 몸과 마음의 고통과 상처를 더욱 악화시켜 나갔다. 이러한 현상이 앞에서 살펴본 정치철학, 정치경제학, 정보통신학 및 기술철학 쪽에서 두드러지게 나타나, 이들 종교만으로 해결하려는 노력은 그 한계점을 넘어서고 있었다. 이와 같은 난처한 입장으로부터 벗어나기 위해 종교들은 많은 노력을 하지만 문제의 핵심을 제대로 파악하지 못해 해결의 실마리를 찾지 못하고 있다. 이런 가운데 기독교는 과학과 힘겨운 싸움을 벌이고 있다. 여기서 기독교가 몸과 마음 사이의 균형 혹은 마음의 우위를 찾기 위해 그 동안 어떤 노력을 해왔는가를 보도록 하겠다.

예수 그리스도를 신으로 모시고 유대교로부터 출발한 기독교는 그 출발부터 매우 어려웠다. 그 당시, 플라톤 및 피타고라스의 사상과 자연철학이 크게 유행하고 있을 뿐 아니라 로마제국이 자신들을 전복시킬 수 있는 위험한 존재로 보고 많은 탄압을 했기 때문이다. 더 나아가, 여러 다른 신앙과도 치열한 경쟁을 해야 했기 때문에 기독교에게는 살아남는 것이 무엇보다도 가장 중요한 과제였다. 따라서 사람들에게 쉽게 받아들일 수 있는 그 무엇을 주어야 할 뿐 아니라 다른 종교와 비교해 차별화되는 그 어떤 특징도 보여주어야만 했다. 이에 기독교 내부에서 다양한 의견들이 나왔으나, 이들을 쉽게 조정하여 통일된 입장을 나타내 보이기는 매우 어려웠다.

이런 가운데서 성직자들이 사람들에게 우주와 인간의 진리를 전달하려 하였고, 이를 효과적으로 하기 위해서 우수한 철학이 필요하다는 데 모두가 동의하였다. 그러나 그 당시 우주와 자연에 대해 많은 지식을 가졌던 것은 플라톤의 철학과 피타고라스의 자연철학뿐이었는데, 이들은 기독교의 목적달성에 매우 위험한 존재였다. 이때 타티안(Tatian)을 비롯한 많은 성직자들은 그리스의 자연철학이 매우 모순될 뿐 아니라 거짓이기도 하다고 비판하였다.

그러나, 3세기에 들어와서는 이런 비판적 자세로부터 벗어나, 그리스의 자연철학을 배울 가치가 있을 뿐 아니라 활용할 가치도 있다고 보기 시작하였다. 이때 클레망(Clement)과 오리겐(Origen) 같은 성직자들이 나와 활용할 수 있는 기본 방법을 제시하면서 모두가 이를 이용할 것을 권유했다. 4세기 초에 와서는 자연철학과 과학을 하나의 수단으로 활용할 수 있는 방법을 더욱 개발시키면서 많은 성직자들이 쉽게 활용할 수 있도록 논문이나 책자를 펴내었다. 하지만 이때 그리스의 자연철학을 모두 수용하기보다는 기독교의 신앙과 신학을 발전시키는 데 큰 도움이 되는 부분만 선별적으로 받아들였다.

4세기 말 기독교가 뿌리를 깊숙이 내리면서 그 절정에 달하게 되자, 그리스의 자연철학을 비롯하여 모든 이교도의 철학을 배척하거나 억압하기 시작하였다. 즉 성서를 더욱 체계적으로 엮으면서 논리적 설득력을 갖도록 하는 데 그리스의 자연철학이 필요하지만, 이들이 주장하는 시작과 끝이 없는 무한한 우주는 기독교 자체를 부정하는 결과가 되기 때문에 곤란하다는 것이었다.

5세기에는 그리스로부터 자연철학과 과학을 배우기보다는 사원 내에 대학을 세워 신의 계시에 알맞은 진리를 스스로 배우거나 찾고자 했다. 이에 스콜라 철학이 형성되면서 사회와 생활의 필요성보다는 자연철학과 과학을 통해 신의 존재와 기독교의 진리를 규명하는 한편 신앙을 더욱 확산시켜 나가는 데 열중하려고 했다. 10세기를 지나면서 신의 존재에 대한 실제적 검증이 필요하게 되자 일부 성직자들은 이슬람제국으로부터 아리스토텔레스의 자연철학과 과학까지도 과감히 받아들이기 시작하였다.

그러나 아리스토텔레스의 자연철학이 기독교의 목적에 적합하지 않고, 이에 상당수의 성직자들이 반발하고 나오자 그레고리오 9세와 인노첸시오 4세 교황이 금지령을 내리면서 이에 불복하면 파문이라는 엄한 벌을 주겠다고 경고하고, 곧이어 요한 21세 교황이 나와 219개 항목에 달하는 금지조항까지 발표하였다.

이러한 교황의 경고에 대해 아퀴나스와 같은 신학철학자는 크게 반발하면서 신의 계시와 인간의 이성 사이의 조화를 시도해 볼 필요가 있다고 주장하며, 그렇게 할 때 신앙이 더욱 발전되어 나갈 것이라 하였다. 이 무렵 영국 옥스퍼드 대학에서는 헤이테스버리(Heytesbery) 교수와 덤블턴(Dumbleton) 교수가 속도의 변화와 질의 강도에 대해 연구를 하면서 이들이 서로 연결된다는 사실을 발견했다. 그리고 곧이어 오렘(Oresme)은 이를 더 알기 쉬운 일반이론으로 소개하는가 하면 오캄(Ockham)은 단순원칙(principle of simplicity)을 내놓았다.

이 같은 반발과 과학의 발달이 아리스토텔레스의 자연철학을 점차적으로 받아들이게 만들어, 르네상스를 지나면서는 크게 유행하기 시작하였다.

16세기에 접어들어 코페르니쿠스(Copernicus)와 케플러(Kepler)는 우주가 태양 중심으로 구성되고, 지구가 태양 중심으로 그 주변을 선회한다는 새로운 우주론을 내놓았다. 곧이어 갈릴레오와 뉴턴이 나와 운동 및 중력의 법칙을 발견해 내게 되자 이는 기독교와 아리스토텔레스가 주장하던 지구 중심의 우주론을 정면으로 부정하는 결과가 되었다. 이에 따라 성서의 창세기를 통해 나타내 보이고자 하던 기독교의 진리와 이들 과학자가 제시한 우주의 진리가 서로 달라지면서 충돌하게 되었다.

이때, 교황권은 이 같은 새로운 진리를 선뜻 받아들이기보다는 완강히 반대하였으며, 개신교에서는 성서의 해석과 자연철학 사이를 완전히 분리시키려고 했다. 특히 개신교의 성직자 브루노(Bruno)는 태양 중심의 우주론을 부분적으로 받아들이면서 아리스토텔레스의 우주론이 갖는 문제점을 지적하였고, 영국의 청교도 학자 디그지스(Digges)도 태양, 지구, 달 등을 성경과 연결시켜 설명하고자 했다.

또한, 이 당시 뉴턴도 신의 본질과 그리스도의 본질이 서로 같은지 혹은 다른지에 대해 많은 의문을 가졌지만 시간이 지나면서 그 같은 의문이 4세기 성경이 만들어질 때 일부의 성직자들이 왜곡된 판단을 한 다음 잘못 기술한 데서 비롯된다는 사실을 알았다.

18세기에 들어와서는 인간의 이성이 매우 강조되면서 계몽주의(Enlightenment)가 유행하자 기독교와 과학은 서로 새로운 관계를 가지기 시작하였다. 볼테르(Voltaire)와 프리스틀리(Priestley) 등은 가톨릭을 크게 비판하는가 하면 클라크(Clarke)와 벤틀리(Bentley) 등은 우주의 기계론을 들고 나와 뉴턴이 생각한 신이 기독교가 숭배하는 신과 일치하지 않는다는 주장까지 하였다. 특히 톨랜드(Toland)는 뉴턴보다 더 개방적인 측면에서 자연이 스스로 충분할 뿐 아니라 스스로 조직도 해나갈 수 있기 때문에 신이 전혀 필요 없다고까지 말하였다.

이같이 사람들이 기독교보다 자연과학에 더 많은 믿음을 갖게 되자 자연신학(natural theology)이 나타나고, 이는 기계론적 우주론이 주장하는 신의 설계(design)를 과학적으로 증명하고자 하였다. 한편, 이러한 자연철학이 독일까지 전파되자 칸트도 과학과 종교 사이의 관계에 대해 많은 관심을 보였다. 그러나 그는 신의 설계를 명제로 받아들인다면 스스로 존재하는 존재자 혹은 신이 우주의 창조에 있어 첫 번째의 원인(first cause)으로 작용하는 역할을 증명해야 하는데 이를 합리적으로 하기는 어렵다고 보았다.

곧이어, 다윈(Darwin)이 나와 『종의 기원』(*The Origin of Species by Means of Natural Selection*)이라는 책을 내놓았다. 이는 학자들뿐 아니라 일반인들도 깜짝 놀라게 하면서 과학의 진리가 매우 위대하다는 사실을 깨닫게 만들었다. 이때 영국 리얼(Lyell), 후커(Hooker) 및 헉슬리(Huxley) 같은 학자들은 진화론을 적극 지지하며, 과학이 발견한 진리가 종교의 진리보다 우수할 뿐 아니라 그 윗자리에 있다고까지 주장했다. 이에 기독교, 특히 가톨릭은 매우 난처한 입장에 놓이게 되었다.

20세기에 들어와 과학이 크게 발달하자 기독교도 엄청난 변화를 하였다. 아인슈타인의 상대성 이론, 보어의 양자론, 그리고 하이젠베르크의 양자역학이 성립하고, 얼마 지난 다음 르메트르(Lemâitre)가 나와 우주선(cosmos ray)을 근거로 하여 우주의 대폭발 이론(Big Bang theory)을 내놓는가 하면 구스(Guth)도 우주의 대팽창 이론(Inflationary Universe)을 제시했다. 이 결과 뉴턴의 절대적 우주론에 의해 설명되는 우주의 기계론과 신의 설계가 설 땅을 잃어버리고, 따라서 새로운 이론에 맞추어 우주를 새롭게 설명하지 않으면 안 되었다.

이에 신학자 브루너(Breunner), 바르트(Barth), 토런스(Torrance) 등은 신과 세상 혹은 자연 사이를 과학적·논리적 이론보다는 인간 자신의 신앙 속에서 그 연결고리를 찾아야 할 것이라고 주장했다. 또한 플란팅가(Plantinga)와 월터스타프(Wolterstarff) 같은 신학자도 신에 대한 믿음이 논리적 근거보다는 그 자체로서 정당하면서도 분명하고, 그렇기 때문에 굳이 검증할 필요가 없다고 말하였다.

다른 한편으로, 틸리히(Tillich)와 트레이시(Tracy) 같은 신학자는 현대신학이 해야 할 과제는 신앙과 과학 사이에 대화와 협조관계를 빨리 세우는 것이 중요하다고 하는가 하면, 브롱델(Blondel)과 베르그송(Bergson) 같은 성직자는 『창조적 진화론』(Creative Evolution)이라는 책을 통해 진화를 조정하는 초자연적 존재자가 있다는 주장까지 했다.

이상과 같은 신학자들의 주장에 대해 많은 과학자들이 엇갈리는 반응을 보였다. 그 첫째가 니커크(Niekerk)가 주장한 비판적 실재주의 (critical realism)인데, 이는 과학지식이 객관적 추론과 검증을 통해 얻어지는 가설과 이론을 전제로 하는 데 반해 종교는 주관적 판단과 생각에 의존하기 때문에 이들 사이에 공통점이나 대칭성을 찾아보기 어렵다고 했다.

둘째는 드리스(Drees)가 주장하는 과학적 자연주의(scientific naturalism)이다. 이는 자연이 거의 완벽할 뿐 아니라 스스로 충분조건도 갖추고 있다고 전제한 다음 이제까지 발견한 과학지식이 자연의 모든 것을 설명하지 못하고 있을 뿐 아니라 인과법칙에 따라 설명될 수 있는 것도 아니라고 했다. 그래서 자연세계에 필연성과 개연성이 함께 존재하고, 이에 첫째 원인의 신(Deism)과 같은 종교가 성립하게 된다고 했다.

셋째로는 헤르만(Herrmann)이 주장하는 비통합적 실용주의(non-integrative pragmaticism)인데, 이는 종교가 초월적인 데 반해 과학은 현실적 실재에 그 바탕을 두고 있기 때문에 이들이 주장하는 진리가 서로 다를 수밖에 없다고 했다. 하지만 이들이 인간의 생존에 관해 같은 뜻이나 목적을 가지기 때문에 서로 연결될 수 있는 공통점을 찾을 수 있을 것이라 하였다.

마지막으로, 그레거슨(Gregersen)이 제시한 관계적 정합이론(contextual coherence theory)이다. 과학지식이 추론과 실험뿐만 아니라 실제로 설명해 줄 수 있는 논리적 틀과 일관성도 전제로 하기 때문에 두 개의 지식 혹은 진리가 서로 결합하기 위해서는 실질적 연결과 논리적 일관성이 충족되어야 한다고 했다.

이런 가운데서, 최근에 포스트모더니즘이 나와 과학을 한 개의 패러다임으로 보려고 하자 진리나 지식보다는 패러다임 측면에서 과학과 종교 사이의 결합 혹은 연결을 보아야 한다고 주장하는 과학자들이 나오고 있다. 그 첫째는 다이슨(Dyson)과 도킨스(Dawkins)로, 이들은 과학자가 과학과 종교 사이를 전쟁상태로 몰고 간다고 주장하였다.

둘째는 바우어(Barhour)와 피코크(Peacocke)의 경험적 신학(empirical theology)인데, 이들은 우주와 자연을 기계적보다는 유기체적으로 보고, 이런 측면에서 생물학과 양자론이 서로 연결될 수 있다고 믿었다.

셋째는 크레이그(Craig)가 스미스(Smith)와 더불어 논쟁을 벌이면서 신의 첫째 원인을 대폭발 이론이 거론하는 극단점(singularity)에서 찾아볼 수 있다고 했다.

넷째는 테일러(Taylor)와 슈뢰더(Schroeder)가 주장한 과학적 창조론(scientific creativism)인데, 이는 대폭발 이론이 기독교의 창조론을 충분히 뒷받침해 주고 있으며, 따라서 이를 창조론 속으로 받아들이면 과학과 기독교가 서로 연결될 수 있다고 하였다.

다섯째로는 데이비스(Davies)가 『신과 새로운 물리학』(God & the New Physics)을 통해 자연법칙의 정교함과 아름다움에 너무 많이 감탄한 나머지 신이 아닌 그 어떤 다른 존재자가 만들었다고 믿기 어렵다고 주장하였다. 이와 비슷한 맥락에서 바로우(Barrow)와 티플러(Tipler)는 인간적 우주의 원칙(anthropic cosmological principle)을 주장하면서 우주의 법칙과 그 원칙이 오로지 인간만을 위해 정교하게 만들어놓은 것 같다고 했다. 이에 이들은 신의 존재를 부정도 혹은 긍정도 하기 어렵다고 했다.

마지막으로, 최근에 디자인(design)과 자연선택(natural selection)을 둘러싸고 데닛(Dennett)과 뎀브스키(Dembski) 사이에 큰 논쟁이 벌어지고 있다. 데닛은 자연선택이 오랜 시간에 걸쳐 적응(adaptation)이라는 메커니즘을 통해 인간 자체뿐만 아니라 많은 논쟁의 대상이 되는 자유의사(free will)도 만들어낸다고 주장하였다. 그리고 자연선택과 적응이 서로 결합하여 모든 생물체를 순조롭게 진화시켜 나가자 그 진화과정이 외부로 나타내 보인 형태가 마치 신이 만든 설계로 보일 뿐이라고 했다. 이 같은 주장에 대해 뎀브스키가 반발하면서 진화론 생물학(evolutionary biology)이 유전적 전파(hereditary transmission), 개연적 변화(incidental change), 그리고 자연선택으로 구성되어 있기 때문에 자연선택이 생명체의 변화를 모두 설명할 수 없고, 그래서 신이 디자인에 개입할 여지가 생긴다고 반론을 제기했다.

이제까지 기독교가 다른 종교와는 다르게 신비성을 축소하거나 제거하기 위해 과학의 발달에 맞추어 자신의 교리와 진리를 보완하거나 재해석하면서, 모든 사람들이 쉽게 받아들일 수 있도록 스스로 혁신하는 모습을 보았다. 17세기 전까지는 그런 대로 과학과 잘 어울릴 수 있었지만 뉴턴의 절대주의와 다윈의 진화론이 나오게 되자 난처한 입장에 놓였다.

그러다가, 20세기에 들어와 아인슈타인의 상대성 이론, 보어의 코펜하겐 해석, 하이젠베르크의 불확실성 원리, 그리고 우주의 대폭발이론 등이 연이어 소개되자 기독교는 활기를 띠면서 자신의 입장을 방어하는 데 모든 노력을 기울이기 시작하였다. 특히 쿤(Kuhn)과 상대주의자들에 의해 과학의 진리와 지식을 하나의 패러다임으로 보게 되자 더욱 더 유리한 입장에서 반대자들에게 공격적 자세까지 취하였다.

그러나, 이 같은 기독교의 행동과 자세는 이해하기 어려운 것이다. 그 이유는 첫째로 사람들에게 접근하여 자신들의 진리와 교리가 쉽게 이해되거나 받아들여지도록 하기 위해 과학을 이용하려 하지만 이는 몸을 택하거나 의존하는 결과가 되어 종교의 기본 목적인 마음을 포기하거나 내팽개치는 모순에 빠지기 때문이다.

둘째는 비록 일부의 신학자와 성직자들이 마음을 포기한 적이 전혀 없다고 하더라도 이들이 과학과 연결되어 마음을 설명하고자 한다면, 이미 심리철학의 논쟁에서 언급한 바와 같이 이는 물리주의에 의존하는 결과가 되어 자가당착에 빠지기 때문이다.

마지막으로, 신학자와 고위 성직자들이 신비성을 축소하거나 제거하기 위해 기독교의 교리와 진리를 일반화 혹은 보편화시키고자 많은 노력을 기울여 왔다. 그럼에도 불구하고 일반인과 교인들을 직접 접촉하는 하위 성직자들은 다른 종교와 크게 다르지 않게 신의 신비성을 더욱 부각시키면서 이들의 마음을 사로잡으려는 자기 모순에 빠지기 때문이다. 이는 분명히 몸과 마음의 균형을 회복시키기보다는 더 많이 파괴하면서 큰 혼란을 불러일으키는가 하면 토속신앙과 같은 천박함도 나타내고 있다.

제 5 장

절망 속에 희망이 있을까

무한대와 실종된 일인칭 자아

이 책을 처음 시작할 때 인간 자체뿐 아니라 그 몸과 마음도 존재론적으로 주어졌다는 사실을 전제하였다. 따라서 인간이 존재하기 위해서는 생존이 절대적으로 필요하며, 그 존재를 계속 이어 나가려면 번식이 꼭 뒤따라야만 했다. 생존과 번식은 자연 속에서 이루어져야 하기 때문에 복잡 다양한 형태로 나타날 수밖에 없고, 그래서 다양한 모습과 크기의 체격을 갖는 인간들이 나와 각자 나름대로 살아가고 있다. 이 같은 복잡 다양성 때문에 삶과 생활의 내용 및 방법도 서로 달라질 수밖에 없고, 이로 인해 삶과 생활의 의미와 이로부터 느끼는 감정도 매우 달랐다.

고대 원시사회로부터 고대 그리스 시대에 이르기까지 인간은 자연환경에 따라 다양한 종족으로 나누어져 그 곳에 알맞은 다양한 삶과 생활을 영위하면서 생존과 번식을 지켜나갔다. 초기에는 자연환경이 인간의 삶과 생활에 많은 영향을 미쳤지만, 시간이 지나면서 인구가 증가하는 한편 지능과 지혜도 발달하게 되자 자연환경뿐만 아니라 인간 사이의 관계도 삶과 생활에 크게 작용하기 시작하였다.

고대사회에 들어와 인간이 자연환경에 대해 상당한 이해와 지식을 가지면서 나름대로 해석까지 하게 되자 생존과 번식을 위해 치열한 경쟁을 벌였고, 이러한 경쟁은 몸과 마음에 자연환경으로부터 받는 것보다 더 많은 고통과 상처를 안겨 주기 시작하였다. 처음에는 이러한 고통과 상처가 힘 센 강한 사람이 약한 사람에게 주거나 혹은 입히는 것이었다. 시간이 지나면서 고통과 상처가 힘의 우열 혹은 강약에 의해 결정된다는 사실을 체험을 통해 알게 되자 가만히 앉아서 당하지만 않으려 하고 자신도 힘을 키워 보복을 다짐하였다.

여기서 보복을 하면 할수록 상대방에게 더 많은 고통과 상처를 주겠다는 심리가 작동하고, 이는 상호간의 관계를 악의 순환관계 속으로 빠져 들어가게 만들었다. 불행하게도, 이러한 현상이 중단되지 않고 계속되면서 이제는 대량살상과 파괴마저도 서슴없이 자행되는 험악한 시대로 접어들고 있다.

앞에서 심리철학과 인지신경과학이 몸과 마음이 과연 무엇인가를 설명하자 하는 것을 보았는데, 이때 대부분의 학자와 전문가들은 물리주의에 기울어지면서 마음을 몸과 동일하거나 몸에 수반되는 것으로 보려고 하였다. 이렇게 되면 감정적으로 나타나는 기쁨, 즐거움, 슬픔 및 아픔 등을 몸이 불편하거나 편안할 때 결과적으로 나타나게 되는 현상이나 상태로 보게 된다. 다시 말하면, 마음은 항상 몸의 움직임에 따라 움직이는 반사적 작용을 한다는 것이다.

이 같은 철학과 생각은 인간이 이 지구에 나타나 살아가면서부터 시작하였다. 그래서 생존과 번식이 중요하지 않을 수 없었고, 이를 지탱해 나가기 위해 위험하고 고된 육체적 노동도 마다하지 않았다. 지금도 크게 변하지 않았지만, 배고픔을 큰 중병으로 인해 발생하는 아픔보다 견디기 어려운 고통으로 받아들이고 있다. 따라서 원시인간이 생존을 위해 먹으려고 한 데 반해 지금은 먹기 위해 살아가는 힘겨운 삶과 생활을 하고 있다. 인간은 동물과 마찬가지로 배를 가득 채울 만큼 많이 먹을 때 행복감을 느끼고 즐거워한다. 이 같은 삶과 생활 속에서는 네이글과 펜로스가 주장하는 그 무엇의 신비스러운 일인칭 자아를 찾아보기 어렵게 된다.

원시사회에서 인구가 증가하면 할수록 생존을 위해 먹는 것이 더욱 필요해지고, 이에 가족이나 부족의 우두머리는 먹이확보에 매달리지 않을 수 없게 되었다. 이 과정 속에서 공급부족 때문에 다른 가족이나 부족에게 고통과 상처를 주어야만 했다. 그러나 자신의 가족이나 부족을 위해 그 같은 행동을 하는 것은 자신들의 입장에서는 정당화되기 때문에 일인칭 자아가 느끼는 괴로움과 아픔은 전혀 없는 데 반해 당하는 상대방의 가족과 부족이 느끼는 고통은 대단하다.

이런 점을 감안하여 고통과 상처를 주는 행동을 자제하거나 전혀 하지 않겠다는 우두머리도 있었지만 거의 대부분은 그렇게 하는 것을 너무나 당연한 것으로 받아들였고, 때에 따라서는 자신의 육체적 쾌감을 더 많이 느끼기 위해 잔인한 행동도 마다하지 않았다. 그리고 물리주의의 몸과 마음이 보편적 속성을 가지기 때문에 그 같은 우두머리의 행동에 동조하거나 적극 참여하여 자신도 똑같은 쾌감을 갖고자 하는 추종자들도 많이 생겨 나 이익집단을 만들기 시작하였다.

시간이 자나면서 사회질서가 확립되자 이러한 집단이 엘리트 계급으로 부상하면서 막강한 권력을 장악하였고, 이를 통해 자신의 이익을 극대화시켜 나가고자 했다. 그러나 이 같은 이익을 챙기는 것이 오래 지속되지는 않았고, 억압을 당하는 사람들은 잠재적 본능에 따라 저항하면서 보복을 시도하였다. 이때 보복이 성공하면 당하였던 고통과 상처보다 더 많이 주려고 하면서 이러한 자신의 행동을 정당화시키려 하였다.

고대 그리스 시대에 와서 이 같은 우두머리 혹은 이익집단의 횡포와 이에 대한 반항이 매우 일반적인 사실로 받아들여지는 가운데 감정으로 느끼는 삼인칭 자아보다는 더 깊은 곳에 숨어 있는 일인칭 자아를 찾고자 하였다. 플라톤은 처음으로 이를 영혼(soul)이라고 불렀다. 그러나 그가 그것을 존재론적으로 보면서 하늘의 그 어느 먼 곳에 있다고 주장하자 그 후 기독교의 신이 존재론적으로 나타나게 되었을 뿐 아니라, 현재의 인지신경과학자들도 몸에 수반되는 부속물 혹은 속성으로 보고 있다.

그 당시 과학과 철학이 충분히 발달하지 않은 가운데 플라톤 혼자서 감정으로 느끼는 삼인칭 자아와 마음속의 깊은 곳에 있는 일인칭 자아를 구별하는 것은 매우 어려운 일이었다. 따라서 정치철학, 정치경제학 및 예술도 몸과 그것에 수반되는 마음에 초점을 맞춘 다음 생존과 번식을 위한 삶과 생활을 영위할 수 있게끔 모든 방법과 수단을 강구하고, 이에 동감하는 시민들도 크게 환호했다. 이러한 현상은 그리스의 신화, 올림픽 경기, 정치, 예술 및 자연철학 등에서 잘 나타나고, 이 당시 아시아 대륙과 기타 지역에서도 그리스 사회보다 더 많이 생존과 생활에 매달리면서 잔인한 행동을 마다하지 않았다.

중세기에 들어와 종교들이 자신의 모습을 분명하게 드러내면서 사람들에게 존재론적으로 접근하였고, 그렇게 하면 할수록 신과 인간 사이의 관계를 존재론적으로 검증해 보여야만 했다. 그 결과 종교와 그 신앙이 자기 모순에 빠지고 정치와 결탁하면서 많은 부정부패를 저질렀다.

시간이 지나면서 지능과 지식이 발달하자, 그 같은 모순이 노출되면서 신앙이 송두리째 붕괴되는 위기에 직면하였다. 이렇게 될수록 종교는 과학의 진리에 더 많이 의존하면서 자신의 이익을 보호하고자 했다. 이같이 종교가 현실에 적응하거나 현실을 수용하고자 하면 할수록 사람들은 신앙을 존재론적뿐만 아니라 경제론적으로도 받아들이려고 했다. 이 같은 종교 혹은 신앙의 위기는 세계의 여러 곳에서 나타났는데, 이럴수록 거의 모든 종교가 정치와 결탁하여 자신의 이익만을 챙기는 데 열중하였다.

15세기에 일어난 르네상스는 인간으로 하여금 신으로부터 벗어나 자신의 본연으로 돌아가게 하였다. 그러나 그것은 어디까지나 존재론적 몸과 마음이었다. 곧이어 나타난 과학혁명, 새로운 정치, 정치경제, 정보통신, 기술, 윤리도덕, 예술, 교육 및 의학 등도 생존과 번식에 꼭 필요한 존재론적 몸과 마음을 위해 매우 안락한 삶과 생활을 마련해 주려고 많은 노력을 하기 시작하였다. 이 결과 삶과 생활이 종전보다 한결 풍요로워지면서 몸과 마음에 많은 즐거움과 기쁨을 안겨 주었다.

그러나 이 같은 즐거움과 기쁨을 모든 사람들이 똑같이 함께 즐길 수 있는 것은 아니었다. 앞에 이미 지적한 바와 같이 인구증가, 공간과 자원의 한계, 정치적 이기심, 그리고 자기 만족의 우선 등으로 인해 한 쪽 혹은 소수가 더 많이 즐기려고 하면 다른 쪽 혹은 다수는 그만큼 혹은 그보다 더 많이 빼앗기면서 몸과 마음이 고통과 상처를 받아야만 했다.

이에 대해 홉스, 로크, 칸트 및 벤담 같은 학자들은 일인칭 자아를 통한 치료보다는 시장, 국가, 계약 및 의무 등과 같은 방법론을 통해 모두가 최대로 만족할 수 있는 화합을 모색하고자 했다. 이 같은 접근은 방법론의 합리성과 정당성을 꼭 필요하게 만들고, 이렇게 될수록 인간은 비용과 이득(cost & benefit)을 철저히 따져야만 했다. 이에 따라 계산이 빠르고 분석이 정확한 사람이 권력과 부를 챙기면서, 풍요롭고 안락한 몸과 마음뿐만 아니라 삶과 생활도 마음껏 즐길 수가 있었다.

이 당시 새롭게 나타난 미학, 새로이 단장한 대학교육, 그리고 윤리도덕이 그러한 계산이나 분석을 더욱 잘하는 데 필요한 기술과 지식을 몸과 마음을 통해 새로이 찾아내거나 가르치고자 하였다. 이 무렵 종교도 이 같은 사회적 흐름에 편승하지 못해 안달이었고, 그러면 그럴수록 과학의 진리에 더 가까이 접근하여 자신을 과학적으로 설명하거나 포장하려 했다.

이상과 같이 존재론적 몸과 마음의 즐거움과 기쁨을 더 많이 갖기 위해 필요한 과학지식과 그 방법론을 탐구하거나 개발해 내는 데 사회 모두가 총력을 기울이고, 이러한 사회적 노력이 결실을 맺게 되자 산업혁명을 통한 산업화와 경제성장을 달성하고 새로운 여러 분야의 과학이 출현할 수 있었다. 새로운 과학과 경제성장이 존재론적 몸과 마음을 더 의미 있게 만들고, 이에 인간은 몸과 마음을 더 즐겁게 해줄 수 있는 방법을 찾는 데 혈안이 되면서 다양한 형태의 삶과 생활을 모색하고자 했다.

20세기에 들어와 산업사회가 단단히 자리를 잡게 되자 몸과 마음을 위한 삶과 생활에 더 큰 변화가 일어나기 시작하였다. 과학기술이 존재론적 몸과 마음을 더욱 즐겁고 편안하게 만들어주기 위해 매우 편리한 도구와 장비들을 만들어 쏟아 내었는가 하면, 교육도 종전과 다르게 인성과 윤리도덕보다는 전문지식과 정보를 더 효과적으로 공급하고 전달하는 데 주력했다.

의학이 몸과 마음의 상처를 치료하는 데 더 효과적인 방법을 찾고
자 많은 노력을 하였고, 정치와 경제도 자유와 민주라는 이데올로기
를 앞세워 더 안락한 삶과 생활을 보장하겠다고 약속했다. 이에 반해
예술과 종교는 과학기술의 발달로 인해 벼랑 끝으로 몰리는 위기에
직면했다. 사진과 전자음악이 등장하여 손과 귀의 예민한 감각을 빼
앗아 가게 되자 마음을 위해 봉사하던 역할을 포기해야만 했다. 이와
비슷하게, 다윈에 의해 큰 위협을 받던 종교도 컴퓨터 영상에 압도되
어 깊은 감동을 불러일으키는 영감을 계속 주는 데 한계를 느끼기 시
작하였다.

20세기 후반에 접어들면서 당초 장밋빛같이 아름다운 희망만을 가
져다줄 것으로 기대했던 과학과 과학기술이 실망만 안겨주는 괴물로
변하여 가기 시작했다. 정치, 경제, 물리학, 생물학 등이 만들어낸 세
계대전과 국지전쟁들이 몸과 마음을 엄청나게 고통스럽게 만들고, 곧
닥쳐올 핵전쟁은 공포 속으로 몰아넣으면서 숨마저도 제대로 쉬지 못
하게 만들고 있다.

그리고 윤리도덕은 당초의 목적으로부터 크게 벗어나 이데올로기
를 변호하는 장신구로 전락하는가 하면 의학도 마찬가지로 내성이 강
해진 새로운 질병과 유행병으로 인해 많은 고통을 받고 있는 몸과 마
음을 완전히 치료하기보다는 기계부품을 교체하거나 수리하는 것과
같은 정도로 치료하는 데 만족해야만 하였다. 최근에는 유전자 조작
을 통해 몸과 마음을 기계부품을 공장에서 생산하듯 만들어내겠다고
야단이다.

교육과 예술은 이데올로기로 무장하면서 그 도구로 사용되는 것을
마다하지 않고 상대방을 향해 싸움준비에 열중하였고, 종교도 과학과

더불어 싸울 마지막 전투를 놓고 그 준비에 여념이 없다.

다른 한편으로 IT 기술의 발달로 존재론적 몸과 마음에 많은 정보를 빠르게 전달하여 즐겁게 만들어주겠다고 의기양양하게 나왔던 정보통신은 인간을 복잡 다양한 쓸모 없는 대량의 정보 속에 매장시키는가 하면, 자신의 이익을 챙기기 위해 상대방을 공격하는 데 총알 없는 무기로도 사용하게 만들고 있다.

그리고 이론물리학과 생물학도 인간의 지식과 지능으로 도전할 수 있는 마지막 문제에 부딪쳐 만족할 만한 회답을 구하지 못해 허둥대고 있는 가운데 일인칭 자아를 규명하지 못하게 되자 매우 당황하고 있다.

이러한 혼란과 절망 속에서 많은 사람들이 몸과 마음의 고통과 상처를 치료하기 위해 명상, 요가 및 웰빙 등이 필요하다고 주장하면서 이것이 인간이 선택할 수 있는 마지막 수단이라 하고 있다. 그러나 이들은 또 다른 형태의 신앙을 불러들이면서 인간을 지금보다 더 큰 혼란 속으로 몰아넣을 것으로 보인다.

따라서, 이제까지 많은 고통과 상처를 받아 온 몸과 마음을 근본적으로 치료할 수 있는 방법이 과연 없을까 하는 생각을 하게 만든다. 이제까지 존재론적 몸을 통해 그 방법을 찾고자 한 시도가 실패했다는 점을 감안한다면, 이제는 인간의 내부에서 찾는 것이 매우 타당한 것으로 보인다. 그것은 네이글과 펜로스가 언급한 일인칭 자아로부터 몸과 마음을 보고, 마음이 몸에 예속되거나 수반되게 하기보다는 동등한 관계에서 서로 돕도록 하는 것이다. 그리고 마음이 굳이 일인칭 자아에만 국한되도록 하기보다는 존재론적 삼인칭 자아와 더불어 함께 구성되어야 할 것이다.

이같이 일인칭 자아와 삼인칭 자아로 구성되는 몸과 마음이 지금까지 고통과 상처만 계속 받아 오던 몸과 마음을 과연 치료할 수 있을지 그 가능성은 현재로서는 그 누구도 장담하기 어렵다. 다만 여기서 모색하고자 하는 것은, 그렇게 하였을 때 어떤 문제가 발생하며, 그리고 만약 그것을 해결하면 어떤 결과에 도달하게 되는지를 가늠해 보고자 하는 것뿐이다.

우선 일인칭 자아가 어떻게 생겨 나오게 되는지를 먼저 조금 살펴보도록 하겠다. 앞에서 미시물리학을 통해 의식이 어떻게 생겨 나오는지를 둘러싸고 많은 학자들이 논쟁을 벌이는 것을 보았다. 여기서는 봄(Bohm)과 힐레이(Hiley)가 언급한 양자장, 포개짐 및 파장함수의 붕괴와 더불어 워커(Walker)가 거론한 지역, 비지역, 부분 및 전체 등을 염두에 두면서 이러한 용어들이 어떤 이유로 거론되었는지 조금 살펴볼 것이다.

거시물리학과 미시물리학 모두가 세상의 물체가 수많은 부분이나 요소들이 모여 결합함으로써 구성된 것으로 보고 있다. 다시 말하면, 많은 부분들이 서로 모여 구성하면 전체가 만들어진다는 것이다. 이 같이 구성되는 것이 자연의 법칙이라고 한다면 전체를 분리시키거나 허물어트리면 부분으로 다시 돌아가게 된다. 이렇게 되면 부분과 전체가 서로 양방향의 관계를 가지면서 부분에서 전체 혹은 전체에서 부분으로 나누어지거나 다시 돌아가게 된다. 이러한 관계를 환원적 관계라고 하며, 이것이 바로 물리주의가 몸과 마음 사이의 관계를 설명할 때 내세우는 주장이다.

이러한 관계가 성립하기 위해서는 두 개의 조건이 충족되어야 하는데, 그 첫째는 부분들이 서로 보완적 관계를 가져야 하며, 둘째는 부분들이 서로 결합하여 구성될 때 그렇게 된 흔적이 전체에 전혀 나타나지 않아야 한다. 이렇게 되면 부분들이 결합하여 구성될 때 어떤 전체가 나타날 것인지는 물론 전체가 분리될 때 어떤 부분들이 생겨 나오게 되는지도 정확하게 예측할 수 있게 된다.

그런데, 최근에 힐레이, 에스펠드(Esfeld), 험프리스(Humphreys), 미란커(Miranker) 및 실버스타인 등과 같은 물리학자와 과학철학자들이 부분과 전체 사이의 환원적 관계가 절대적 법칙이 아니라고 반박하고 나왔다. 이들의 주장에 따르면, 부분들이 서로 결합하여 구성할 때 나타나는 전체에 새로운 속성이 생겨 나온다는 것이다. 다시 말하면, 부분들 속에서 전혀 찾아볼 수 없는 것을 전체에서 발견하게 된다는 것이다.

이같이 새로운 속성을 추가로 가지게 되는 전체를 전체론(Holism) 혹은 비분리성(non-separability), 비지역성(non-locality) 등의 용어로 표현하였다. 이를 양자물리학으로 설명하면, 포개짐에서 얽힘(entanglment)이 생기면서 대칭성 붕괴(symmetry breaking)가 일어나고, 그리고는 시스템이 일관되고 정합된 관계(coherence)로부터 비일관된 관계(decoherence)로 바뀌게 된다는 것이다.

이때 전체(whole)에서 새롭게 생겨 나오는 속성을 둘러싸고 많은 논쟁이 벌어지는데, 미란커와 레너(Lehner)는 이를 의식의 양자적 상태(quantum state)라고 주장하면서 인식론적 혹은 인과적으로 설명할 수 있다고 하였다. 다시 말하면, 이 같은 양자적 상태를 인간의 내재적 내성(introspection)으로는 설명할 수 없다는 것이다. 특히 로미진(Romijn)은 양자장을 구성하는 광자(photon)가 처음부터 의식의 속성을 가진다는 주장까지 하였다.

이에 반해 힐레이와 실버스타인은 새로 생긴(emergence) 속성이 인식론적 경험이라기보다는 지각과 명상을 하는 주관적 경험이라고 하면서 이는 그 어느 존재론적 상태와는 비교할 수 없는 유일한 현상이라고 하였다. 특히 실버스타인은 그 속성이 동태적이라 매우 복잡 다양하다고 하는가 하면 에스펠드도 그 전체가 사회적 속성을 가지기 때문에 매우 현상적이면서도 다양하다고 했다.

여기서, 만약 새로 생긴 속성이 주관적 경험을 나타내는 현상이라고 보는 주장을 받아들인다면 일인칭 자아가 전체론으로부터 생겨 나오게 되면서 유일한 속성이 된다. 다시 말하면, 네이글과 펜로스가 주장한 주관적 자아 혹은 마음이 성립하면서 개별 인간의 특성과 독립성을 확보시켜 준다는 것이다.

19세기 말과 20세기 초 사이에 칸토르(Cantor)와 괴델(Gödel) 같은 수학철학자들이 나와 인간이 자신의 직감(intuition)과 이성(reason)을 통해 생각해 낼 수 있는 추상적 의미와 무한대(infinity)에 대해 설명하였다. 좀더 자세히 말하면, 지능과 지혜의 발달에 맞추어 깊은 추론을 할 수 있는 능력이 생기고, 이를 바탕으로 자연의 사물이나 현상을 볼 때 그것이 왜 혹은 어떻게 시작하여 지금에 이르게 되었는지, 또한 앞으로는 어떻게 끝나게 될 것인지, 혹은 영원히 지속될 것인지를 생각한다는 것이다. 그리고 만약 그것이 끝난다면 그 다음에는 또 다시 무엇이 생겨 나올 것인가를 직감적으로 끝없이 계속 추론해 본다는 것이다.

이 같은 추론은 얼마 동안의 시간이 지나가게 되면 스스로 멈출 수 있지만, 인간 자신이 굳이 원한다면 중단 없이 영원히 계속될 수도 있게 된다. 여기서 영원하다라는 것은 무한대를 의미하며, 이는 인간이 마음속으로 생각하거나 추론할 수 있는 추상적 의미와 현상을 말한다. 그렇다면 언제부터 인간이 무한대에 대해 많은 관심을 가지면서 직감적으로 추론하기 시작하였을까에 대해 궁금한 생각을 하지 않을 수 없게 된다.

고대 원시사회에서는 하늘이나 끝없는 지평선을 볼 때 마음속으로 끝없이 펼쳐진 공간으로 생각하고, 시간이 지나면서 이에 익숙하게 되자 별다른 생각 없이 그냥 그대로 받아들였다.

그 후 고대 그리스 시대에 와서도, 하늘을 경계나 범위가 정하여지지 않고 끝없이 펼쳐져 있는 존재로 보았다. 그 당시 피타고라스(Pythagoras)는 세상의 모든 현상이나 상태가 모두 자연숫자(natural number)로 표현되거나 설명될 수 있다고 믿었으며, 이와 비슷하게 플라톤도 자신이 주장한 형식(form)을 확정적이고 유한한 것으로 보았다.

이에 반해 아리스토텔레스는 시공간이 영원히 계속되거나 끝없이 분할될 수 있다고 보는 한편 사실적 무한대와 가상적 무한대 사이를 구분하였다. 그 후 플로티누스(Plotinus)가 나와 플라톤의 철학을 받아들이면서 신은 하나이면서 영원하다고 하였다. 따라서 신이 측정하거나 숫자로 헤아릴 수 있는 존재가 되었다.

11세기에 와서 아우구스티누스는 플라톤의 철학에 따라 신이 무한대가 될 뿐 아니라 무한대의 생각이나 사유도 할 수 있다고 보았다. 이에 반해 13세기 나온 아퀴나스는 아리스토텔레스의 철학에 따라 비록 신의 힘이 무한대라고 할지라도 무한대의 사물이나 물건을 만들어낼 수는 없다고 하였다.

16세기에 천문학자 쿠사(Cusa)와 철학자 브루노(Bruno)도 공간의 무한대에 대해 생각했고, 이로 인해 브루노는 신을 모독했다는 죄로 화형당하였다.

17세기 초 갈릴레오는 비록 작은 길이의 선이라도 그것에 무한대의 간격을 만들면 무함대의 수량으로 늘어나게 된다고 하였다. 하지만 곧바로 그는 유한한 마음으로 무한대를 거론하거나 생각하는 것

자체가 잘못이라고 하였다. 곧이어 뉴턴과 라이프니츠(Leibniz)가 무한소수(infinitesimals)의 개념을 들고 나오면서 미분의 기초를 확립시켰다.

19세기에 와서 수학철학자 칸토르는 무한대 조합이론(infinite set)을 만들어내면서 무한대는 인간이 얻어낼 수 없는 비현실적인 것이라고 주장하였다. 이에 따라 그는 무한대를 절대적 무한대(absolute infinite)라고 했다. 그러나 그는 유한대와 무한대 사이에 중간단계를 설정한 다음 이를 건너 뛰어 양쪽을 연결시킬 수 있는 것이 횡단유한 숫자(transfinite number)라고 하였다. 그리고 비록 숫자가 무한대를 나타낸다고 하더라도 인간의 마음은 이를 충분히 추론해 낼 수 있다고 했다. 이것이 바로 연속체 가설(continuum hypothesis)이다.

20세기에 수학철학자 괴델은, 수학은 끝없이 펼쳐진 것이라고 주장하면서 수학이 아무리 정교하게 체계화된다고 하더라도 그것으로만 모든 수학문제를 풀 수는 없다고 하였는데, 이것이 바로 미완성 공리(incompleteness theorem)이다. 이에 따르면 우주는 인간이 알 수 없을 정도로 사전에 정교하게 프로그램된 광대한 기계이고, 그렇기 때문에 인간이 그 신비를 영원히 알 수 없을 것이라고 보았다.

좀더 자세히 말하면, 수학의 공식화된 체계나 시스템은 일련의 공리조합(set of axiom)과 이를 이용하여 정리(theorem)를 증명하는 절차로 이루어지는데, 이 시스템으로 자연 속의 더하기 혹은 제곱을 증명할 수 없는 경우가 발생하는가 하면 시스템 자체 내에서 발생하는 오류와 모순도 찾아내거나 증명할 수 없다는 것이다. 즉, 인간이 만들어낸 유한한 공리로 무한한 우주를 설명할 수 없다는 것이다. 그래서 그는 현재까지 밝혀진 조합이론의 공리로 칸토르의 연속체 가설이 옳다 혹은 그르다고 검증할 수 없다고 했다.

최근에 수학철학자 루커(Rucker)는 『무한대와 마음』(Infinity and Mind)을 통해 우주공간이 무한대로 펼쳐진 것과 마찬가지로 인간의 마음, 생각 및 아이디어도 끝없이 넓거나 깊다고 주장하였다. 비록 인간이 생명체로 유한하다고 할지라도 무한대의 우주를 하늘을 통해 눈으로 본 다음 그것에 대해 생각하거나 추론하는 것은 다차원(multi-dimension)의 무한대이고, 이 같은 마음의 내면세계를 마음의 지평(mindscape)이라고 불렀다. 다시 말하면, 인간이 유한한 조직으로 구성되었다고 할지라도 그것이 갖는 마음은 무한대라는 것이다. 그래서 이러한 마음을 유한한 개념으로 표현하거나 설명할 수 없을 뿐 아니라 유한한 수학의 조합이론으로도 설명 불가능하다고 했다.

또 한편으로, 과학철학자 리바인(Levine)은 무한대를 논리적으로 설명하고자 했다. 일반적으로 사용하는 기수산수(cardinal arithmetic)를 유한수(finite number)에 연결시켜 생각하는데 이는 잘못된 것이고, 무한대를 유한대와 비교하면 그 의미를 쉽게 파악할 수 있게 된다고 했다. 그런데 수학의 공식주의는 무한대를 기피하면서 환원론을 계속 고집한다고 주장하였다.

다른 한편으로, 수학철학에 이어 양자우주론에서 최근에 많이 거론되는 무한대에 대해 조금 살펴보도록 하겠다. 초대형 끈이론(Superstring theory)이 유행하면서 칼라비-야우(Calabi-Yau)의 다차원 공간 이론이 소개되고 있다. 이에 따르면, 헤아릴 수 없을 정도로 많은 차원의 공간이 개별적 혹은 독립적으로 존재하고, 지금의 우주도 그들 중의 하나에 불과하다라고 한다. 만약 이 같은 주장이 옳다면 유한한 지금의 우주 너머로 다른 유한한 우주가 존재하고, 그리고 그 너머로 또 다른 유한한 우주가 존재하게 된다. 여기서 만약 유한대 다음에 다른 유한대, 그리고 그 다음에 또 다른 유한대로 끝없이 이어지는 유한대 급수 혹은 연속(series)을 칸토르가 개발한 무한급수 혹은 무한조합으로 본다면 무한대의 우주론이 성립하게 된다.

이제까지 부분들이 서로 보완적으로 결합하며 구성되는 전체론에서 일인칭 자아가 성립하고, 이것이 칸토르의 연속체 가설, 괴델의 미완성 공리, 루커의 마음의 지평, 그리고 칼라비-야유의 다차원 공간이론을 통해 무한대라는 속성을 갖게 된다는 사실을 알게 되었다. 또한 양자물리학에 따라 수많은 부분들이 무한대 조합이론에 맞추어 서로 결합하여 무한대의 전체론을 만들어낸다면 무한대의 일인칭 자아가 성립하게 된다.

따라서, 무한대에 대해 생각할 수 있는 지능을 가진 인간의 마음뿐 아니라 무한대로 나타날 수 있는 현상적 일인칭 자아도 존재론적 몸과 마음에 비교하면서 그 관계를 어떻게 설명할 것인가가 큰 문제점으로 등장하게 된다. 다시 말하면, 존재론적 몸과 마음이 한 개뿐인 데 반해 일인칭 자아 혹은 마음은 무한대로 성립하고, 이렇게 되면 이들 사이의 관계도 무한대에 이르게 되어 매우 복잡 다양해진다는 것이다.

이 같은 경우, 존재론적 몸과 마음이 무한대 속에 있는 그 어떤 특정의 일인칭 자아와 관계를 가질 것인가를 알아내거나 판단하기가 매우 어렵게 된다. 또한 만약 무한대의 일인칭 자아가 개체별로 전혀 다른 내용이나 속성을 가진다면 이들 중 어느 것과 존재론적 몸과 마음이 연결 혹은 관계를 갖느냐에 따라 그 내용과 성격이 전혀 다르게 나타날 수도 있게 된다.

이런 측면에서 본다면, 존재론적 몸과 마음이 무한대의 일인칭 자아 쪽에서 자기 자신의 정체성을 찾거나 확인하기 어렵게 되고, 이와 비슷하게 무한대의 일인칭 자아도 이들 중 어느 것이 그 같은 관계를 가질 수 있는지를 스스로 판단하기 어렵게 된다. 더 나아가, 만약 무한대의 일인칭 자아가 개체별로 굳이 꼭 존재론적 몸과 마음에 연결되어 상호관계를 맺어야 한다면 개별 일인칭 자아 속에서 자신의 정체성을 어떻게 차별화시켜 그 같은 연결을 시도할 수 있을지도 모르게 된다. 다시 말하면 최근에 알버트(Albert)가 주장한 바와 같이 일인칭 자아와 삼인칭 자아가 서로 상대적 양자 역학관계(relativity of quantum mechanics)를 유지하면서 결정론적 정보를 주고받기보다는 상대방의 속성이나 위치를 파악하기 어려운 무한대의 비완성적 관계(infinity incomplete)를 가진다는 것이다. 즉, 다마음(many-minds)이 존재하게 되어 일인칭 자아와 삼인칭 자아 사이의 관계를 결정론적 혹은 대칭적으로 규정지을 수 없다는 것이다.

고대 원시사회로부터 현재의 최첨단 사회에 이르는 오랜 기간 동안에 존재론적 몸과 마음이 무한대의 일인칭 자아와 어떤 관계를 가져왔는지를 앞에서 언급한 여러 분야를 통해 조금 살펴보도록 하겠다.

고대 원시사회로부터 고대 그리스 사회 이전까지는 존재론적 몸과 마음이 독점적 지위를 확보하면서 삶과 생활을 통제하거나 지배하였다. 그러다가 고대 그리스 사회에 와서는 무한대의 일인칭 자아가 생겨 나오면서 그 모습을 드러내 보이기 시작하였다. 그리고는 인간이 삶과 생활에서 정당하고 이성적으로 살아가고자 한다면 자신의 일인칭 자아가 해야 할 역할과 기능이 얼마나 중요한가를 인식하게 만들었다.

중세기에 들어와 동서양을 막론하고, 종교의 신앙이 극에 달하게 되자 무한대의 일인칭 자아가 자신이 만든 신에 예속되어 절대적으로 복종하면서 신과 존재론적 몸과 마음 사이의 연결을 시도하고, 그런 가운데서 존재론적 몸과 마음을 강압적으로 통제하였다.

르네상스 이후 무한대의 일인칭 자아가 이성적 자아로 돌아가고자 했지만 신의 예속과 통제로부터 완전히 벗어나지 못하고 그 언저리에서 맴돌았고, 그런 가운데서 존재론적 몸과 마음은 인간의 삶과 생활 속에서 두각을 나타내면서 확고한 지위를 구축해 나가기 시작하였다.

18세기와 19세기 말 사이에 존재론적 몸과 마음이 과학의 발달과 산업화에 힘입어 자신의 영역을 크게 확대시키고, 이를 통해 신과 무한대의 일인칭 자아를 압도해 나가기 시작했다. 이에 무한대의 일인칭 자아가 신과 더불어 몰락하고, 그럼에도 신의 예속으로부터 벗어나는 데 실패했다. 일부 학자들이 무한대의 일인칭 자아가 본래의 모습으로 돌아갈 수 있는 방법을 모색했지만 그들 자신도 신의 예속으로부터 완전히 벗어나지 못해 무한대의 일인칭 자아가 과연 무엇인지에 대해서도 전혀 모르고 있었다.

20세기에 들어와서는 존재론적 몸과 마음이 인간의 삶과 생활을 완전히 독점하면서 무한대의 일인칭 자아에게 많은 고통과 상처를 주고, 이에 비례하여 무한대의 일인칭 자아는 억압을 당하면서 자신의 기능과 역할을 중단해야만 하였다.

여기서, 무한대의 일인칭 자아와 존재론적 몸과 마음 사이의 관계를 양자역학 시스템이나 메커니즘 측면에서 본다면, 이를 프리즘 (prism) 혹은 얽힘 속에서 나타나는 양쪽의 극에 비유할 수 있다. 따라서 이제까지 한 쪽 끝에 몰려 억압당하던 존재론적 몸과 마음이 지배권을 장악하면서 중간 경계선을 넘어 무한대의 일인칭 자아의 영역 속으로 깊숙이 침입해 들어가고 있다, 이 결과 존재론적 몸과 마음이 인간의 삶과 생활을 통제하거나 지배하기 시작하면서 무한대의 일인칭 자아에게 많은 고통과 상처를 주고 있다. 다시 말하면, 존재론적 몸과 마음에서 나오는 빛 혹은 에너지가 무한대의 일인칭 자아로부터 나오는 빛 혹은 에너지를 완전히 차단하거나 흡수한 다음, 프리즘 혹은 얽힘의 전체 빛 혹은 에너지를 자신의 빛 혹은 에너지로 채운다는 것이다.

이상과 같이 존재론적 몸과 마음이 무한대의 일인칭 자아를 침입 혹은 흡수하면 할수록 인간의 삶과 생활이 정신적 가치보다는 물질적 가치에 의해 결정되거나 판단된다. 이 결과 삶과 생활이 존재론적 몸과 마음에 의해 관리되거나 통제되고, 전쟁과 같은 큰 사고와 사건들이 연이어 발생하면서 무한대의 일인칭 자아에게 엄청난 고통과 상처를 안겨 주었다.

그럼에도 불구하고, 최근에 많은 사람들은 존재론적 몸과 마음의 웰빙(well-being)을 부르짖는가 하면, 다른 한편에서는 요가를 통해 신앙이 주장하는 자기 부정의 무(nothing)로 돌아가겠다고 야단이다. 이러한 행동은 몸과 마음의 고통과 상처를 치료하고 예방하기보다는 더욱 악화시키고, 그리고 이것이 상승효과를 나타내거나 악의 순환고리에 빠져 삶과 생활을 다시 회복하기 어려운 깊은 늪 속으로 빠지게 하고 있다.

불행하게도, 지능과 지식이 그 동안 크게 발달하였음에도 불구하고 아직까지 인간은 자신이 마음속에 갖고 있는 무한대의 일인칭 자아가 무엇인지를 모르고 있다. 이런 무지 속에서 존재론적 몸과 마음에만 매달리면서 고통과 상처를 치료하거나 예방하겠다고 야단이다. 따라서 무한대의 일인칭 자아를 알아내거나 찾아낸 다음 이것을 존재론적 몸과 마음과 균형을 이루도록 하지 못한다면 인간은 자신의 종이 이 지구에서 사라져 없어질 때까지 고통과 상처를 치료는 물론 예방조차 못할 것이다.

이럼에도 불구하고, 만약 최근에 그린(Greene)과 레더맨(Lederman)

이 『우주의 구성』(*Fabric of Cosmos*)과 『대칭성』(*Symmetry*)을 통해 언급한 힉스 입자(Higgs particle)와 힉스장(Higgs field)이 발견되는 것과 더불어, 부시(Bush)와 라티(Lahti)가 주장하는 감추어진 변수 (hidden variable)가 존재하게 된다면 다차원의 복잡한 우주공간 속에 일인칭 자아가 존재할 수 있는 공간을 찾아낼 수 있지 않을까 하는 생각도 가져본다. 만약 그 공간 속에서 무한대의 일인칭 자아를 찾아 내고 그것이 존재론적 몸과 마음에 대응하여 서로 균형을 이룰 수 있 다면 인간은 몸과 마음의 고통과 상처로부터 완전히 벗어날 수 있을 것이다.

서 광 조 (Shur Kwang-Jo)

미국 샌프란시스코대학교에서 경영학 석사학위를 받고, 뉴욕대학교에서 경제학
박사학위를 받았다. 미국 뉴욕의 시티뱅크, 한국산업연구원, 세종대학교 경제학
과 교수로 근무하였다. 현재 무한대의 일인칭 자아를 양자우주론을 통해 찾아낼
수 있을까 그 가능성을 모색 중이다.
주요 저서로『한국경제사』,『성숙한 시민, 개방된 사회』,『이데올로기의 갈등과
지식의 빈곤성』,『한국의 자유민주화와 현대화』,『한국사회 속에서의 인간과 그
삶』,『21세기 한국사회와 우리의 삶』,『기업윤리와 경제윤리』,『우주와 인간,
그 원초와 시작을 찾아서』,『인간의 큰 발자취를 따라서』,『우주와 인간, 그 마
지막과 그 너머로』등이 있다.

고통과 상처 받는 몸과 마음

·

2005년 7월 25일 1판 1쇄 인쇄
2005년 7월 30일 1판 1쇄 발행

지은이 / 서 광 조
발행인 / 전 춘 호
발행처 / 철학과현실사
서울시 서초구 양재동 338-10
전화 579-5908 · 5909
등록 / 1987.12.15.제1-583호

ISBN 89-7775-538-7   03300
값 12,000원